1,600만 명

외국인 관광객 수는 지난해 1103만명에 이어 올해 1600만명에 이를 것으로 전망되고 있다. (아시아경제 2024)

4배

외국인 관광객의 미용실 거래액은 같은 기간 약 4배 증가했다. 이는 올해 상반기 전체 거래액에서 약 31%를 차지할 정도로 성장했다. (강원일보 2024)

425%

신세계 센텀시티 2024 1분기 외국인 고객 매출은 425% 증가 헸다. (아시아경제 2024)

20~30%

우버 택시의 외국인 탑승률이 작년에 비해 두세 배 이상 늘었다. 월단위 외국인 고객이 20~30% 이상 오른 걸 확인했다. (세계비즈 2024)

41만 명

춘천을 찾은 관광객은 416만 7천명, 특히 외국인 관광객 수가 전체 관광객의 10%를 차지할 정도로 급증했다. (연합뉴스 2024)

263%

한국을 찾은 외국인들이 K뷰티 화장품들을 쓸어 담고 있다. 올해 1분기 올리브영의 외국인 매출은 전년 동기 대비 263% 증가했다. (조선경제 2024)

외국인 손님
응대할 때 꾁!
네 가지 표현 쓰는

외국인 손님 응대할 때
꼭! 쓰는 네 가지 표현

초판 1쇄 인쇄 2024년 11월 22일
초판 1쇄 발행 2024년 12월 2일

지은이 김명호
발행인 김태웅
편집 황준, 안현진
카피 디렉팅 정상미
디자인 싱타디자인
마케팅 총괄 김철영
마케팅 서재욱, 오승수
온라인 마케팅 노유진
제작 현대순

발행처 (주)동양북스
등록 제 2014-000055호
주소 서울시 마포구 동교로22길 14 (04030)
구입 문의 전화 (02) 337-1737 팩스 (02) 334-6624
내용 문의 전화 (02) 337-1763 이메일 dybooks2@gmail.com

ISBN 979-11-7210-083-4 13740

외국인 손님
응대할 때 꼭!
TAXI 쓰는
네 가지 표현

김명훈 지음

동양북스

외국인 관광객의 수가 급증하면서, 상점, 편의점, 옷 가게, 악세사리 가게, 화장품 가게, 식당, 카페, 숙박업소, 택시, 미용실 등 다양한 업종에서 외국인 손님을 응대하는 일이 이제는 일상이 되고 있습니다. 내국인 손님 반, 외국인 손님 반의 시대가 도래하고 있는 지금, 외국인 고객과 원활히 소통할 수 있는 능력은 필수적입니다. 그렇다면, 매장에 외국인 손님이 갑작스럽게 몰려왔을 때 자연스럽게 응대할 수 있는 방법은 무엇일까요?

모든 상황에서 하고 싶은 말을 깊이 있게 영어로 표현하는 것은 현실적으로 쉽지 않습니다. 하지만 다행히도, 외국인 관광객을 응대할 때 마주하게 되는 주요 상황은 한정되어 있으며, 각 상황에 필요한 핵심적인 표현들도 무한정 많은 것이 아닙니다. 그렇다면, 외국인 관광객들과 효과적으로 소통하기 위해서는 어떻게 해야 할까요? 답은 간단합니다. 각 상황에서 자주 사용되는 필수 표현을 먼저 익히는 것입니다.

『외국인 손님 응대할 때 꼭! 쓰는 네 가지 표현』은 이러한 고민을 해결하기 위한 실전 가이드입니다. 이 책은 상점, 카페, 숙박업소, 미용실 등 다양한 업종에서 실제로 마주할 수 있는 주요 상황을 중심으로, 당장 현장에서 바로 사용할 수 있는 필수적인 영어 표현을 담고 있습니다. 복잡한 문법이나 어려운 단어는 필요하지 않습니다. 대신, 외국인 손님에게 즉시 사용할 수 있는 간결하고 실용적인 표현들을 제시합니다. 이를 통해 외국인 손님이 매장에 들어섰을 때, 그들이 원하는 정보를 정확히 전달하고 만족스러운 서비스를 제공할 수 있습니다.

외국인 손님을 응대할 때 당황하지 않고 자연스럽게 소통할 수 있는
능력은 이 책이 제공하는 필수 표현들로부터 시작됩니다.
외국인 관광객을 맞이할 준비를 하고 계신 모든 분들에게
이 책은 든든한 가이드가 되어 줄 것입니다.
더 이상 외국인 고객 응대에 두려움을 느낄 필요가 없습니다.
필수 표현들을 습득하고, 실전에서 활용해 보세요. 그 과정에서
영어뿐만 아니라 서비스 응대의 자신감까지 얻게 될 것입니다.

이 책을 효과적으로 활용하기 위한 팁

1 모든 내용을 한꺼번에 외우려 하지 마세요.

처음부터 끝까지 다 외우려 하면 부담만 커지고 학습 효과도 떨어질 수 있습니다. 대신 시간이 날 때마다 아무 페이지나 펴서 가볍게 공부해보세요. 출퇴근길이나 잠들기 전 짧은 시간을 활용해, 관심 있는 부분을 선택해 학습하는 것도 좋은 방법입니다.

2 자신의 업종과 관련된 표현부터 시작하세요.

본인이 속한 업종에 맞는 표현을 먼저 익히는 것이 가장 효과적입니다. 하지만 다른 업종의 표현도 놓치지 마세요. 업종이 다르더라도 충분히 응용할 수 있는 표현들이 많습니다. 목차를 꼼꼼히 살펴보고, 본인에게 맞는 표현들을 찾아 공부해보세요.

3 MP3 음원을 적극 활용하세요.

텍스트로만 공부하는 것은 충분하지 않습니다. 제공되는 MP3 음원을 반복해서 들으며 따라 하고 암기해보세요. 영어 발음과 억양은 한국어와 다르기 때문에 음원을 통해 정확한 발음을 배우는 것이 중요합니다. 책에 제공된 한글 표기는 참고용이므로, 실제 발음은 음원을 통해 확실하게 익히세요.

4 틀려도 자신감을 가지세요.

영어 실력이 완벽하지 않다고 해서 주눅 들거나 말하지 않는 상황은 피하세요. 공부할 때는 최대한 정확하게 익히려고 노력하되, 실제로 말할 때는 틀려도 괜찮으니 자신감을 가지고 당당하게 말해보세요. 틀린 부분은 나중에 복습하며 고치면 됩니다. 중요한 것은 문법적 완벽함보다는 소통입니다. 각 분야에서 프로다운 의사소통이 목표라는 것을 잊지 마세요.

1 외국인 손님 응대 필수 표현 4가지

외국인 손님을 응대할 때 꼭 알아두어야 할 네 가지 핵심 표현을 소개합니다. 상황에 맞는 간단한 표현만으로도 기본적인 소통이 가능해집니다.

2 표현 설명과 확장 표현 제시

각 표현의 의미와 사용법을 자세히 설명합니다. 또한, 비슷한 추가 표현을 함께 제시하여, 다양한 상황에서 유연하게 사용할 수 있도록 돕습니다.

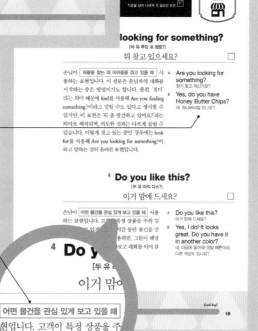

3 실제 대화 속 표현 활용

실제 대화 상황에서 해당 표현들이 어떻게 쓰이는지 다이얼로그 형식으로 보여줍니다. 이를 통해 표현을 자연스럽게 익힐 수 있습니다.

4 상황대응 훈련

중요한 건 실제 상황에서 바로 사용할 수 있는지입니다. 학습한 내용을 가리고, 박스 속 상황만 보고 필요한 표현을 말해보세요. 이걸 할 수 있어야 진짜 실력입니다.

외국인 고객 응대에 필요한 필수 표현 가이드

최근 급증하는 외국인 관광객들로 인해 상점, 카페, 미용실, 숙박업소 등 다양한 업종에서 외국인 손님을 응대하는 일이 일상이 되고 있습니다. 외국인 고객과의 원활한 소통은 이제 선택이 아닌 필수적인 기술입니다. 하지만 모든 상황에서 영어로 정확하게 응대하는 것은 쉽지 않은 과제입니다. 이 책은 바로 그 문제를 해결하기 위해 만들어졌습니다

현장 중심의 실전 가이드북

이 책 『외국인 손님 응대할 때 꼭! 쓰는 네 가지 표현』은 단순한 학습서가 아니라 실제 현장에서 바로 사용할 수 있는 실전 가이드북입니다. 다양한 업종의 현장을 직접 방문해, 그곳에서 일하는 분들과의 인터뷰와 경험을 바탕으로 외국인 손님을 응대할 때 자주 맞닥뜨리는 상황을 꼼꼼히 기록했습니다. 이를 통해 각 업종과 상황별로 가장 필요한 표현들을 선별해, 실용적이고 즉시 활용 가능한 영어 표현들을 담았습니다.

단순한 암기에서 벗어난 실용적인 접근

이 책은 단순히 영어 표현을 나열하는 데 그치지 않고, 각 표현의 사용 이유와 주의해야 할 상황까지 쉽게 이해할 수 있도록 설명합니다. 또한, 간단한 대화 예시를 통해 실제 상황에서 표현이 어떤 맥락으로 쓰이는지 명확히 파악할 수 있게 구성했습니다

현장에서 바로 활용 가능한
필수 표현들

이 책은 다양한 분야의 여러 상황에서 활용할 수 있는 표현들을 담고 있어, 꼭
자신의 업종에 해당하지 않더라도 유용하게 사용할 수 있습니다. 상점, 미용실,
숙박업소 등 어느 분야든 외국인 손님과의 공통적인 상황이 많기 때문에, 이 책
을 통해 각 분야의 필요한 표현들을 체크하고 자신의 것으로 만들 수 있습니다.

긴박한 상황에서도
바로 사용할 수 있는 구성

이 책은 실전에서 바로 활용할 수 있도록 구성되었습니다. 긴박한 상황에서도
필요한 표현을 빠르게 찾을 수 있도록 내용이 순차적으로 정리되어 있습니다.
가령, 상점이나 편의점에서 손님을 응대할 때, 손님이 도움을 필요로 할 때부터
물건의 위치나 가격을 물어볼 때, 교환과 환불 요청까지 각 상황에 맞는 표현을
정리해 두어 상황에 맞춰 쉽게 찾아 사용할 수 있습니다

외국인 손님 응대의
자신감을 키워줄 가이드

이 책은 외국인 손님과의 기본적인 의사소통을 원활히 돕는 든든한 가이드가
되어줄 것입니다. 외국인 관광객을 응대할 때 마주하게 되는 상황은 주로 정해
져 있으며, 필요한 핵심 표현들도 한정되어 있습니다. 이 책을 통해 이러한 표현
들을 익히면, 외국인 손님 응대에 대한 두려움을 자신감으로 바꿀 수 있을 것입
니다.

PART 2 의류, 악세사리 매장에서
손님을 응대할 때 쓰는 네 가지 표현

PART 3 화장품 매장에서
손님을 응대할 때 쓰는 네 가지 표현

PART 6 숙박업소에서
손님을 응대할 때 쓰는 네 가지 표현

PART 7 택시(교통수단)에서
손님을 응대할 때 쓰는 네 가지 표현

PART 8 미용실에서
손님을 응대할 때 쓰는 네 가지 표현

PART 9 소통을 이어가며
손님을 응대할 때 쓰는 네 가지 표현

PART 1

**상점, 편의점에서
손님을 응대할 때 쓰는
네 가지 표현**

MP3
다운로드&듣기

1 Can I help you?

[캔 아이 헬프 유?]

도와드릴까요?

손님이 도움이 필요한 것처럼 보일 때 가장 일반적으로 사용하는 표현입니다. 비슷한 표현으로는 Do you need any help?[두 유 니드 애니 헬프?](도움이 필요한가요?)가 있습니다. 두 표현 모두 도움이 필요해 보일 때 사용할 수 있지만, Can I help you?는 이미 상대방이 도움이 필요하다고 판단했을 때 더 자주 사용되고, Do you need any help?는 상대방이 도움이 필요한지 상황을 먼저 파악하고자 할 때 사용됩니다.

A **Can I help you?**
도와드릴까요?

B **Yes, where are the snacks?**
네, 과자는 어디 있나요?

2 Is everything alright?

[이즈 에브리띵 올롸잇?]

모든 것이 괜찮으신가요?

손님의 상태나 상황에 대해 걱정이나 관심을 표현하고자 할 때 사용하는 표현입니다. 고객이 불만족스러워 보이거나 문제가 있을 것 같을 때 자주 쓰입니다. 이 표현 대신, Is everything okay?[이즈 에브리띵 오케이?]와 같이 alright보다 더 쉬운 okay를 사용할 수도 있습니다.

A **Is everything alright?**
모든 것이 괜찮으신가요?

B **I'm just looking for some sandwiches.**
그냥 샌드위치 좀 찾고 있어요.

³ Are you looking for something?

[아 유 루킹 포 썸띵?]

뭐 찾고 있으세요?

손님이 제품을 찾는 데 어려움을 겪고 있을 때 사용하는 표현입니다. 이 질문은 손님과의 대화를 시작하는 좋은 방법이기도 합니다. 한편, '찾다'라는 의미 때문에 find를 사용해 Are you finding something?이라고 말할 수도 있다고 생각할 수 있지만, 이 표현은 '뭐 좀 발견하고 있어요?'라는 의미로 해석되며, 의도한 것과는 다르게 들릴 수 있습니다. 이렇게 찾고 있는 중인 경우에는 look for를 사용해 Are you looking for something?이라고 말하는 것이 올바른 표현입니다.

A Are you looking for something?
뭔가 찾고 계신가요?

B Yes, do you have Honey Butter Chips?
네, 허니버터칩 있나요?

⁴ Do you like this?

[두 유 라익 디스?]

이거 맘에 드세요?

손님이 어떤 물건을 관심 있게 보고 있을 때 사용하는 표현입니다. 고객이 특정 상품을 주의 깊게 살펴보고 있거나 오랜 시간 동안 물건을 만지작거릴 때 이 질문을 사용하면, 그들이 해당 제품에 관심이 있는지 알아보고 대화를 이어 갈 수 있습니다.

A Do you like this?
이거 맘에 드세요?

B Yes, I do! It looks great. Do you have it in another color?
네, 마음에 들어요! 정말 예쁜데요. 다른 색상도 있나요?

Good-bye!

1 Let me check for you.
[렛 미 첵 포 유]

확인해 드릴게요.

손님이 특정 상품의 재고를 물어볼 때 사용하는 표현입니다. 요청에 즉각적으로 응답하고 있다는 인상을 주어 고객 만족도를 높일 수 있습니다. check 다음에 it을 넣어도 됩니다. 비슷한 표현으로 I'll check it for you.[아일 첵 잇 포 유](확인해 드리겠습니다.)가 있습니다.

A Do you have this brand's products?
이 브랜드의 제품이 있나요?

B Let me check for you.
확인해 드릴게요.

2 I'm sorry, we're out of stock.
[아임 쏘리, 위얼 아웃 오브 스탁]

죄송하지만, 품절입니다.

손님이 찾는 물건이 품절되었을 때 사용하는 표현입니다. 비슷한 표현으로 We don't have it right now.[위 돈 해브 잇 롸잇 나우](그걸 지금 가지고 있지 않습니다.)도 있습니다. 두 표현 모두 상품의 재고가 없다는 것을 말할 때 쓸 수 있지만 I'm sorry, we're out of stock.이 더 공식적이고 정중한 표현입니다.

A Do you have this item in stock?
이 제품 재고가 있나요?

B I'm sorry, we're out of stock.
죄송하지만, 품절입니다.

³ We have it in stock.

[위 해브 잇 인 스탁]

재고가 있습니다. ☐

손님이 | 물어보는 상품의 재고가 있을 때 | 사용하는 표현입니다. 하나가 아니고 여러 개일 때는 it 대신 them을 넣어서 씁니다. 비슷한 표현으로 It's available.[잇츠 어베일러블] (이용할/구매할 수 있습니다.)이 있습니다. 역시 하나가 아니고 여러 개일 때는 They're available.[데이얼 어베일러블] 이라고 씁니다.

A **Do you have this item available now?**
이 제품 지금 재고가 있나요?

B **We have it in stock.**
재고가 있습니다.

⁴ We will restock it soon.

[위 윌 리스탁 쑨]

곧 재입고할 예정입니다. ☐

손님이 | 찾는 상품이 일시적으로 품절되었지만 곧 | 재입고할 예정임을 알릴 때 | 사용하는 표현입니다. 여기에서 re는 '다시'라는 의미를 가지며, restock은 '다시 재고를 채우다'라는 뜻입니다. 비슷한 표현으로 We expect new stock soon.[위 익스펙트 뉴 스탁 쑨] (우리는 새로운 재고를 곧 기대합니다.)가 있습니다. 이 표현은 재입고가 예정되어 있음을 보다 완곡하게 전달하는 표현입니다.

A **We will restock it soon.**
곧 재입고될 예정입니다.

B **Thank you! I'll come back later to check again.**
감사합니다! 나중에 다시 와서 확인해 볼게요.

Good-bye!

1 It's over here.

[잇츠 오버 히얼]

여기에 있습니다. ☐

손님이 ┃찾는 물건의 위치를 명확하게 안내할 때┃ 사용하는 표현입니다. 이 표현은 물건이 있는 곳으로 직접 가서 손으로 가리키며 물건이 있는 곳을 정확히 알려 줄 때 사용됩니다. 자주 하는 실수로는 Here it is.[히얼 잇 이즈] (여기 있습니다.) 라고 말하는 경우가 있습니다. 이 표현은 여기 라는 위치를 가리키기보다는 물건을 직접 건네 줄 때 사용하는 표현입니다.

A Where can I find the shampoo?
샴푸는 어디 있나요?

B It's over here.
여기에 있습니다.

2 Follow me, please.

[팔로우 미, 플리즈]

저를 따라오세요. ☐

손님을 ┃특정 장소로 직접 데려갈 때┃ 사용하는 표현입니다. 비슷한 표현으로 This way, please.[디스 웨이, 플리즈] (이쪽이요.)가 있습니다. 자주 하는 실수로는 그냥 Follow me.라고만 말하는 경우가 있습니다. 손님에게 예의있게 말하려면 please를 덧붙여야 합니다. 뒤가 아닌 앞에 붙여도 됩니다.

A Can you help me find the detergent?
세제를 찾는 것을 도와주실 수 있나요?

B Follow me, please.
저를 따라오세요.

³ I'll show you.

[아일 쑈우 유]

제가 보여 드릴게요. ☐

손님에게 직접 무언가를 보여 주겠다는 의지를 나타 낼 때 사용하는 표현입니다. 손님이 원하는 것을 찾기 위해 직접 나서서 도와주겠다는 적극적인 태도를 보여 줄 수 있습니다. 비슷한 표현으로 Let me show you.[렛 미 쑈우 유](제가 보여드릴게요.)가 있습니다. 이 표현 역시 손님을 도와주겠다는 의지를 나타내지만, 약간 더 공손한 느낌을 줄 수 있습니다.

A Do you have this in a different size?
이 제품 다른 사이즈가 있나요?

B I'll show you.
제가 보여 드릴게요.

⁴ Right in front of you.

[롸잇 인 프론트 오브 유]

바로 앞에 있습니다. ☐

손님이 찾는 물건이 손님 바로 앞에 있을 때 사용하는 표현입니다. 반대로 물건이 손님 바로 뒤에 있다면 Right behind you.[롸잇 비하인드 유](손님 바로 뒤에 있습니다.)라고 표현할 수 있습니다. 여기서 right은 '바로'라는 뜻입니다.

A Where are the toothpaste and toothbrushes?
치약과 칫솔은 어디에 있나요?

B Right in front of you.
바로 앞에 있습니다.

Good-bye!

¹ It's upstairs.

[잇츠 업스테어즈]

위층에 있습니다. ☐

손님이 찾는 물건이 위층에 있을 때 사용하는 표현입니다. 반대로, 아래층에 있을 때에는 It's downstairs.[잇츠 다운스테어즈] (아래층에 있습니다.)라고 말하면 됩니다. 만일 층수를 특정하고 싶을 때는 어떻게 말할까요? It's on the second floor.[잇츠 온 더 세컨 플로어] (2층에 있습니다.)와 같은 방식으로 말합니다.

A Where can I find the umbrella?
우산은 어디에 있나요?

B It's upstairs.
위층에 있습니다.

² Aisle number 2.

[아일 넘버 투]

2번 통로에 있습니다. ☐

손님에게 특정 상품이 있는 통로를 안내할 때 사용하는 표현입니다. 비슷한 표현으로 In aisle 2.[인 아일 투] (2번 통로 안에요.)가 있습니다. 이렇게 전치사를 사용하고 싶다면 in을 사용하는 것이 적절합니다. 종종 Line number 2.라고 말하는 경우가 있는데, 이때는 line 대신 aisle (s가 묶음인 것에 주의)을 사용해야 합니다. line은 보통 '줄'이나 '열'을 의미하며, '통로'를 나타낼 때는 aisle이 올바른 표현입니다.

A Do you have any snacks?
과자 있나요?

B Aisle number 2.
2번 통로에 있습니다.

Retail & Convenience Store

³ Around this corner.

[어라운드 디스 코너]

이 코너를 돌면 있습니다. ☐

손님이 ┃찾는 물건이 가까운 코너를 돌면 바로 있을┃ ┃때┃ 사용하는 표현입니다. 비슷한 표현으로 Just around the corner.[저스트 어라운드 더 코너](코너를 돌면 바로 있습니다.)가 있습니다. 이 표현은 물건이 코너를 돌아서 바로 보일 때 사용하기에 적합합니다. 좀 멀리 있는 '저' 코너라면, Around that corner.라고 this 대신 that을 쓰면 됩니다.

A　Where can I find the magazines?
　　잡지는 어디에 있나요?

B　Around this corner.
　　이 코너를 돌면 있습니다.

⁴ It's in the back.

[잇츠 인 더 백]

뒤쪽에 있습니다. ☐

손님이 ┃찾는 물건이 가게의 뒤쪽에 있을 때┃ 사용하는 표현입니다. 가게의 앞쪽에 있을 때는 It's in the front.[잇츠 인 더 프런트](앞쪽에 있습니다.)라고 말합니다. 종종 It's on the back.이라고 말하는 경우가 있는데, on을 사용하면 '그건 등(신체 부위)에 있다'라는 의미로 해석될 수 있어 어색한 표현이 됩니다. 따라서 물건이 가게의 특정 위치에 있음을 나타낼 때는 in the back과 같은 전치사 in을 사용하는 것이 올바릅니다.

A　Where is the sparkling water?
　　탄산수는 어디에 있나요?

B　It's in the back.
　　뒤쪽에 있습니다.

Good-bye!

¹ It's on your left.
[잇츠 온 유어 레프트]

당신의 왼쪽에 있습니다.

손님이 찾는 물건이 왼쪽에 있을 때 사용하는 표현입니다. your 대신 the를 써서 It's on the left.라고 해도 맞는 표현이지만, 말하는 사람과 듣는 사람 중에 누구 기준으로 왼쪽인지 헷갈릴 수 있으니 your로 말해 주는 것이 명확합니다. 비슷한 표현으로 To your left.[투 유어 레프트]가 있습니다. 하지만 to보다는 on이 들어간 표현이 더 일반적입니다.

A Where can I find the bottled water?
생수는 어디에 있나요?

B It's on your left.
당신의 왼쪽에 있습니다.

² Near the entrance.
[니어 디 엔트런스]

입구 근처에 있습니다.

손님이 찾는 물건이 입구 근처에 있을 때 사용하는 표현입니다. 비슷한 표현으로 By the entrance.[바이 디 엔트런스]가 있습니다. 두 표현 모두 입구 근처를 나타내지만, near는 다소 넓은 범위의 근접성을 의미하는 반면, by는 입구 바로 옆이나 매우 가까운 위치를 나타냅니다. 그래서 Near the entrance.가 더 일반적으로 쓰입니다.

A Where are the newspapers?
신문은 어디에 있나요?

B Near the entrance.
입구 근처에 있습니다.

Retail & Convenience Store

³ **Next to the counter.**

[넥스트 투 더 카운터]

계산대 옆에 있습니다. ☐

손님이 | 찾는 물건이 계산대 옆에 있을 때 | 사용하는 표현입니다. 비슷한 표현으로 Beside the counter.[비사이드 더 카운터]가 있습니다. beside와 next to 둘 다 '~옆에'라는 뜻이지만, Next to the counter.가 더 일반적입니다. next to는 두 물체가 서로 나란히 있는 느낌을 강조하며, 더 구체적인 위치를 전달할 때 유용합니다.

A Where can I find the chewing gum?
껌은 어디에 있나요?

B Next to the counter.
계산대 옆에 있습니다.

⁴ **On the top shelf.**

[온 더 탑 셸프]

맨 위 선반에 있습니다. ☐

손님이 | 찾는 물건이 선반의 맨 위에 있을 때 | 사용하는 표현입니다. 반대 표현은 On the bottom shelf[온 더 바텀 셸프](맨 아래 선반에 있습니다.)입니다. 맨 아래가 아니라 아래쪽 선반에 있다면 On the lower shelf[온 더 로어 셸프](낮은 쪽 선반에 있습니다.)라는 표현을 쓰면 됩니다.

A Where are the cereal boxes?
시리얼 상자는 어디에 있나요?

B On the top shelf.
맨 위 선반에 있습니다.

Good-bye!

¹ Would you like a cart?

[우 쥬 라익 어 카트?]

카트 쓰시겠어요?

손님에게 **카트를 사용할 의향이 있는지 물을 때** 사용하는 표현입니다. Would you like는 Do you want보다 더 공손한 표현입니다. 미국 영어에서는 '카트'를 cart라고 하지만, 영국 영어에서는 trolley[트롤리]라고 합니다. 또한, Would you like를 Would you like to use로 바꿔서 Would you like to use a cart?[우 쥬 라익 투 유즈 어 카트?]라고 말할 수도 있습니다.

A Would you like a cart?
카트 쓰시겠어요?

B No, I'm good, thanks.
아니요, 괜찮습니다.

² You can use a basket.

[유 캔 유즈 어 배스킷]

바구니 쓰셔도 됩니다.

손님에게 **바구니를 사용하거나 가져갈 수 있음을 알려 줄 때** 사용하는 표현입니다. use (사용하다.) 대신 take (가져가다.)를 써도 됩니다. 또한 if you want (원하시면)을 넣어서, You can use a basket if you want.[유 캔 유즈 어 배스킷 이프 유 원트] (원하시면 바구니 쓰셔도 됩니다.)라고 말하면 더 친절한 느낌을 줄 수 있습니다.

A Is it okay if I take a basket?
바구니 하나 가져가도 될까요?

B Sure, you can use a basket.
네, 바구니 쓰셔도 됩니다.

³ Feel free to use this shopping basket.

[필 프리 투 유즈 디스 쇼핑 배스킷]

자유롭게 쇼핑 바구니 사용하세요. ☐

손님에게 쇼핑 바구니를 자유롭게 사용할 수 있음 을 알려 줄 때 사용하는 표현입니다. Feel free to는 자유롭게, 편하게 무엇을 하라고 권장하는 표현으로, 매우 친절하고 열린 느낌을 줍니다. 비슷한 표현으로 You are welcome to use this basket.[유아 웰컴 투 유즈 디스 배스킷] (얼마든지 이 바구니 쓰셔도 좋습니다.)가 있습니다.

A **May I grab this basket for my shopping?**
쇼핑용으로 이 바구니 사용해도 될까요?

B **Yes, feel free to use this shopping basket.**
네, 자유롭게 쇼핑 바구니 사용하세요.

⁴ You can use one.

[유 캔 유즈 원]

이거 사용하셔도 됩니다. ☐

손님에게 카트나 바구니를 손으로 가리키며 사용 할 수 있음을 알려 줄 때 사용하는 표현입니다. one은 손으로 가리킬 때 매우 유용한 단어입니다. 비슷한 표현으로 This one is for you.[디스 원 이즈 포 유] (이것은 당신을 위한 것입니다.)가 있습니다. 이 표현들은 모두 손님에게 어떤 물건을 사용할 수 있다는 것을 말할 때 씁니다.

A **Would it be alright if I use this?**
이거 사용해도 괜찮을까요?

B **Yes, you can use one.**
네, 이거 사용하셔도 됩니다.

Good-bye!

1 The price is 20,000 won.

[더 프라이스 이즈 투 따우전 원]

가격은 2만원입니다. □

손님에게 물건의 가격을 알려 줄 때 사용하는 표현입니다. The price is 대신에 It's를 사용하여 It's 20,000 won.이라고 말할 수도 있습니다. 한편, 손님이 가격을 눈으로 확인하고 싶어 할 때는 가격표를 보여주면서 The price tag is right here.[더 프라이스 태그 이즈 롸잇 히어] (가격표가 여기 있어요.)라고 말하면 됩니다.

A **The price is 20,000 won.**
가격은 2만원입니다.

B **Does that include tax?**
세금이 포함된 가격인가요?

2 The total is 78,000 won.

[더 토우틀 이즈 세븐티에잇 따우전 원]

총 가격은 78,000원입니다. □

손님이 여러 물건을 구매한 경우 총 가격을 알려 줄 때 사용하는 표현입니다. The total is 대신에 미래 시제로 The total will be를 사용하여 The total will be 78,000 won.이라고 말할 수도 있습니다. The total을 The total amount라고 하여 '총 금액'이란 표현을 강조할 수도 있습니다. 하지만 실생활에서는 보통 amount를 생략하고 The total is로 간단히 표현하는 경우가 많습니다.

A **The total is 78,000 won.**
총 가격은 78,000원입니다.

B **Great, here's my card.**
좋아요, 제 카드 여기 있어요.

Retail &
Convenience
Store

³ It's 30% off.

[잇츠 써-티 퍼쎈(트) 오프]

30% 할인입니다.

손님에게 할인율을 알려 줄 때 사용합니다. 비슷한 표현으로 It's on sale for 30% off.[잇츠 온 세일 포 써-티 퍼쎈(트) 오프](그건 30% 할인으로 세일 중입니다.)가 있습니다. 자주 하는 실수로는 It's 30% sale.이라고 말하는 경우가 있습니다. 하지만 off를 생략하면 할인율을 정확히 전달하지 못할 수 있으므로, It's 30% off.라고 해야 합니다. 참고로 for sale은 '판매 중'이라는 뜻이며, on sale은 '세일 중'을 의미합니다.

A **It's 30% off.**
30% 할인입니다.

B **Is this discount available for all items?**
이 할인이 모든 상품에 적용되나요?

⁴ It's "buy one, get one free".

[잇츠 바이 원, 겟 원 프리]

하나 사시면 하나가 공짜예요.

손님에게 하나를 구매하면 하나를 무료로 받을 수 있음을 알려 줄 때 사용하는 표현입니다. 우리가 흔히 쓰는 1+1(one plus one)이라는 표현은 콩글리시로, 영어권에서는 Buy one, get one free.라고 말합니다. 줄여서 BOGO라고도 합니다. Buy two, get one free.라고 하면 2+1 행사를 의미합니다.

A **It's "buy one, get one free".**
하나 사시면 하나가 공짜예요.

B **Can I mix and match different items?**
다른 상품과 섞어서 구매해도 되나요?

Good-bye!

1 I recommend this one.

[아이 레커멘드 디스 원]

저는 이걸 추천드려요. ☐

손님에게 **특정 물건을 추천할 때** 사용하는 표현입니다. I recommend라는 표현은 매우 직접적이면서도 친절한 느낌을 줍니다. this one에서 one을 빼고 this만 써도 됩니다. 자주 하는 실수로는 I recommend you this.라고 말하는 경우가 있습니다. you를 사용하고 싶다면, 올바른 표현은 I recommend this one to you.입니다.

A **I recommend this one.**
저는 이걸 추천드려요.

B **Can I try it out first?**
먼저 사용해 봐도 되나요?

2 This item is popular.

[디스 아이템 이즈 파퓰러]

이 제품은 인기가 좋아요. ☐

손님에게 **어떤 물건이 인기가 많다는 정보를 제공할 때** 사용하는 표현입니다. 비슷한 표현으로 This is a best-seller.[디스 이즈 어 베스트 셀러] (이건 가장 많이 팔리는 베스트 셀러예요.)가 있습니다. 자주 하는 실수로는 This item is famous.라고 말하는 경우가 있습니다. famous는 '유명한'이라는 의미이지, '인기 있는'이란 의미는 아닙니다.

A **This item is popular.**
이 제품은 인기가 좋아요.

B **Oh, that sounds great. I'll take a look.**
오, 좋네요. 한번 볼게요.

Retail &
Convenience
Store

³ **Try this one.**

[트라이 디스 원]

이거 한번 시도해 보세요. ☐

손님에게 어떤 물건을 한번 사용해 보도록 권유할 때 사용하는 표현입니다. one을 생략하고 Try this. [트라이 디스]라고 말해도 같은 의미를 전달할 수 있습니다. 다만, 가능하면 이러한 명령문에는 please를 앞이나 뒤에 붙여서 Please try this one.[플리즈 트라이 디스 원] 또는 Try this one, please.[트라이 디스 원, 플리즈]처럼 표현하는 것이 더 예의 있고 부드러운 인상을 줄 수 있습니다.

A I'm looking for something new.
새로운 것을 찾고 있어요.

B Try this one.
이거 한번 시도해 보세요.

⁴ **You might like this.**

[유 마잇 라익 디스]

이거 괜찮아하실지도 몰라요. ☐

손님에게 어떤 물건을 조심스럽게 추천하면서, 좋아할 가능성을 언급할 때 사용하는 표현입니다. 비슷한 표현으로 You may like this.[유 메이 라익 디스]가 있습니다. 두 표현 모두 비슷한 의미를 가지지만, might가 상대적으로 가능성이 조금 더 낮은 느낌을 줍니다.

A I'm open to suggestions.
추천을 받아들일게요.

B You might like this.
이거 괜찮으실지도 몰라요.

Good-bye!

¹ Interested in this?

[인터레스티드 인 디스?]

이거 관심 있으세요? ☐

손님이 어떤 물건에 관심 있는 것 같아 보일 때 사용하는 표현입니다. 원래 완전한 문장은 Are you interested in this?입니다. 좀 더 직접적인 표현으로 Do you like this?[두 유 라익 디스?] (이거 좋나요?)라고 물어볼 수도 있습니다. 그러나 Interested in this?는 좀 더 부드럽고 덜 압박감을 주는 표현이어서, 손님이 편안하게 자신의 관심을 표현할 수 있게 해 줍니다.

A **Interested in this?**
이거 관심 있으세요?

B **Yes, can you tell me more about it?**
네, 좀 더 설명해 주실 수 있나요?

² For your mother?

[포 유어 마더?]

어머니를 위한 건가요? ☐

손님에게 물건을 가족 중 누군가를 위해 사는 것 인지 물어볼 때 사용하는 표현입니다. 원래 완전한 문장은 Is this가 들어간 Is this for your mother?[이즈 디스 포 유어 마더]입니다. 이 표현에 이어서 She will love it.[쉬 윌 러브 잇] (그녀가 이걸 정말 좋아할 거예요.)라고 덧붙여도 좋습니다.

A **For your mother?**
어머니를 위한 건가요?

B **Yes, it's for my mom.**
네, 엄마를 위한 거예요.

³ **This one looks better.**

[디스 원 룩스 베터]

이게 더 나아 보여요. ☐

손님에게 어떤 물건이 다른 것보다 더 나아 보인다 고 추천할 때 사용하는 표현입니다. 비슷한 표현으로 This one seems better.[디스 원 심즈 베터](이게 더 나아 보여요.)가 있습니다. 자주 하는 실수로는 This one is more good.이라고 말하는 경우가 있습니다. more good은 틀린 표현이고, better가 올바른 비교급 표현입니다.

A **This one looks better.**
이게 더 나아 보여요.

B **Really? I'll take a closer look.**
정말요? 좀 더 자세히 볼게요.

⁴ **You should try this.**

[유 슈드 트라이 디스]

이거 시도해 보셔야 해요. ☐

손님에게 어떤 물건을 꼭 시도해 보라고 권유할 때 사용하는 표현입니다. 비슷한 표현으로 You must try this.[유 머스트 트라이 디스]가 있습니다. 두 표현 모두 같은 의미를 가지지만, You should try this.가 더 부드럽습니다. 자주 하는 실수로는 You have to try this.라고 말하는 경우가 있습니다. have to는 강한 의무감을 전달하기 때문에, 고객에게는 다소 부담스럽게 들릴 수 있습니다.

A **You should try this.**
이거 시도해 보셔야 해요.

B **Alright, I will give it a shot.**
좋아요, 한번 시도해 볼게요.

Good-bye!

1 What's your (shopping) budget, please?

[왓츠 유어 (샤핑) 버짓, 플리즈?]

예산이 어떻게 되세요? ☐

손님에게 쇼핑 예산을 물어볼 때 사용하는 표현입니다. 더 정중하게 질문하려면 May I know your budget?[메이 아이 노우 유어 버짓?](예산이 어떻게 되세요?)이라고 하면 됩니다. budget 앞에 shopping은 넣어도 되고 안 넣어도 됩니다. 자주 하는 실수로는 what 대신 how much를 넣어 How much is your budget?이라고 말하는 경우가 있습니다. 하지만 What's your budget?이 더 일반적으로 사용되는 표현입니다.

A **What's your shopping budget, please?**
예산이 어떻게 되세요?

B **I'm looking to spend around 100,000 won.**
약 10만원 정도 쓰려고 생각하고 있어요.

2 What's your price range?

[왓츠 유어 프라이스 레인지?]

가격대가 어떻게 되세요? ☐

손님에게 생각 중인 가격대를 물어볼 때 사용하는 표현입니다. price range는 손님이 구매 의사가 있는 가격의 범위를 나타냅니다. 가격의 한도를 묻고 싶으면 price range 대신 price limit이라는 단어를 쓰면 됩니다. 비슷한 표현으로 What's your budget range?[왓츠 유어 버짓 레인지?]가 있습니다. 두 표현 모두 손님의 가격대를 파악할 수 있지만, What's your price range?가 더 일반적입니다.

A **What's your price range?**
가격대가 어떻게 되세요?

B **I'd like to stay within 50,000 to 70,000 won.**
5만원에서 7만원 사이로 생각하고 있어요.

Welcome!

Retail & Convenience Store

3 How much do you plan to spend?

[하우 머치 두 유 플랜 투 스펜드?]

얼마나 지출하실 계획이세요? ☐

손님에게 │계획하고 있는 지출 금액을 물어볼 때│ 사용하는 표현입니다. 비슷한 표현으로 How much are you planning to spend?[하우 머치 아 유 플래닝 투 스펜드?]가 있습니다. 두 표현 모두 같은 의미를 가지지만, How much do you plan to spend?가 더 일반적입니다.

A How much do you plan to spend?
얼마나 지출하실 계획이세요?

B I'm thinking of spending no more than 150,000 won.
15만원 이하로 생각하고 있어요.

4 How much are you considering?

[하우 머치 아 유 컨씨더링?]

얼마를 고려하고 계시죠? ☐

손님에게 │고려하고 있는 지출 금액을 물어볼 때│ 사용하는 표현입니다. considering을 [컨씨더링] 이라고 발음하는데 강세를 '컨'에 주지 말고, '씨' 에 주어야 상대방이 잘 알아들을 수 있습니다. 영어는 강세가 아주 중요한 언어이기 때문에, 강세를 잘 안 지키면 못 알아듣는 경우가 매우 많습니다.

A How much are you considering?
얼마를 고려하고 계시죠?

B Around 80,000 won.
8만원 정도요.

Good-bye!

¹ Pay here, please.

[페이 히어, 플리즈]

여기서 계산하시면 됩니다. ☐

손님에게 │계산을 어디서 해야 하는지 안내할 때│ 사용하는 표현입니다. Please를 앞에 넣은 Please pay here.라는 표현도 좋습니다. You를 주어로 한 문장으로 만들어 You can pay here. [유 캔 페이 히어] (여기서 계산하시면 됩니다.)라고 말 해도 같은 의미를 전달할 수 있습니다.

A **Pay here, please.**
여기서 계산하시면 됩니다.

B **Alright, thank you.**
알겠습니다. 감사합니다.

² Cash or card, please?

[캐쉬 오어 카드, 플리즈?]

현금으로 하시겠어요? 카드로 하시겠어요? ☐

손님에게 │결제 수단을 물어볼 때│ 사용하는 표현 입니다. cash는 '현금'을, card는 '신용카드나 직 불카드'를 의미합니다. 완전한 문장으로 Would you like to pay with cash or card?[우 쥬 라익 투 페이 위드 캐쉬 오어 카드?]라고 하면 더 정 중한 느낌이 듭니다. 참고로 '죄송하지만 현금만 받습니다.'는 Cash only, sorry.[캐쉬 온리 플리 즈]라고 하면 됩니다.

A **Cash or card, please?**
현금으로 하시겠어요?
카드로 하시겠어요?

B **Card, please.**
카드로 할게요.

³ We accept mobile payments.

[위 억셉트 모바일 페이먼츠]

모바일 결제를 받습니다. ☐

손님에게 모바일 결제가 가능함을 안내할 때 사용하는 표현입니다. 비슷한 표현으로 You can pay with your phone.[유 캔 페이 위드 유어 폰] (폰으로 지불하실 수 있습니다.)이 있습니다. 자주 하는 실수로는 We take mobile payments.라고 take 를 사용해서 말하는 경우가 있는데, 이럴 때는 accept를 사용하는 것이 더 정확합니다. accept 는 결제를 받을 수 있음을 의미하는 반면, take 는 다소 비격식적이거나 상황에 따라 어색하게 들릴 수 있습니다.

A **We accept mobile payments.**
모바일 결제를 받습니다.

B **Great, I'll use my phone.**
좋아요, 제 폰으로 결제할게요.

⁴ Here's your change.

[히얼즈 유어 체인지]

여기 잔돈이요. ☐

손님에게 잔돈을 내줄 때 사용하는 표현입니다. change는 '바꾸다'라는 동사의 뜻도 가지고 있지만, 명사로 '잔돈, 거스름돈'이라는 뜻도 가지고 있습니다. 손님에 따라서는 Keep the change.[킵 더 체인지] (잔돈은 가지세요.)라고 하는 경우도 있을 수 있으니, 이 표현도 같이 알아두면 좋겠습니다.

A **Here's your change.**
여기 잔돈이요.

B **Thank you very much.**
정말 감사합니다.

Good-bye!

¹ Would you like a receipt?

[우 쥬 라익 어 리씨-트?]

영수증 필요하세요?

손님에게 영수증이 필요한지 물어볼 때 사용하는 표현입니다. 간단하고 정중한 표현으로, 손님이 영수증을 받을지 여부를 선택할 수 있도록 돕습니다. 비슷한 표현으로 Do you need a receipt?[두 유 니드 어 리씨-트] (영수증이 필요하신 가요?)가 있습니다. 둘 다 같은 뜻이지만, Would you like a receipt?가 더 공손한 표현입니다.

A Would you like a receipt?
영수증 필요하세요?

B Yes, I need it for my records.
네, 기록용으로 필요해요.

² Here is your receipt.

[히얼 이즈 유어 리씨-트]

여기 영수증입니다.

손님에게 영수증을 건네줄 때 사용하는 표현입니다. 간단하고 명확한 표현으로 결제 과정이 완료되었음을 알리는 역할도 합니다. Here is를 Here's[히얼즈]라고 줄여서 사용할 수도 있습니다. 줄임말을 사용하면 더 자연스럽고 친근한 느낌을 줄 수 있습니다. 영수증과 카드를 같이 건네줄 때에는 Here is your receipt and your card.[히얼 이즈 유어 리씨-트 앤 유어 카드]라고 하면 됩니다.

A Here is your receipt.
여기 영수증입니다.

B Thank you.
Have a nice day!
감사합니다. 좋은 하루 되세요!

³ Please keep your receipt for refunds.

[플리즈 킵 유어 리씨-트 포 리펀즈]

환불을 위해 영수증을 보관해 주세요.   ☐

손님에게 환불을 받을 때 영수증이 필요함을 말해 줄 때 사용하는 표현입니다. 비슷한 표현으로 You will need your receipt for refunds.[유 윌 니드 유어 리씨-트 포 리펀즈]가 있습니다. 두 표현 모두 같은 의미를 가지지만, Please keep your receipt for refunds.가 더 정중합니다.

A Please keep your receipt for refunds.
   환불을 위해 영수증을 보관해 주세요.

B Got it. I'll make sure to keep it.
   알겠습니다. 잘 보관할게요.

⁴ You can exchange or get a refund within 30 days with your receipt.

[유 캔 익스체인지 오어 겟 어 리펀드 위딘 써-티 데이즈 위드 유어 리씨-트]

영수증을 가지고 오시면 30일 이내에 교환이나 환불이 가능합니다.   ☐

손님에게 교환 및 환불 기간을 안내할 때 사용하는 표현입니다. 이 표현은 영수증을 지참하면 30일 이내에 교환이나 환불이 가능함을 알려 줍니다. 비슷한 표현으로 Exchanges or refunds are available within 30 days with your receipt. [익스체인지즈 오어 리펀즈 아 어베일러블 위딘 써-티 데이즈 위드 유어 리씨-트]가 있습니다. 이 표현 역시 '교환이나 환불은 30일 이내에 영수증 지참시 가능합니다'라는 의미입니다.

A You can exchange or get a refund within 30 days with your receipt.
   영수증이 있으면 30일 이내에 교환 또는 환불 가능합니다.

B Thanks for letting me know.
   알려 주셔서 감사합니다.

Good-bye!

¹ Do you need a bag?

[두 유 니드 어 백?]

봉투 필요하실까요?

손님에게 **물건을 담아갈 봉투가 필요한지 물어볼 때** 사용하는 표현입니다. bag은 물건을 담아서 들고 가는 여러 가지를 다 포함합니다. '비닐봉지'는 plastic bag, '종이 봉투'는 paper bag입니다. 봉투 구매시 비용이 발생하는 경우에는 There's an extra charge for bags.[데얼즈 언 엑스트라 챠지 포 백스](봉투 필요시 추가 비용이 있습니다.)라는 표현을 쓰면 됩니다.

A **Do you need a bag?**
봉투 필요하실까요?

B **Yes, a paper bag, please.**
네, 종이 봉투로 부탁드려요.

² Would you like it wrapped?

[우 쥬 라익 잇 랩트?]

포장 원하실까요?

손님에게 **물건을 포장하기를 원하는지 물어볼 때** 사용하는 표현입니다. 비슷한 표현으로 Do you want it gift-wrapped?[두 유 원트 잇 기프트 랩트?](선물 포장 원하실까요?)가 있습니다. 자주 하는 실수로는 You want to wrap it?이라고 말하는 경우가 있는데, 이는 손님이 직접 포장하는 것이 되므로 like it wrapped, 또는 want it gift-wrapped의 형태로 써야 합니다.

A **Would you like it wrapped?**
포장 원하실까요?

B **Yes, that would be great.**
네, 그렇게 해 주세요.

Welcome!

³ We offer gift wrapping.

[위 오퍼 기프트 래핑]

저희는 선물 포장을 제공합니다. ☐

손님에게 │선물 포장 옵션이 있음을 알려 줄 때│ 사용하는 표현입니다. 같은 뜻의 표현으로 offer 대신 provide를 사용한 We provide gift wrapping.[위 프로바이드 기프트 래핑]이 있습니다. offer와 provide는 둘 다 '제공하다'란 의미의 동사이므로, 비슷한 의미를 가지며, 두 단어 모두 사용 가능합니다.

A **We offer gift wrapping.**
저희는 선물 포장을 제공합니다.

B **That's wonderful. I'll take it.**
정말 좋네요. 부탁드릴게요.

⁴ We can wrap it.

[위 캔 랩 잇]

포장해 드릴 수 있어요. ☐

손님에게 │요청에 따라 물건을 포장해 줄 수 있음을│ │알려 줄 때│ 사용하는 표현입니다. '따로' 포장하는 경우에는 We can wrap it separately.[위 캔 랩 잇 세퍼럿틀리]라고 separately를 넣어서 쓸 수도 있습니다. 또는 '고객을 위해' 해 드릴 수 있다는 뜻으로 뒤에 for you도 추가해 넣을 수 있습니다. 가게에 안내 문구로 적어 놓을 경우에는 Gift packaging available, no extra charge. [기프트 패키징 어베일러블, 노 엑스트라 차지] (선물 포장 이용 가능. 추가 요금 없음.)라고 하면 됩니다.

A **Could you please wrap this as a gift?**
이거 선물로 포장해 주실 수 있나요?

B **Yes, we can wrap it.**
네, 포장해 드릴 수 있어요.

Good-bye!

¹ We offer free delivery.

[위 오퍼 프리 딜리버리]

무료 배송을 제공합니다. ☐

손님에게 무료 배송 서비스를 제공함을 알릴 때 사용하는 표현입니다. 비슷한 표현으로 Delivery is free of charge.[딜리버리 이즈 프리 오브 챠지] (배송은 무료입니다.)가 있습니다. 두 표현 모두 무료 배송을 의미하지만, We offer free delivery.가 더 일반적입니다. 자주 하는 실수로는 We give free delivery.라고 말하는 경우가 있는데, give보다 offer 를 사용하는 것이 더 적절합니다. offer는 제공하는 서비스를 의미하며, 고객에게 어떤 혜택을 주는 상황에서 사용하기에 더 자연스럽습니다.

A How much is the shipping cost? 배송비는 어떻게 되나요?

B We offer free delivery. 무료 배송을 제공합니다.

² Your order will arrive in 3-5 business days.

[유어 오더 윌 어라이브 인 쓰리 투 파이브 비즈니스 데이즈]

주문하신 상품은 영업일 기준 3-5일 내에 도착합니다. ☐

손님에게 예상 배송 기간을 알려 줄 때 사용하는 표현입니다. 비슷한 표현으로 It will be delivered within 3-5 business days.[잇 윌 비 딜리버드 위 딘 쓰리 투 파이브 비즈니스 데이즈]가 있습니다. 두 표현 모두 배송 기간을 안내하는 데 사용 되지만, Your order will arrive는 배송의 최종 도착 시점을 강조하는 반면, It will be delivered within은 배송 과정의 일정을 좀 더 넓게 설명 하는 느낌을 줍니다.

A When will my order arrive?
주문한 상품은 언제 도착하나요?

B Your order will arrive in 3-5 business days.
주문하신 상품은 영업일 기준 3-5일 내에 도착합니다.

3 Please provide your delivery address.

[플리즈 프로바이드 유어 딜리버리 어드레스]

배송 주소를 알려 주세요. ☐

손님에게 배송 주소를 요청할 때 사용하는 표현입니다. 비슷한 표현으로 Can I have your shipping address?[캔 아이 해브 유어 쉬핑 어드레스?]가 있습니다. 이 표현 역시 공손하게 손님의 배송 주소를 요청할 때 사용됩니다. 반면에, Give me your address.라고 말하면 다소 무례하게 들릴 수 있으므로, 이런 표현보다는 please나 Can I have를 넣어 공손하게 표현하는 것이 좋습니다.

A **Please provide your delivery address.**
배송 주소를 알려 주세요.

B **Sure, it's 123 Main Street.**
네, 메인 스트리트 123번지입니다.

4 Delivery is available for an additional fee.

[딜리버리 이즈 어베일러블 포 언 어디셔널 피]

추가 요금을 지불하시면 배송이 가능합니다. ☐

손님에게 배송 서비스가 추가 요금으로 제공됨을 안내할 때 사용하는 표현입니다. 비슷한 표현으로 There is an extra charge for delivery.[데얼 이즈 언 엑스트라 챠지 포 딜리버리] (배송에는 추가 요금이 있습니다.)가 있습니다. extra와 additional은 비슷한 의미이지만, additional이 살짝 더 격식이 있습니다. 참고로, 추가 요금이 '없는' 경우에는 두 표현 모두에서 an을 no로 바꾸기만 하면 됩니다.

A **Delivery is available for an additional fee.**
추가 요금을 지불하시면 배송이 가능합니다.

B **That's fine, how much is it?**
괜찮아요, 얼마인가요?

Good-bye!

1 We can exchange it for you.

[위 캔 익스체인지 잇 포 유]

교환해 드릴 수 있습니다. ☐

손님에게 물건을 교환해 줄 수 있음을 알릴 때 사용하는 표현입니다. 비슷한 표현으로는 Sure, we can exchange. No problem.[서, 위 캔 익스체인지. 노 프라블럼] (그럼요. 교환해 드릴 수 있죠. 문제 없습니다.) 이 있습니다. We can exchange it for you.는 다소 중립적이고 사무적인 느낌을 주며, 명확한 정보를 제공하는 데 적합합니다. 반면, Sure, we can exchange. No problem.은 캐주얼하고 친근한 분위기를 조성하며 정보를 전달하는 데 효과적입니다.

A Is it possible to exchange this for a different color?
이걸 다른 색상으로 교환할 수 있을까요?

B We can exchange it for you.
교환해 드릴 수 있습니다.

2 Exchanges must be made within 7 days.

[익스체인지즈 머스트 비 메이드 위딘 쎄븐 데이즈]

교환은 7일 이내에 이루어져야 합니다. ☐

손님에게 교환이 가능한 기간을 안내할 때 사용하는 표현입니다. 비슷한 표현으로 Exchanges are available only within 7 days.[익스체인지즈 아 어베일러블 온리 위딘 쎄븐 데이즈] (교환은 7일 이내에만 가능합니다.) 가 있습니다. available 대신 accepted도 쓸 수 있습니다. '구매 후'라는 표현을 뒤에 덧붙이고 싶으면 after purchase[애프터 퍼-처스]라는 표현을 쓰면 됩니다.

A Exchanges must be made within 7 days.
교환은 7일 이내에 이루어져야 합니다.

B I understand. I purchased it 5 days ago.
알겠습니다. 5일 전에 구입했어요.

Retail & Convenience Store

³ **Do you have the receipt?**

[두 유 해브 더 리씨-트?]

영수증 가지고 계신가요? ☐

손님에게 물건 교환 시 영수증을 확인할 때 사용하는 표현입니다. 비슷한 표현으로 Can I see your receipt?[캔 아이 씨 유어 리씨-트?](영수증 좀 볼 수 있을까요?)가 있습니다. Do you have the receipt?는 영수증이 있는지를 묻는 데 초점을 맞추고, Can I see your receipt?는 실제로 영수증을 보여 달라고 요청하는 데 초점을 맞추는 차이가 있습니다.

A I'd like to exchange this item.
이 물건을 교환하고 싶어요.

B Do you have the receipt?
영수증 가지고 계신가요?

⁴ **Do you want to exchange this for a different color?**

[두 유 원 투 익스체인지 디스 포 어 디퍼런트 칼라?]

이거 다른 색상으로 교환 원하세요? ☐

손님에게 물건 교환 시 손님이 원하는 바를 물어볼 때 사용하는 표현입니다. 다른 색상이 아니라, 다른 사이즈로 교환하고 싶은지를 물을 때는 color를 size로 바꿔서 Do you want to exchange this for a different size?[두 유 원 투 익스체인지 디스 포 어 디퍼런트 싸이즈?](다른 사이즈로 교환 원하세요?)라고 하면 됩니다.

A What other colors do you have for this item?
이 제품의 다른 색상은 어떤 게 있나요?

B Do you want to exchange this for a different color?
이거 다른 색상으로 교환 원하세요?

Good-bye!

¹ Would you like a refund?

[우 쥬 라익 어 리펀드?]

환불 원하시는 건가요? ☐

손님에게 | 환불 의사를 확인할 때 | 사용하는 표현입니다. 비슷한 표현으로 Would you like to get a refund?[우 쥬 라익 투 겟 어 리펀드?] (환불을 받으시겠어요?)가 있습니다. 두 표현 모두 손님에게 환불을 원하는지 확인할 때 사용되지만, 미묘한 차이가 있습니다. Would you like a refund? 는 환불 여부에 대해 묻는 것에 그치는 반면, Would you like to get a refund?는 실제로 환불을 받기 위한 단계를 시작할 의향이 있는지를 물어보는 느낌을 줍니다.

A I'd like to return this.
이거 반품하고 싶어요.

B Oh, would you like a refund?
아, 환불을 원하시는 건가요?

² Do you have the credit card you used?

[두 유 해브 더 크레딧 카드 유 유즈드?]

사용하신 신용카드 있으실까요? ☐

손님이 | 환불 요청 시 결제에 사용한 신용카드를 가지고 있는지 확인할 때 | 사용하는 표현입니다. Do you have 대신 May I see를 사용하여 May I see the credit card you used?라고 더 공손하게 말할 수도 있습니다. 환불 처리를 위해 해당 신용카드가 필요하다는 것을 설명할 때는 We need it to process the refund.[위 니드 잇 투 프로세스 더 리펀드] (환불처리하는 데 그게 필요해서요.)라고 하면 됩니다.

A I'd like to get a refund for this item.
이 제품을 환불받고 싶습니다.

B Do you have the credit card you used?
사용하신 신용카드 있으실까요?

³ Sorry, but it is not refundable.

[쏘리, 벗 잇 이즈 낫 리펀더블]

죄송하지만 환불이 가능한 상품이 아닙니다.   □

손님에게 **어떤 상품이 환불이 불가능하다는 것을 설명할 때** 사용하는 표현입니다. 비슷한 표현으로 Unfortunately, this item cannot be refunded.[언포츄넛틀리, 디스 아이템 캐낫 비 리펀디드] (안타깝게도 이 상품은 환불이 불가능합니다.)가 있습니다. 그냥 간단하게 Sorry, no refund.라고 말하는 경우도 있는데, 뜻은 전달이 되지만 무례하게 들릴 수 있습니다. 이럴 때는 It is not refundable.처럼 완전한 문장으로 답하는 것이 좋습니다.

A **I'd like to return this item for a refund.**
이 물건을 환불받기 위해 반품하고 싶습니다.

B **Sorry, but it is not refundable.**
죄송하지만 환불이 가능한 상품이 아닙니다.

⁴ You can only exchange. No refund.

[유 캔 온리 익스체인지. 노 리펀드]

교환만 가능합니다. 환불은 안됩니다.   □

손님에게 **특정 상품이 교환만 가능하고 환불은 불가능하다는 것을 알릴 때** 사용하는 표현입니다. 환불 불가 방침이 설명된 곳이 있다면 손으로 가리키면서, This says, NO REFUND/NON-REFUNDABLE.[디스 쎄즈, '노 리펀드/넌 리펀더블.'] (여기에 환불 불가라고 써 있습니다.)이라고 하면 이해에 도움이 될 것입니다.

A **I purchased this last week, but I'd like to return it.**
지난주에 이걸 샀는데, 반품하고 싶습니다.

B **You can only exchange. No refund.**
교환만 가능합니다. 환불은 안됩니다.

Good-bye!

PART 2

의류, 악세사리 매장에서
손님을 응대할 때 쓰는
네 가지 표현

MP3
다운로드&듣기

1 Can I help you find something?

[캔 아이 헬프 유 파인드 썸띵?]

찾으시는 거 도와드릴까요?

손님이 무슨 옷을 찾고 있는지 파악할 때 사용하는 표현입니다. 비슷한 표현으로 Do you need help finding something?[두 유 니드 헬프 파인딩 썸띵?] (뭔가를 찾는 데 도움이 필요하신가요?)이 있습니다. 반면에, What do you want?[왓 두 유 원트?]나 What are you looking for?[왓 아 유 루킹 포?] 같은 표현들은 의미는 통하지만, 다소 직접적이고 손님에게 부담을 줄 수 있어 피하는 것이 좋습니다.

A Can I help you find something?
찾으시는 거 도와드릴까요?

B Yes, I'm looking for a dress.
네, 드레스를 찾고 있어요.

2 Are you looking for anything special?

[아 유 루킹 포 애니띵 스페셜?]

뭔가 특별히 찾고 계신 것이 있나요?

손님이 특별히 찾고 있는 물건이 있는지 물어볼 때 사용하는 표현입니다. 비슷한 표현으로 Is there something specific you need?[이즈 데얼 썸띵 스페시픽 유 니드?] (특별히 필요하신 것이 있나요?)가 있습니다. 두 표현 중 Are you looking for anything special?은 좀 더 일반적이고 부드러운 느낌을 주며, 손님이 특별히 찾고 있는 것이 없을 경우에도 부담 없이 대답할 수 있습니다. 반면, Is there something specific you need?는 손님이 이미 특정한 요구 사항을 가지고 있을 때 더 적합한 표현입니다.

A Are you looking for anything special?
뭔가 특별히 찾고 계신 것이 있나요?

B Yes, I need a suit for a wedding. 네, 결혼식용 정장이 필요해요.

3 Can I help you with something?

[캔 아이 헬프 유 윗 썸띵?]

무엇을 도와드릴까요? ☐

손님에게 도움이 필요한지 포괄적으로 물어볼 때 사용하는 표현입니다. 비슷한 표현으로 Do you need assistance?[두 유 니드 어씨스턴스?]가 있습니다. 이 표현은 '도움이 필요하신가요?'라는 의미로, help보다 더 격식 있는 느낌을 줍니다. 따라서, 좀 더 공식적인 상황이나 격식을 차려야 하는 환경에서는 assistance를 사용하는 것이 적절할 수 있습니다.

A **Can I help you with something?**
무엇을 도와드릴까요?

B **I'm just browsing for now, thank you.**
일단 그냥 둘러보고 있어요, 감사합니다.

4 What kind of clothes are you looking for?

[왓 카인드 오브 클로우즈 아 유 루킹 포?]

어떤 종류의 옷을 찾고 계신가요? ☐

손님이 찾고 있는 옷의 종류를 물어볼 때 사용하는 표현입니다. 비슷한 표현으로 Is there a specific type of clothing you need?[이즈 데얼 어 스페시픽 타입 오브 클로딩 유 니드?] (특별히 필요하신 옷 종류가 있나요?)가 있습니다. 자주 하는 실수로는 What kind of cloth are you looking for?라고 clothes 대신 cloth를 사용하는 경우가 있습니다. cloth는 '천'이라는 뜻의 단어이므로, '옷'을 뜻하는 clothes를 사용하는 것이 맞습니다.

A **What kind of clothes are you looking for?**
어떤 종류의 옷을 찾고 계신가요?

B **I'm looking for some casual shirts.**
캐주얼 셔츠를 찾고 있어요.

Good-bye!

¹ **This is a T-shirt.**

[디스 이즈 어 티셔트]

이것은 티셔츠입니다. □

손님에게 │**특정 옷 종류를 설명할 때**│ 사용하는 표현입니다. 비슷한 표현으로 Here is a T-shirt. [히얼 이즈 어 티셔트] (여기 티셔츠가 있습니다.)가 있습니다. This is ~(이것은 ~입니다), Here is ~(여기에 ~이 있습니다) 이 두 표현은 반드시 외워 두고 활용하는 것이 좋습니다. 우리말로 셔츠라고 하지만, 하나일 때는 shirt이고, 두 개 이상일 때만 shirts라고 써야 합니다.

A **This is a T-shirt.**
이것은 티셔츠입니다.

B **Nice, do you have it in blue?**
좋아요, 파란색도 있나요?

² **These are sweaters.**

[디-즈 아 스웨터즈]

이것들은 스웨터입니다. □

손님에게 │**복수의 물품을 설명할 때**│ 사용하는 표현입니다. 비슷한 표현으로 Here are some sweaters. [히얼 아 썸 스웨터즈] (여기 스웨터들이 있습니다.)가 있습니다. 단수로 된 표현뿐 아니라 복수로 된 표현을 익혀 두어야 합니다. These are ~(이것들은 ~입니다), Here are ~(여기에 ~이 있습니다) 이 두 표현도 반드시 외워 두고 활용하세요.

A **These are sweaters.**
이것들은 스웨터입니다.

B **They look warm.**
따뜻해 보이네요.

Welcome!

Clothing &
Accessory
Store

³ **That is a blouse.**

[댓 이즈 어 블라우스]

저것은 블라우스입니다.

this가 가까이에 있는 물품을 말할 때 쓴다면, 멀리 떨어져 있는 물품을 가리키며 설명할 때 는 이렇게 that을 씁니다. 비슷한 표현으로 That one is a blouse.[댓 원 이즈 어 블라우스](저것은 블라우스입니다.)가 있습니다. one이 들어간 이 표현은 뭔가 앞에서 어떤 물품에 대해서 말하고 나서 그 다음으로 뭔가 다른 물품을 말할 때 잘 씁니다.

A **That is a blouse.**
저것은 블라우스입니다.

B **It's pretty.**
예쁘네요.

⁴ **Those are jackets.**

[도우즈 아 재킷스]

저것들은 재킷입니다.

these가 가까이에 있는 물품을 말할 때 쓴다면 멀리 떨어진 여러 개의 물품을 설명할 때 는 이렇게 those를 씁니다. this-these와 that-those의 짝을 잘 익혀서 거리와 단수/복수에 따라 잘 구분해서 사용하는 것이 중요합니다. 참고로 우리말로 '재킷'이라고 하는 것만 jacket이 아니고, 외투 상의는 거의 jacket이라고 합니다. '점퍼'라고 하는 것도 jumper가 아니라 jacket이라고 합니다.

A **Those are jackets.**
저것들은 점퍼입니다.

B **Perfect for winter.**
겨울에 딱이네요.

Good-bye!

¹ These are jeans.

[디-즈 아 진-즈]

이것들은 청바지입니다.

□

바지 종류를 설명할 때 는 다 복수 형태로 씁니다. 그래서 '바지'는 미국 영어로 pants[팬츠]라고 합니다. trousers[트라우저스]도 역시 바지라는 뜻이지만 영국 영어입니다. 이러한 단어들은 단어 자체가 이미 복수형을 내포하고 있기 때문에 단수형으로 사용하지 않으며, 문장 전체도 복수 형태로 구성해야 합니다. 예를 들어, These are jeans.처럼 These are ~ 또는 Those are ~의 형태로 문장을 써야 합니다.

A These are jeans. 이것들은 청바지입니다.
B Great, I need a pair. 좋아요, 한 벌 필요해요.

² That one over there is a skirt.

[댓 원 오버 데얼 이즈 어 스커트]

저기 있는 저것은 치마입니다.

□

멀리 떨어져 있는 것을 가리킬 때 that이나 those를 쓰는데, '저기 있는'이란 느낌으로 뭔가 거리감을 더 표현하고 싶을 때에는 이렇게 over there를 넣습니다. 실내에서 사용할 수 있는 다른 표현으로는 on the other side[온 디 아더 싸이드] (반대편에)나 by the wall[바이 더 월] (벽 쪽에)이 있습니다. 이러한 표현들은 실내 공간에서 특정 물건이나 장소가 멀리 떨어져 있거나, 특정 위치에 있음을 강조할 때 사용됩니다.

A That one over there is a skirt.
저기 있는 저것은 치마입니다.

B Yes, I like that skirt. Can I try it on?
네, 저 치마 마음에 들어요. 입어 봐도 될까요?

³ Those are shorts.

[도우즈 아 쇼-츠]

저것들은 반바지입니다. ☐

| 반바지를 설명할 때 | '짧은=short', '바지=pants'로 생각해서 short pants라고 하는 경우가 많은데, 대충 의미는 통할 수도 있지만 올바른 표현은 shorts입니다. short를 '짧은'이란 뜻의 형용사로만 생각해서 -s를 붙이는 것이 어색할 수도 있는데, 이렇게 -s를 넣어서 shorts로 '반바지'라는 뜻의 단어로 쓰입니다. 바지 종류는 복수 형태로 쓰는 것을 꼭 기억하세요.

A Those are shorts.
저것들은 반바지입니다.

B I'll try them on.
한번 입어 볼게요.

⁴ This one over here is a belt.

[디스 원 오버 히얼 이즈 어 벨트]

여기 있는 이것은 벨트입니다. ☐

다른 곳에 있던 물품들에 대해서 이야기하다가 가까이에 있는 물품에 대해서 이야기할 때, 이렇게 over here를 넣어서 씁니다. over here는 다른 곳에서 이곳으로 장소가 이동되는 느낌을 주며, 화자가 있는 장소나 가까운 위치를 강조할 때 사용됩니다. 비슷한 표현으로 right here[롸잇 히얼] (바로 여기)와 on this side[온 디스 사이드] (이쪽에)가 있습니다.

A This one over here is a belt.
여기 있는 이것은 벨트입니다.

B I like it. Do you have it in a different style?
마음에 들어요. 다른 스타일도 있나요?

Good-bye!

¹ You can try it on if you like.

[유 캔 트라이 잇 온 이프 유 라익]

원하시면 입어 보셔도 됩니다. □

손님에게 옷을 입어 봐도 좋다고 말할 때 사용하는 표현입니다. You can try it on if you like.에서 like 대신 want를 사용해도 자연스럽습니다. 여기서 중요한 표현은 try ~ on으로, '~을 한번 입어 보다'라는 뜻입니다. 이 표현은 옷뿐만 아니라 신발을 신어 보거나, 장갑을 끼어 볼 때도 사용할 수 있어 매우 유용합니다. 한국어에서 '입다', '신다', '끼다' 등의 단어가 영어로는 모두 wear 또는 put on으로 표현되는 것처럼, try 역시 이 모든 상황에 사용할 수 있습니다.

A Can I see if this fits?
이거 맞는지 볼 수 있을까요?

B You can try it on
if you like.
원하시면 입어 보셔도 됩니다.

² Would you like to try it on?

[우 쥬 라익 투 트라이 잇 온?]

입어 보시겠어요? □

손님에게 특정 옷을 입어보도록 권할 때 사용하는 간단하면서도 예의를 갖춘 표현입니다. 비슷한 표현으로는 Do you want to try it on?[두 유 원 투 트라이 잇 온?] (입어 보시겠어요?)이 있습니다. 두 표현은 같은 의미이지만, Would you like to try it on?이 더 공손한 느낌을 줍니다. 일반적으로 Do you want to ~?와 Would you like to ~?는 같은 뜻으로 사용되지만, would가 포함된 표현이 더 정중한 표현으로 여겨집니다.

A This looks nice.
I love it.
이거 좋아 보이네요. 완전 좋아요.

B Would you like to
try it on?
입어 보시겠어요?

³ Feel free to try it on.

[필 프리 투 트라이 잇 온]

편하게 입어 보세요. ☐

손님에게 부담 없이 편하게 옷을 입어 봐도 된다고 권할 때 사용하는 표현입니다. 이 표현은 친근하고 캐주얼한 느낌으로, 손님에게 주저하지 말고 입어 보라는 메시지를 전달합니다. You can try it on if you want.[유 캔 트라이 잇 온 이프 유 원트](그거 입어 보셔도 돼요.)도 비슷한 의미이지만, Feel free to try it on.이 더 자유롭게 입어 볼 수 있다는 느낌을 줍니다.

A Can I check how this looks on me?
이거 입으면 어떻게 보이는지 확인해 볼 수 있을까요?

B Feel free to try it on.
편하게 입어 보세요.

⁴ Let me know if you need another size.

[렛 미 노우 이프 유 니드 어나더 싸이즈]

다른 사이즈가 필요하시면 말씀해 주세요. ☐

손님에게 다른 사이즈가 필요할 때 도움을 줄 수 있다고 말할 때 사용하는 표현입니다. 비슷한 표현으로 Just tell me if you need a different size.[저스트 텔 미 이프 유 니드 어 디퍼런트 싸이즈] (다른 사이즈가 필요하면 말씀해 주세요.)가 있습니다. 만약 사이즈가 아니라 색상이 다른 것이 필요한지 물으려면 size 대신 color를 넣어 말하면 됩니다.

A Let me know if you need another size.
다른 사이즈가 필요하시면 말씀해 주세요.

B This doesn't fit well. Do you have a bigger size?
이거 잘 안 맞네요. 더 큰 사이즈 있나요?

Good-bye!

1 What size are you looking for?

[왓 싸이즈 아 유 루킹 포?]

어떤 사이즈를 찾고 계신가요? ☐

손님이 특정 사이즈를 찾고 있는지 물어볼 때 사용하는 표현입니다. 간단하고 직관적인 표현으로, 손님의 필요를 파악할 수 있습니다. 비슷한 표현으로 What size do you need?[왓 싸이즈 두 유 니드?] (어떤 사이즈가 필요하신가요?)가 있습니다.

A **What size do you have for this dress?**
이 드레스는 어떤 사이즈가 있나요?

B **What size are you looking for?**
어떤 사이즈를 찾고 계신가요?

2 Do you need a different size?

[두 유 니드 어 디퍼런트 싸이즈?]

다른 사이즈가 필요하신가요? ☐

손님이 현재 사이즈 외에 다른 사이즈가 필요한지 물어볼 때 사용하는 표현입니다. 비슷한 표현으로 Do you want a different size?[두 유 원트 어 디퍼런트 싸이즈?] (다른 사이즈를 원하시나요?)가 있습니다. 두 표현은 비슷한 의미를 가지지만, need는 '필요하다'라는 뜻이고, want는 '원하다'라는 뜻이므로 구분해서 사용해야 합니다.

A **Do you need a different size?**
다른 사이즈가 필요하신가요?

B **Yes, this is too tight. Do you have a larger one?**
네, 이건 너무 꽉 끼네요.
더 큰 사이즈 있나요?

3 **Is this size okay for you?**

[이즈 디스 싸이즈 오케이 포 유?]

이 사이즈가 괜찮으신가요?

손님에게 특정 사이즈가 맞는지 확인할 때 사용하는 표현입니다. 간단하고 직접적인 표현으로, 손님이 사이즈에 만족하는지 확인할 수 있습니다. 비슷한 표현으로 조금 더 복잡하지만, Does this size work for you?[더즈 디스 싸이즈 웍 포 유?](이 사이즈가 괜찮으신가요?)가 있습니다. work에는 '일하다'라는 뜻만 있는 것이 아니고, '(원하는) 효과가 나다'라는 뜻도 있습니다.

A **Is this size okay for you?**
이 사이즈가 괜찮으신가요?

B **It's a bit tight around the shoulders.**
어깨 주변에 조금 조이네요.

4 **Do you want to try a larger size?**

[두 유 원 투 트라이 어 라–저 싸이즈?]

더 큰 사이즈를 입어 보시겠어요?

손님에게 현재 사이즈보다 더 큰 사이즈를 권할 때 사용하는 표현입니다. 비슷한 표현으로 Would you like to try a bigger size?[우 쥬 라익 투 트라이 어 비거 싸이즈?](더 큰 사이즈를 입어보시겠어요?)가 있습니다. 관련 표현으로 '이걸로 더 작은 사이즈들이 있습니다.'라는 말은 We have this in smaller sizes.[위 해브 디스 인 스몰러 싸이지즈]라고 하면 됩니다. 반대로 더 큰 사이즈가 있다는 표현은 smaller 대신 larger를 쓰면 됩니다.

A **I think this is too small.**
이거 너무 작은 것 같아요.

B **Do you want to try a larger size?**
더 큰 사이즈를 입어 보시겠어요?

Good-bye!

상의 종류

T-shirt 티셔츠	blouse 블라우스
shirt 셔츠	sweater 스웨터
cardigan 가디건	tank top 탱크탑
hoodie 모자 달린 옷	jacket 재킷
coat 코트	vest 조끼
sweatshirt 운동복 상의	long sleeves 긴팔 셔츠
polo shirt 폴로 셔츠	crop top 크롭탑
turtleneck 터틀넥	camisole 캐미솔
blazer 블레이저	sleeveless top 민소매 탑
dress shirt 드레스 셔츠, 와이셔츠	padded jacket 패딩 점퍼

하의 종류

jeans 청바지	leggings 레깅스
shorts 반바지 (short pants가 아닌 shorts)	skirt 치마
pants 바지 (미국 영어)	trousers 바지 (영국 영어)
slacks 슬랙스	corduroy pants 코듀로이 팬츠
capri pants 카프리 바지	cargo pants 카고 바지
cargo shorts 카고 반바지	denim shorts 데님 반바지
joggers 조거 팬츠	chinos 치노 팬츠
overalls 멜빵바지	sweatpants 운동복 바지
hot pants 핫팬츠	khakis 카키 바지
wide-leg pants 와이드 팬츠	pleated skirt 플리츠 스커트
mini skirt 미니 스커트	maxi skirt 맥시 스커트
pencil skirt 펜슬 스커트	a-line skirt 에이라인 스커트
wrap skirt 랩 스커트	

액세서리 종류

necklace 목걸이	bracelet 팔찌
ring 반지	earrings 귀걸이
watch 시계	belt 벨트
scarf 스카프	hat 모자
sunglasses 선글라스	gloves 장갑
brooch 브로치	tie 넥타이
bow tie 나비넥타이	wallet 지갑
purse 핸드백	keychain 열쇠고리
anklet 발찌	hairband 헤어밴드
beanie 비니	headband 헤드밴드
hairpin 헤어핀	pendant 펜던트
lapel pin 라펠 핀	beret 베레모
fedora 페도라	clutch bag 클러치백
chain belt 체인 벨트	shawl 숄
bandana 반다나	

복수 형태로 써야 하는 옷이나 액세서리

jeans 청바지	leggings 레깅스
pants 바지 (미국 영어)	trousers 바지 (영국 영어)
shorts 반바지	slacks 슬랙스
overalls 멜빵바지	khakis 카키 바지
gloves 장갑	earrings 귀걸이
sunglasses 선글라스	glasses 안경

Good-bye!

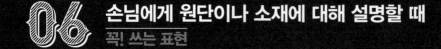
1 This jacket is made of leather.

[디스 재킷 이즈 메이드 오브 레더]

이 재킷은 가죽으로 만들어졌어요. ☐

손님이 │ **특정 의류의 원단이나 소재를 물어볼 때** │ 사용하는 표현입니다. 원어민들은 be made of(~로 만들어져 있다)와 같은 동사구로 된 표현들을 잘 쓰기 때문에 고객이 말했을 때 잘 알아듣기 위해서라도 알아 두어야 합니다. 보통 What is this made of?[왓 이즈 디스 메이드 오브?](이거 무엇으로 만들어졌나요?), What material is this?[왓 머티리얼 이즈 디스?](이거 무슨 소재인가요?)라고 묻습니다.

A **What is this made of?**
이거 무엇으로 만들어졌나요?

B **This jacket is made of leather.**
이 재킷은 가죽으로 만들어졌어요.

2 This is 100% cotton.

[디스 이즈 원헌드레드 퍼쎈트 카튼]

이건 100% 면이에요. ☐

손님에게 │ **의류의 소재가 100% 면임을 알려 줄 때** │ 사용하는 표현입니다. 비슷한 표현으로 This is pure cotton.[디스 이즈 퓨어 카튼](이건 순면입니다.)이 있습니다. 두 표현은 같은 의미이지만, This is 100% cotton.이 더 100%인 것을 강조하는 느낌이 강합니다.

A **Is this pure cotton?**
이거 순면인가요?

B **Yes, this is 100% cotton.**
네, 이건 100% 면이에요.

3 It has 50% wool.

[잇 해즈 피프티 퍼센트 울]

이것은 울이 50% 들어갔습니다. □

특정 의류의 소재에 대해 더 구체적으로 설명할 때 사용하는 표현입니다. 손님이 의류의 재질을 정확하게 이해할 수 있도록 돕습니다. 비슷한 표현으로 This contains 50% wool.[디스 컨테인즈 피프티 퍼센트 울](이것은 울이 50% 포함되어 있습니다.)이 있습니다. 고객이 Does this have any wool?[더즈 디스 해브 에니 울?](이거 울(양모)이 들어갔나요?) 또는 Is there any wool in this?[이즈 데얼 에니 울 인 디스?](이 안에 울이 있나요?)라고 물었을 때 답변으로 쓰는 표현입니다.

A **Does this have any wool?**
이거 울(양모)이 들어갔나요?

B **Yes, it has 50% wool.**
네, 울이 50% 들어갔어요.

4 This is machine washable.

[디스 이즈 머신 워셔블]

이건 세탁기로 빨 수 있습니다. □

손님에게 어떤 의류가 세탁기로 빨 수 있다고 확인 해 줄 때 사용하는 표현입니다. 비슷한 표현으로 You can wash this in a washing machine.[유 캔 워쉬 디스 인 어 워싱 머신](이거 세탁기로 빨 수 있습니다.)이 있습니다. 드라이클리닝만 해야 하는 경우에는 This is dry clean only.[디스 이즈 드라이 클린 온리](이건 드라이클리닝만 해야 합니다.)라고 합니다.

A **Is this dry clean only?**
이건 드라이클리닝만 해야 하나요?

B **No, this is machine washable.**
아니오, 이건 세탁기로 빨 수 있어요.

Good-bye!

1 Would you like to use the fitting room?

[우 쥬 라익 투 유즈 더 피팅 룸?]

탈의실을 이용하시겠어요?

손님에게 ┃ 탈의실을 사용할지 물어볼 때 ┃ 사용하는 표현입니다. 비슷한 표현으로 Do you need to use the fitting room?[두 유 니드 투 유즈 더 피팅 룸?] (탈의실을 이용하실 필요가 있으신가요?)이 있습니다. 두 표현은 같은 의미를 가지지만, Would you like to use the fitting room?이 더 공손한 표현입니다.

A Would you like to use the fitting room?
탈의실을 이용하시겠어요?

B Yes, I would love to. Where is it?
네, 이용하고 싶어요.
어디에 있나요?

2 The fitting room is over there.

[더 피팅 룸 이즈 오버 데어]

탈의실은 저쪽에 있습니다.

손님에게 ┃ 탈의실의 위치를 알려줄 때 ┃ 사용하는 표현입니다. 간단하고 명확하게 탈의실의 위치를 안내할 수 있습니다. 탈의실은 fitting room [피팅 룸], changing room[체인징 룸], dressing room[드레싱 룸] 등의 단어로 표현하기도 하고, room 대신 area[에어리어], booth[부쓰] 등의 단어를 쓰는 경우도 있습니다.

A The fitting room is over there.
탈의실은 저쪽에 있습니다.

B Thank you, I'll head over there now.
감사합니다. 지금 바로 가 볼게요.

Welcome!

3 Let me show you to the fitting room.

[렛 미 쑈우 유 투 더 피팅 룸]

탈의실로 안내해 드릴게요.

손님을 탈의실까지 직접 안내할 때 사용하는 표현입니다. 비슷한 표현으로 I'll take you to the fitting room.[아 윌 테익 유 투 더 탈의실](탈의실로 안내해 드릴게요.)이 있습니다. 두 표현은 같은 의미이지만, Let me show you to the fitting room.이 더 친절한 느낌을 줍니다.

A Let me show you to the fitting room.
탈의실로 안내해 드릴게요.

B Thank you, that would be great.
감사합니다. 그러면 좋겠어요.

4 The fitting room is under construction, so it's currently unavailable.

[더 피팅 룸 이즈 언더 컨스트럭션, 쏘 잇츠 커런틀리 언어베일러블]

탈의실이 공사 중이라 지금은 사용할 수 없습니다.

손님에게 탈의실이 공사 중이라 사용할 수 없음을 알릴 때 사용하는 표현입니다. 사용 불가를 나타내는 비슷한 표현으로 Unfortunately, it's not in use right now.[언포츄넛틀리 잇츠 낫 인 유스 롸잇 나우] (안타깝게도 지금은 사용할 수 없습니다.)가 있습니다. 두 표현은 같은 의미이지만, The fitting room is under construction.이 더 직접적이고 간결한 느낌을 줍니다.

A The fitting room is under construction, so it's currently unavailable.
탈의실이 공사 중이라 지금은 사용할 수 없습니다.

B Oh, I see. Is there another one I can use?
아, 그렇군요. 다른 탈의실을 이용할 수 있나요?

Good-bye!

1 This would look great on you.

[디스 우드 룩 그레이트 온 유]

이거 입으시면 아주 멋지실 거예요.

손님에게 어떤 옷이 잘 어울릴 것이라고 추천할 때 사용하는 표현입니다. 칭찬할 때 가장 많이 쓰는 표현입니다. 비슷한 표현으로 This will suit you well.[디스 윌 쑷 유 웰](이거 잘 어울리실 거예요.)이 있습니다. A looks great on B (A가 B에게 잘 어울린다) 라는 표현은 필수적으로 알아 두면 좋습니다.

A **I'm looking for something that fits well.**
잘 맞는 옷을 찾고 있어요.

B **This would look great on you.**
이거 입으시면 아주 멋지실 거예요.

2 It's great for your shape.

[잇츠 그레이트 포 유어 쉐입]

당신 체형에 아주 잘 맞아요.

손님의 체형(shape)에 어떤 옷이 잘 맞을 것이라고 추천할 때 사용하는 표현입니다. 비슷한 표현으로 This one should fit your shape well.[디스 원 슈드 핏 유어 쉐입 웰](이거 당신 체형에 잘 맞을 거예요.)이 있습니다. body type과 body shape 둘 다 '체형'이라는 뜻이지만, body shape에는 '몸매'라는 느낌이 더 들어 있습니다.

A **It's great for your shape.**
당신 체형에 아주 잘 맞아요.

B **Really? I wasn't sure, but that's good to know. Thanks!**
정말요? 잘 어울릴지 몰랐는데, 알려 줘서 고마워요!

Welcome!

Clothing & Accessory Store

³ This fit is perfect for your build.
[디스 핏 이즈 퍼펙트 포 유어 빌드]

이 핏은 당신 체격에 완벽하게 맞아요. □

어떤 옷이 손님의 체격(build)에 잘 맞을 것이라고 추천할 때 사용하는 표현입니다. '완벽한'이란 뜻의 perfect 대신 '이상적인'이란 뜻의 idea[아이디얼]을 써도 좋습니다. build는 '체격'이란 뜻인데, 남녀 상관 없이 쓰는 중립적인 단어라고는 하지만 아무래도 여성에게는 build[빌드] 대신 figure[피규어]를 쓰는 것이 좋습니다.

A **This fit is perfect for your build.**
이 핏은 당신 체격에 완벽하게 맞아요.

B **That's great! I've been looking for something that fits well.**
좋아요! 잘 맞는 옷을 찾고 있었거든요.

⁴ This might not be the best fit for your shape.
[디스 마잇 낫 비 더 베스트 핏 포 유어 쉐입]

이건 당신 체형에 가장 잘 맞지는 않을 것 같아요. □

어떤 옷이 손님의 체형(shape)에 완벽하게 맞지 않을 수 있다고 말할 때 사용하는 표현입니다. 조금 어렵지만 비슷한 표현으로 This one might not flatter your shape as much.[디스 원 마이트 낫 플래터 유어 쉐입 애즈 머치] (이건 당신 체형을 그렇게 돋보이게 하진 않을 것 같아요.)가 있습니다. 여기서 flatter는 '~을 돋보이게 하다'라는 의미로, 이 문장은 옷이 체형을 충분히 살리지 못할 수 있다는 의미를 조금 더 부드럽게 전달합니다.

A **This might not be the best fit for your shape.**
이건 당신 체형에 가장 잘 맞지는 않을 것 같아요.

B **Oh, thanks for letting me know. Do you have something else?**
아, 알려 줘서 고마워요. 다른 거 있나요?

Good-bye!

¹ You look amazing in that.

[율 룩 어메이징 인 댓]

그거 입으니까 정말 멋지세요. ☐

손님이 **착용한 옷이나 액세서리가 잘 어울린다고 칭찬할 때** 사용하는 표현입니다. 전치사 in을 써서 '착용'의 의미를 표현합니다. amazing[어메이징] 대신 fantastic[팬태-스틱] (환상적인)을 써도 됩니다. 옷일 경우에는 in that 뒤에 outfit(옷)을 더해서 in that outfit[인 댓 아웃핏]이라고 해도 됩니다.

A How does this look?
이거 어때 보이나요?

B You look amazing in that.
그거 입으니까 정말 멋지세요.

² That color looks good on you.

[댓 컬러 룩스 굿 온 유]

그 색깔 정말 잘 어울리세요. ☐

손님이 **선택한 옷이나 액세서리의 색깔이 잘 어울린다고 칭찬할 때** 사용하는 표현입니다. 비슷한 표현으로 That color suits you well.[댓 칼라 쑷츠 유 웰](그 색깔 정말 잘 어울리세요.)이 있습니다. A looks great on B (A가 B에게 잘 어울린다.)라는 표현을 이미 앞에서 다뤘지만 그만큼 중요하기 때문에 반복합니다. 위 문장에서 보듯 great 대신 good을 써도 됩니다.

A Does this color suit me?
이 색깔 저한테 어울리나요?

B That color looks good on you.
그 색깔 정말 잘 어울리세요.

3 You look very stylish.

[율 룩 베리 스타일리쉬]

정말 멋지세요.

손님의 │전체적인 스타일이 멋지다고 칭찬할 때│ 사용하는 표현입니다. 비슷한 표현으로 You look very fashionable.[율 룩 베리 패셔너블](정말 패셔너블해 보이세요.)이 있습니다. 상황에 따라 stylish 대신 chic[쉬크](멋진, 세련된), trendy[트렌디](최신 유행을 따르는), elegant[엘러건트](우아한) 등의 단어를 바꿔서 넣어 써도 좋습니다.

A **Do you think this is stylish?**
이거 멋지다고 생각하세요?

B **You look very stylish.**
정말 멋지세요.

4 You look like you just stepped out of a fashion magazine.

[율 룩 라익 유 저스트 스텝트 아웃 오브 어 패션 매거진]

마치 패션 잡지에서 나온 것 같아요.

손님의 │전체적인 스타일이 완벽하다고 극찬할 때│ 사용하는 표현입니다. 비슷한 표현으로 You look runway ready.[율 룩 런웨이 레디](당신은 바로 런웨이에 설 준비가 된 것 같아요.)가 있습니다. 상황에 따라 fashion magazine 대신 runway[런어웨이](패션쇼 무대), red carpet[뤠드 카-핏](레드 카펫) 등의 단어를 바꿔서 넣어 써도 좋습니다.

A **You look like you just stepped out of a fashion magazine.**
마치 패션 잡지에서 나온 것 같아요!

B **Oh, thank you! That's such a huge compliment.**
오, 감사합니다! 정말 큰 칭찬이네요.

Good-bye!

1 These earrings match your style.

[디-즈 이어링스 매치 유어 스타일]

이 귀걸이는 당신의 스타일에 잘 어울려요. □

손님에게 어떤 귀걸이가 잘 어울릴 것이라고 추천 할 때 사용하는 표현입니다. 비슷한 표현으로 These earrings go well with your look.[디-즈 이어링스 고 웰 위드 유어 룩](이 귀걸이는 당신의 스타일에 잘 맞아요.)이 있습니다. match 대신 go well with를 쓸 수 있고, style 대신 look을 쓸 수 있습니다.

A **These earrings match your style.**
이 귀걸이는 당신 스타일에 잘 어울려요.

B **Thank you. I wasn't sure at first.**
고마워요. 처음에는 확신을 갖지 못했어요.

2 These sunglasses suit your face shape.

[디-즈 썬글래씨스 쑷 유어 페이스 쉐이프]

이 선글라스는 당신의 얼굴형에 잘 어울려요. □

손님에게 어떤 선글라스가 얼굴형에 잘 어울릴 것 이라고 추천할 때 사용하는 표현입니다. 비슷한 표현으로 These sunglasses look great on your face shape.[디-즈 썬글래씨스 룩 그레이트 온 유어 페이스 쉐입](이 선글라스는 당신 얼굴형에 잘 어울려요.)이 있습니다. 안경이나 선글라스는 복수형으로 써야 한다는 것을 꼭 기억하세요.

A **Do these sunglasses look good on me?**
이 선글라스 저한테 잘 어울리나요?

B **Yes, these sunglasses suit your face shape.**
네, 이 선글라스는 당신의 얼굴형에 잘 어울려요.

Welcome!

³ These shoes go perfectly with your dress.

[디-즈 슈즈 고 퍼펙틀리 위드 유어 드레스]

이 신발은 당신의 드레스와 완벽하게 어울려요. ☐

손님에게 어떤 신발이 드레스와 잘 어울릴 것이라고 추천할 때 사용하는 표현입니다. A go well with B (A가 B랑 잘 어울린다.)가 기본적인 표현이고, well을 perfectly나 nicely 등의 부사로 바꿔 써도 좋습니다. 비슷한 표현으로 These shoes match your dress perfectly.[디-즈 슈즈 매치 유어 드레스 퍼펙틀리](이 신발은 당신의 드레스와 완벽하게 맞아요.)가 있습니다.

A Do these shoes go well with my dress?
이 신발이 제 드레스와 잘 어울리나요?

B Yes, these shoes go perfectly with your dress.
네, 이 신발은 당신의 드레스와 완벽하게 어울려요.

⁴ This scarf would add a nice touch to your outfit.

[디스 스카프 우드 애드 어 나이스 터치 투 유어 아웃핏]

이 스카프는 당신의 옷에 멋진 포인트를 더해 줄 거예요. ☐

손님에게 어떤 스카프가 옷차림에 멋진 포인트를 더해 줄 것이라고 추천할 때 사용하는 표현입니다. 고급스러운 칭찬 표현이니 연습해 두면 좋습니다. 비슷한 표현으로 This scarf really elevates your whole look.[디스 스카프 리얼리 엘리베이츠 유어 호울 룩](이 스카프가 당신의 전체적인 스타일을 한층 더 돋보이게 해 줄 거예요.)이 있습니다. 여기서 elevate는 '전체적인 스타일을 더 돋보이게 하거나 한 단계 끌어올린다'는 의미로 사용됩니다.

A What do you think of this scarf?
이 스카프는 어때요?

B This scarf would add a nice touch to your outfit.
이 스카프는 당신의 옷에 멋진 포인트를 더해 줄 거예요.

Good-bye!

¹ We have a new collection in stock.

[위 해브 어 뉴 컬렉션 인 스탁]

새로운 컬렉션이 입고되었습니다.

손님에게 | 매장에 새로운 컬렉션이 입고되었음을 | 알릴 때 | 사용하는 표현입니다. 비슷한 표현으로 Our latest collection has just arrived.[아워 레이티스트 컬렉션 해즈 저스트 어라이브드] (최신 컬렉션이 막 도착했습니다.)가 있습니다. 조금 더 단순한 표현으로 Our latest items are now in store.[아워 레이티스트 아이템즈 아 나우 인 스토어] (우리 신상품이 이제 입고되었어요.)도 있습니다.

A **Do you have any new collections?**
시로운 컬렉션 있나요?

B **Yes, we have a new collection in stock.**
네, 새로운 컬렉션이 입고되었습니다.

² Check out our new arrivals.

[첵 아웃 아월 뉴 어라이벌즈]

새로 들어온 상품들을 확인해 보세요.

손님에게 | 매장에 새로 들어온 상품을 추천할 때 | 사용하는 표현입니다. 비슷한 표현으로 Take a look at our latest arrivals.[테익 어 룩 앳 아월 레이디스트 어라이벌즈] (최신 입고 상품들을 확인해 보세요.) 또는 Don't miss out on the newest trends in store.[돈 미스 아웃 온 더 뉴이스트 트렌즈 인 스토어] (매장에서 가장 최신 트렌드를 놓치지 마세요.)가 있습니다. 이렇게 표현하면 손님에게 매장에 새로 들어온 상품을 적극적으로 추천하면서, 구매를 유도할 수 있습니다.

A **What new items do you have?**
새로운 상품이 뭐가 있나요?

B **Check out our new arrivals.**
새로 들어온 상품들을 확인해 보세요.

Clothing & Accessory Store

³ We have exclusive new items.

[위 해브 익스클루씨브 뉴 아이템즈]

독점 신상품이 있습니다. ☐

손님에게 │ **매장에서만 구할 수 있는 독점 신상품이 있음을 안내할 때** │ 사용하는 표현입니다. 좀 더 쉬운 표현으로 These are exclusive items.[디-즈 아 익스클루씨브 아이템즈](이것들은 독점 상품들입니다.)가 있습니다. 이렇게 표현하면 손님에게 매장의 독점 상품을 강조하면서, 특별함을 더욱 강조할 수 있습니다.

A We have exclusive new items.
독점 신상품이 있습니다.

B Exclusive new items? Can you show me?
독점 신상품이요? 보여 주실 수 있나요?

⁴ These are our limited edition items.

[디-즈 아 아워 리미티드 이디션 아이템즈]

이것들은 한정판 상품입니다. ☐

손님에게 │ **특정 상품이 한정판임을 설명할 때** │ 사용하는 표현입니다. '한정판'을 limited edition 이라고 하는데, 좀 더 쉬운 비슷한 표현으로 special edition (특별판)이 있습니다. Once they're gone, they won't be restocked.[원스 데이어 곤, 데이 워운트 비 뤼스탁트](한번 품절되면 재입고되지 않을 거예요.)라는 표현도 함께 사용할 수 있습니다. 이렇게 표현하면 손님에게 한정판 상품의 희소성과 특별함을 한층 강조할 수 있습니다.

A These are our limited edition items.
이것들은 한정판 상품입니다.

B Limited edition? I'll take one!
한정판이요? 하나 살게요!

Good-bye!

1 Can I help you find something similar?

[캔 아이 헬프 유 파인드 썸띵 씨밀러?]

비슷한 상품을 찾아 드릴까요?

손님이 원하는 상품이 재고가 없을 때, 비슷한 다른 상품을 찾아 주겠다고 제안할 때 사용하는 표현입니다. 비슷한 표현으로 Would you like to see similar items?[우 쥬 라익 투 씨 씨밀러 아이템즈?] (비슷한 상품을 보시겠어요?)가 있습니다. Can I help you find something similar?는 손님에게 적극적으로 도움을 제안하는 느낌을 주고, Would you like to see similar items?는 조금 더 손님의 선택을 존중하는 부드러운 어조입니다.

A **Can I help you find something similar?**
비슷한 상품을 찾아 드릴까요?

B **Sure, do you have anything that looks like this?**
네, 이거랑 비슷한 게 있나요?

2 We have a similar item available.

[위 해브 어 씨밀러 아이템 어베일러블]

비슷한 상품이 있습니다.

손님에게 재고가 없는 상품 대신 비슷한 상품이 있음을 알릴 때 사용하는 표현입니다. 비슷한 표현으로 There is a similar product in stock. [데얼 이즈 어 씨밀러 프로덕트 인 스탁] (비슷한 상품이 재고에 있습니다.)이 있습니다. 이렇게 뭔가가 '있다'라고 할 때는 We have ~, I have ~와 같이 have를 써서 표현할 수도 있고, There is ~, There are ~와 같은 표현을 쓸 수도 있습니다.

A **We have a similar item available.**
비슷한 상품이 있습니다.

B **Oh, can I take a look at it?**
오, 그것 좀 볼 수 있을까요?

Clothing & Accessory Store

³ We can call you when it's back in stock.

[위 캔 콜 유 웬 잇츠 백 인 스탁]

재입고되면 연락드릴 수 있습니다. ☐

손님에게 재고가 없는 상품이 다시 입고되면 연락을 드리겠다고 제안할 때 사용하는 표현입니다. 더 나아가 If you'd like, we can hold one for you once it arrives.[이프 유드 라익, 위 캔 홀드 원 포 유 원스 잇 어롸이브즈] (원하시면, 입고되면 하나를 따로 잡아 드릴 수 있습니다.)라는 표현도 사용할 수 있습니다. 이렇게 두 문장을 사용하여 손님에게 재입고 관련 서비스를 제공해 보세요.

A **We can call you when it's back in stock.**
재입고되면 연락드릴 수 있습니다.

B **That would be perfect, thank you.**
그러면 좋겠어요, 감사합니다.

⁴ We have it in a different color.

[위 해브 잇 인 어 디퍼런트 컬러]

다른 색상으로 있습니다. ☐

손님에게 원하는 상품의 다른 색상이 있음을 알릴 때 사용하는 표현입니다. 비슷한 표현으로 It is available in another color.[잇 이즈 어베일러블 인 어나더 컬러] (다른 색상으로 있습니다.)가 있습니다. 색상이나 사이즈를 이야기할 때 전치사 in을 쓰는 것을 꼭 기억해야 합니다. 이러한 표현들은 다양한 옵션을 제공할 때 유용하며, 손님에게 선택의 폭을 넓혀 줄 수 있습니다.

A **We have it in a different color.**
다른 색상으로 있습니다.

B **Great, can you show me the other colors?**
좋아요, 다른 색상들 좀 보여 주실래요?

Good-bye!

1 This section is for men's clothing.

[디스 쎅션 이즈 포 멘즈 클로딩]

이 구역은 남성용 의류입니다. □

손님에게 특정 구역이 남성용 의류를 위한 것임을 설명할 때 사용하는 표현입니다. 간단하고 명확한 표현으로, 손님이 원하는 의류를 쉽게 찾을 수 있도록 돕습니다. 다양한 상품들이 구비되어 있다고 강조할 때에는 We have a wide selection of men's suits.[위 해브 어 와이드 쎌렉션 오브 멘즈 쑷츠](남성용 정장이 다양하게 있습니다.)와 같은 표현을 사용하면 됩니다.

A Where can I find men's clothing?
남성용 의류는 어디에 있나요?

B This section is for men's clothing.
이 구역은 남성용 의류입니다.

2 The women's clothing is on the second floor.

[더 위민즈 클로딩 이즈 온 더 쎄컨드 플로어]

여성용 의류는 2층에 있습니다. □

손님에게 여성용 의류가 매장의 다른 층에 있음을 알릴 때 사용하는 표현입니다. women's clothing을 비슷한 표현으로 ladies' wear[레이디즈 웨어]라고도 할 수 있습니다. 여기 있다고 안내할 때에는 The women's section is over here.[더 위민즈 쎅션 이즈 오버 히얼](여성용 의류 구역은 여기 있습니다.)라고 하면 됩니다.

A I'm looking for women's clothes.
여성용 의류를 찾고 있어요.

B The women's clothing is on the second floor.
여성용 의류는 2층에 있습니다.

Welcome!

Clothing & Accessory Store

3 These clothes are unisex.

[디-즈 클로즈 아 유니쎅스]

이 옷들은 남녀 공용입니다. ☐

손님에게 특정 옷이 남녀 공용임을 안내할 때 사용하는 표현입니다. '모두'라는 말을 강조하고 싶으면 unisex 앞에 all을 넣어서 These clothes are all unisex.[디-즈 클로즈 아 올 유니쎅스](이 옷들은 모두 남녀 공용입니다.)라고 하면 됩니다. 다른 표현으로 These are for both men and women. [디즈 아 포 보쓰 멘 앤 위민](이것들은 남성과 여성 모두를 위한 것들입니다.)이라고 써도 됩니다.

A **Are these clothes for men or women?**
이 옷들은 남성용인가요, 여성용인가요?

B **These clothes are unisex.**
이 옷들은 남녀 공용입니다.

4 We have unisex T-shirts available.

[위 해브 유니쎅스 티셔츠 어베일러블]

남녀 공용 티셔츠들이 있습니다. ☐

손님에게 매장에서 남녀 공용 티셔츠를 찾을 수 있음을 알릴 때 사용하는 표현입니다. 비슷한 표현으로 Unisex T-shirts are available here.[유니쎅스 티셔츠 아 어베일러블 히얼](남녀 공용 티셔츠들이 여기 있습니다.)가 있습니다. unisex라는 단어를 사용함으로써, 이 티셔츠들이 남성과 여성 모두에게 적합하다는 것을 명확하게 전달할 수 있습니다. available이라는 단어는 상품이 현재 매장에서 구매 가능함을 강조합니다.

A **Do you have unisex T-shirts?**
남녀 공용 티셔츠들이 있나요?

B **Yes, we have unisex T-shirts available.**
네, 남녀 공용 티셔츠들이 있습니다.

Good-bye!

1 We offer alteration services.

[위 오퍼 얼터레이션 써-비시즈]

저희는 수선 서비스를 제공합니다. ☐

손님에게 매장에서 의류 수선 서비스를 제공한다는 것을 알릴 때 사용하는 가장 기본적인 표현입니다. alteration(수선)이라는 핵심 단어만 확실히 알아 두어도 좋습니다. 앞서 다룬 available을 사용해서 Alteration service is available in our store.[얼터레이션 써비스 이즈 어베일러블 인 아워 스토어](저희 매장에서는 수선 서비스를 제공합니다.)라고 해도 됩니다.

A **We offer alteration services.**
저희는 수선 서비스를 제공합니다.

B **That's great! How long will it take?**
좋네요! 얼마나 걸릴까요?

2 We can adjust the length for you.

[위 캔 어저스트 더 렝쓰 포 유]

기장을 조절해 드릴 수 있습니다. ☐

손님에게 의류의 기장을 조절해 줄 수 있음을 안내할 때 사용하는 표현입니다. adjust the length(길이를 조절하다)는 늘리고 줄이는 걸 모두 의미합니다. shorten(줄이다)과 lengthen(늘리다)을 따로 알아 두셔도 좋습니다. 예를 들어, We can shorten the sleeves if they're too long. [위 캔 숏튼 더 슬리브즈 이프 데이어 투 롱] (소매가 너무 길다면 줄여 드릴 수 있습니다.) 또는 We can lengthen the hem if you prefer it longer.[위 캔 렝쓴 더 헴 이프 유 프리퍼 잇 롱거](기장을 더 길게 원하시면 늘려 드릴 수 있습니다.)라고 말할 수 있습니다.

A **We can adjust the length for you.**
기장을 조절해 드릴 수 있습니다.

B **Thank you! Can you make it a bit shorter?**
감사합니다! 조금 더 짧게 해 주실 수 있나요?

Welcome!

Clothing & Accessory Store

3 **How much shorter would you like it?**

[하우 머치 쇼-터 우 쥬 라익 잇?]

얼마나 더 짧게 해 드릴까요? ☐

손님에게 기장을 얼마나 줄이고 싶은지 물어볼 때 사용하는 표현입니다. 비슷한 표현으로 How much length would you like to take off?[하우 머치 렝쓰 우 쥬 라익 투 테익 오프](기장을 얼마나 줄이고 싶으신가요?)가 있습니다. 다만 take off라는 동사구가 들어간 표현은 한국어 발상과 바로 이어지지 않기 때문에, How much shorter would you like it?가 더 외우기 쉽습니다.

A **How much shorter would you like it?**
얼마나 더 짧게 해 드릴까요?

B **Just about an inch, please.**
1인치 정도만 줄여 주세요.

4 **It will take a few days for the alteration.**

[잇 윌 테익 어 퓨 데이즈 포 디 얼터레이션]

수선하는 데 며칠 걸립니다. ☐

손님에게 수선 작업이 며칠 걸릴 것임을 설명할 때 사용하는 표현입니다. 비슷한 표현으로 The alteration will be ready in a few days.[더 얼터레이션 윌 비 레디 인 어 퓨 데이즈](수선은 며칠 내로 완료될 것입니다.)가 있습니다. 정확한 날짜가 있다면 a few 대신 숫자를 넣으면 됩니다. 만약 당일 수선이 가능할 경우, We offer same-day alterations.[위 오퍼 쎄임-데이 얼터레이션즈] (당일 수선 서비스를 제공합니다.)라고 말하면 됩니다.

A **How long will the alteration take?**
수선하는 데 얼마나 걸리나요?

B **It will take a few days for the alteration.**
수선하는 데 며칠 걸립니다.

Good-bye!

1 Items must be unused for a return.

[아이템즈 머스트 비 언유즈드 포 어 리턴]

반품하려면 사용하지 않은 상품이어야 합니다. ☐

손님에게 반품할 상품이 사용되지 않은 상품이어야 함을 설명할 때 사용하는 표현입니다. 비슷한 표현으로 Items must be in original condition for returns.[아이템즈 머스트 비 인 오리지널 컨디션 포 리턴즈] (반품하려면 상품이 원래 상태여야 합니다.)가 있습니다. 이렇게 간결하게 표현하여 반품 조건을 명확하게 전달할 수 있습니다.

A Items must be unused for a return.
반품하려면 사용하지 않은 상품이어야 합니다.

B I see. I'll be sure to keep it in new condition.
알겠습니다. 새 상태로 잘 보관할게요.

2 You can only exchange within 7 days.

[유 캔 온리 익스체인지 위딘 쎄븐 데이즈]

7일 이내에만 교환할 수 있습니다. ☐

손님에게 상품을 교환할 수 있는 기간이 제한되어 있음을 설명할 때 사용하는 표현입니다. 비슷한 표현으로 Returns are accepted within 7 days only.[리턴즈 아 어쎕티드 위딘 쎄븐 데이즈 온리] (반품은 7일 이내에만 가능합니다.)가 있습니다. You can only exchange within 7 days.라는 표현은 교환 가능 기간을 명확하게 알려 주고, Returns are accepted within 7 days only.는 반품 정책에 초점을 맞춰서 설명합니다.

A You can only exchange within 7 days.
7일 이내에만 교환할 수 있습니다.

B Got it. I'll decide quickly then.
알겠습니다. 그럼 빨리 결정해야겠네요.

Clothing & Accessory Store

³ Exchanges are only possible with a receipt.

[익스체인지즈 아 온리 파써블 위드 어 리씨-트]

영수증이 있어야만 교환이 가능합니다. ☐

손님에게 │ 교환 시 영수증이 필요함을 설명할 때 │ 사용하는 표현입니다. 비슷한 표현으로 You need a receipt for exchanges.[유 니드 어 리씨-트 포 익스체인지즈] (교환하려면 영수증이 필요합니다.) 가 있습니다. 두 표현 모두 같은 의미를 가지지만, Exchanges are only possible with a receipt. 가 더 명확합니다. 환불의 경우라면, exchanges 를 refunds나 returns로 바꿔서 말하면 됩니다.

A Exchanges are only possible with a receipt.
영수증이 있어야만 교환이 가능합니다.

B No problem, I always keep my receipts.
문제없어요, 항상 영수증을 챙겨 두니까요.

⁴ We do not accept returns on sale items.

[위 두 낫 억쎕트 리턴즈 온 쎄일 아이템즈]

세일 상품은 반품이 불가능합니다. ☐

손님에게 │ 세일 상품은 반품이 불가능함을 설명할 때 │ 사용하는 표현입니다. returns를 refunds로 바꾸어도 됩니다. 비슷한 표현으로 Sale items are final sale.[세일 아이템즈 아 파이널 세일] (세일 상품은 최종 판매입니다.)이 있습니다. 교환이나 환불이 되지 않는 조건의 판매인 final sale (최종 판매)이란 단어를 알아둔다면 짧지만 효과적인 표현을 쓸 수 있습니다.

A We do not accept returns on sale items.
세일 상품은 반품이 불가능합니다.

B Okay, thanks for letting me know. I'll think it over before I buy.
알겠습니다. 알려 줘서 고마워요. 구매 전에 잘 생각해 볼게요.

Good-bye!

PART 3

화장품 매장에서
손님을 응대할 때 쓰는
네 가지 표현

MP3
다운로드&듣기

¹ You can try this tester.

[유 캔 트라이 디스 테스터]

이 테스터 사용해 보세요.

손님에게 **테스터를 시험 삼아 사용해 보라고 권유 할 때** 사용하는 표현입니다. 여기서 try는 '시험하다'라는 의미로 사용됩니다. 비슷한 표현으로 You can test this product.[유 캔 테스트 디스 프라덕트](이 제품을 시험해 보세요.)가 있습니다. 의미는 비슷하지만 테스터가 따로 준비되어 있을 때는 테스터라고 명시해 주는 게 좋습니다.

A **You can try this tester.**
이 테스터 사용해 보세요.

B **Great! I've been wanting to check this out.**
좋아요! 이거 한번 써 보고 싶었어요.

² Feel free to use the tester.

[필 프리 투 유즈 더 테스터]

테스터를 자유롭게 사용하세요.

손님에게 **테스터를 자유롭게 사용해도 된다고 안내 할 때** 사용하는 표현입니다. feel free to ~는 '자유롭게 ~하세요'라는 의미로, 손님에게 편안하게 행동할 수 있도록 권장하는 표현입니다. 비슷한 표현으로 you are welcome to ~를 써서 You are welcome to use the tester.[유 아 웰컴 투 유즈 더 테스터](테스터를 사용하셔도 됩니다.) 라고 해도 됩니다.

A **Feel free to use the tester.**
테스터를 자유롭게 사용하세요.

B **Thanks, I'll give it a try.**
고맙습니다. 한번 써볼게요.

Cosmetics

3 Would you like to try the tester?

[우 쥬 라익 투 트라이 더 테스터?]

테스터를 사용해 보시겠어요? ☐

손님에게 |테스터를 사용해 보고 싶은지 물어볼 때| 사용하는 표현입니다. 여기서 Would you like to ~는 '~하고 싶으신가요?'라는 의미로, 손님에게 선택의 여지를 주는 공손한 표현입니다. Do you want to use the tester?[두 유 원 투 유즈 더 테스터?] (테스터를 사용하고 싶으세요?)라고 해도 비슷한 의미가 전달되지만, Would you like to try the tester?가 더 공손한 표현입니다.

A **Would you like to try the tester?**
테스터를 사용해 보시겠어요?

B **Sure, I want to see how it works.**
네, 어떤 효과가 있는지 보고 싶어요.

4 Please try the tester before buying.

[플리즈 트라이 더 테스터 비포어 바이잉]

구매 전에 테스터를 사용해 보세요. ☐

손님에게 |구매 전에 테스터를 사용해 보라고 권유할 때| 사용하는 표현입니다. 여기서 before buying은 '구매 전에'라는 의미로, 제품을 구매하기 전에 시험해 보라는 표현입니다. 비슷한 표현으로 Try the tester first, please.[트라이 더 테스터 퍼스트, 플리즈] (먼저 테스터를 사용해 보세요.)가 있습니다. 명령문을 쓸 때는, 앞이나 뒤에 꼭 please를 넣어서 쓰는 것이 좋습니다.

A **Please try the tester before buying.**
구매 전에 테스터를 사용해 보세요.

B **That's a good idea, I'll test it first.**
좋은 생각이에요, 먼저 시험해 볼게요.

Good-bye!

1 This is our new moisturizer.

[디스 이즈 아워 뉴 모이스처라이저]

이것은 저희의 새로운 보습제입니다.

손님에게 **모이스처라이저를 소개할 때** 사용하는 표현입니다. This is ~라는 표현은 특정 제품을 소개할 때 많이 사용됩니다. our는 '저희의'라는 소유격입니다. 한국에서는 종종 '모이스처라이저'를 '로션'이라고 잘못 부르기도 합니다. 하지만 영어에서 lotion은 일반적으로 '가벼운 질감의 수분 크림'을 의미합니다. 따라서 영어에서는 moisturizer라는 정확한 단어를 사용하여 보습 제품을 설명하는 것이 중요합니다.

A This is our new moisturizer.
이것은 저희의 새로운 보습제입니다.

B I see.
Can I try it?
알겠어요.
사용해 봐도 될까요?

2 We have a hydrating toner here.

[위 해브 어 하이드레이팅 토우너 히어]

여기 수분 공급 토너가 있습니다.

손님에게 **토너를 소개할 때** 사용하는 표현입니다. We have ~는 '저희에게 ~이 있습니다'라는 의미입니다. 한국에서는 종종 '토너'를 '스킨'이라고 부르지만, 영어에서는 toner가 올바른 표현입니다. skin이라는 단어는 영어에서 '피부' 자체를 의미할 뿐, 스킨케어 제품을 의미하지 않습니다. 따라서 스킨케어 제품을 설명할 때는 toner라는 용어를 사용하는 것이 정확합니다.

A We have a hydrating toner here.
여기 수분 공급 토너가 있습니다.

B Thank you, I was looking for a toner.
감사합니다.
토너를 찾고 있었어요.

Welcome!

Cosmetics

³ Try our anti-aging serum.

[트라이 아워 안티 에이징 쎄럼]

저희의 안티에이징 세럼을 사용해 보세요. ☐

손님에게 │ 세럼을 사용해 보라고 권유할 때 │ 사용하는 표현입니다. 여기서 동사 try는 '사용해보다'라는 의미로, 고객에게 제품을 체험해 보도록 권유할 때 자주 사용됩니다. serum은 높은 농도의 활성 성분을 함유하여 피부에 빠르게 흡수되고 효과를 발휘하는 제품입니다. 영어에서 serum은 특정 기능을 가진 농축된 스킨케어 제품을 지칭하며, 한국어에서도 동일하게 '세럼'이라는 표현을 사용합니다.

A **Try our anti-aging serum.**
저희의 안티에이징 세럼을 사용해 보세요.

B **That sounds great. I'll give it a try.**
좋네요. 사용해 볼게요.

⁴ This is a gentle exfoliator.

[디스 이즈 어 젠틀 엑스폴리에이터]

이것은 부드러운 각질 제거제입니다. ☐

손님에게 │ 부드러운 각질 제거제를 소개할 때 │ 사용하는 표현입니다. gentle은 '부드러운'이라는 뜻을 가지고 있어, 제품이 자극이 적고 피부에 순하다는 것을 강조합니다. 영어에서 exfoliator는 물리적 또는 화학적 방법으로 피부 각질을 제거하는 모든 제품을 지칭하는 데 사용됩니다. 한국어에서는 '스크럽'이라는 표현을 자주 사용하지만, '스크럽'은 주로 알갱이가 들어 있는 물리적 각질 제거제를 의미하는 반면, exfoliator는 더 넓은 범위를 포함하는 용어입니다.

A **This is a gentle exfoliator.**
이것은 부드러운 각질 제거제입니다.

B **Perfect, my skin needs something gentle.**
완벽해요. 제 피부에는 부드러운 게 필요해요.

Good-bye!

1 This is our best-selling foundation.

[디스 이즈 아워 베스트 셀링 파운데이션]

이것은 저희의 베스트셀러 파운데이션입니다. ☐

손님에게 가장 잘 팔리는 파운데이션을 소개할 때 사용하는 표현입니다. best-selling은 '가장 잘 팔리는'이라는 뜻으로, 해당 제품이 인기가 많고 많이 판매되었다는 의미를 담고 있습니다. 한편, best-seller는 가장 잘 팔리는 '상품'이란 뜻까지 포함한 표현입니다. 그래서 그냥 뒤에 상품명을 더하지 않고, This is our best-seller.[디스 이즈 아워 베스트 셀러] (이게 저희 상품 중에 가장 잘 팔리는 제품입니다.)라고 할 수 있습니다.

A **This is our best-selling foundation.**
이것은 저희의 베스트셀러 파운데이션입니다.

B **What makes it so popular?**
왜 그렇게 인기가 많나요?

2 Try this long-lasting lipstick.

[트라이 디스 롱 래스팅 립스틱]

이 롱래스팅 립스틱을 사용해 보세요. ☐

손님에게 오래 지속되는 립스틱을 사용해 보라고 권유할 때 사용하는 표현입니다. long-lasting (오래 지속되는)은 제품이 오랜 시간 동안 효과를 유지한다는 점을 강조합니다. long-lasting이라는 형용사는 립스틱뿐만 아니라 다양한 메이크업 제품에 사용할 수 있습니다. 예를 들어, eyeshadow (아이섀도우), eyeliner (아이라이너), mascara (마스카라), foundation (파운데이션), concealer (컨실러), primer (프라이머) 등의 제품명 앞에 long-lasting을 붙여 사용하면, 해당 제품이 지워지지 않고 효과가 오래 지속됨을 강조할 수 있습니다.

A Try this long-lasting lipstick. 이 롱래스팅 립스틱을 사용해 보세요.

B How long does it last? 얼마나 오래 지속되나요?

Cosmetics

³ This is a waterproof mascara.

[디스 이즈 어 워터프루프 매스캐러]

이것은 워터프루프 마스카라입니다. ☐

손님에게 [방수 마스카라를 소개할 때] 사용하는 표현입니다. 여기서 waterproof는 '방수의' 또는 '물에 강한'이라는 뜻의 형용사로, 해당 마스카라가 물에 젖어도 쉽게 번지지 않음을 강조합니다. -proof라는 표현은 특정 요소에 대해 강하거나 잘 견디는 성질을 나타낼 때 사용됩니다. 예를 들어, sweat-proof[스웻 프루프]는 '땀에 강한', humidity-proof[휴미디티 프루프]는 '습기에 강한'이라는 뜻으로, 제품이 각각 땀과 습한 환경에서도 잘 유지됨을 강조할 때 사용됩니다.

A This is a waterproof mascara.
이것은 워터프루프 마스카라입니다.

B Is it suitable for sensitive eyes?
민감한 눈에도 적합한가요?

⁴ We recommend this setting powder.

[위 레커멘드 디스 쎄팅 파우더]

이 세팅 파우더를 추천합니다. ☐

손님에게 [세팅 파우더를 추천할 때] 사용하는 표현입니다. 한국에서는 '파우더'라는 표현을 일반적으로 사용하지만, setting powder가 더 정확한 표현입니다. 그 이유는 powder는 다양한 종류의 파우더를 의미할 수 있기 때문입니다. 예를 들어, baking powder(베이킹 파우더), baby powder(베이비 파우더) 등도 powder에 해당합니다. 따라서 메이크업을 고정하는 용도의 파우더는 setting powder라고 불러야 명확합니다.

A We recommend this setting powder. 이 세팅 파우더를 추천합니다.
B Does it help control oil? 기름기를 잡는 데 도움을 주나요?

Good-bye!

1 This cream deeply moisturizes your skin.

[디스 크림 딥플리 모이스처라이지즈 유어 스킨]

이 크림은 피부에 깊은 보습을 제공합니다.

손님에게 **어떤 크림이 보습을 제공한다고 설명할 때** 사용하는 표현입니다. deeply moisturize는 '피부 깊숙이 수분을 공급하다'란 의미입니다. moisturize 대신 hydrate[하이드레이트]를 써도 비슷한 뜻이 됩니다. 유사한 표현으로 This cream provides intense hydration.[디스 크림 프로바이즈 인텐스 하이드레이션](이 크림은 강력한 수분을 제공합니다.)이 있습니다.

A **This cream deeply moisturizes your skin.**
이 크림은 피부에 깊은 보습을 제공합니다.

B **That sounds great. I need something for my dry skin.**
좋아요. 제 건조한 피부에 뭔가가 필요해요.

2 This serum helps retain moisture.

[디스 쎄럼 헬프스 리테인 모이스처]

이 세럼은 수분을 유지하는 데 도움을 줍니다.

손님에게 **어떤 세럼이 수분 유지에 도움을 준다고 설명할 때** 사용하는 표현입니다. retain은 무언가를 '지속적으로 유지하거나 보유하는 것'을 의미합니다. 예를 들어, retain heat는 '열을 유지하다'라는 의미이고, retain moisture는 '수분을 오래 유지하다'란 의미입니다. 비슷한 표현으로 lock in이라는 동사를 사용할 수 있습니다. lock in은 무언가를 '가두다' 또는 '봉인하다'라는 의미로, This serum locks in moisture.[디스 쎄럼 락스 인 모이스처](이 세럼은 수분을 가둬 줍니다.)라는 문장은 세럼이 피부에 수분을 가둬 두어 오랫동안 촉촉하게 유지한다는 의미를 전달합니다.

A **This serum helps retain moisture.** 이 세럼은 수분을 유지하는 데 도움을 줍니다.

B **Perfect, my skin gets dry easily.** 완벽해요. 제 피부는 쉽게 건조해져요.

Cosmetics

³ **This product is perfect for dry skin.**

[디스 프라덕트 이즈 퍼펙트 포 드라이 스킨]

이 제품은 건성 피부에 완벽합니다. ☐

손님에게 | 어떤 제품이 건성 피부에 적합하다고 | 설명할 때 | 사용하는 표현입니다. 비슷한 표현으로 This product is ideal for dry skin.[디스 프라덕트 이즈 아이디얼 포 드라이 스킨](이 제품은 건성 피부에 이상적입니다.)이 있습니다. deal은 '이상적인, 가장 알맞은'이란 뜻으로, 제품이 특정 상황이나 조건에 매우 잘 맞는다는 것을 나타냅니다. ideal은 perfect보다 약간 더 부드럽고 덜 절대적인 느낌을 줍니다. perfect는 완벽함을 강조하는 반면, ideal은 해당 제품이 특정 요구나 상황에 적합하다는 점을 강조합니다.

A **This product is perfect for dry skin.**
이 제품은 건성 피부에 완벽합니다.

B **I have very dry skin. I'll try it.**
저는 피부가 아주 건조해요. 한번 사용해 볼게요.

⁴ **It provides long-lasting hydration.**

[잇 프로바이즈 롱 래스팅 하이드레이션]

장시간 수분을 제공합니다. ☐

손님에게 | 특정 제품이 오랜 시간 동안 피부에 수분을 공급한다고 설명할 때 | 사용하는 표현입니다. 여기서 long-lasting hydration은 '오랜 시간 동안 촉촉함을 유지한다'는 의미로, 제품의 지속적인 보습 효과를 강조합니다. 비슷한 표현으로 It keeps your skin hydrated all day.[잇 킵스 유어 스킨 하이드레이티드 올 데이](하루 종일 피부를 촉촉하게 유지합니다.)가 있습니다. all day는 '하루 종일'이라는 의미의 부사 표현입니다.

A **It provides long-lasting hydration.** 장시간 수분을 제공합니다.
B **Sounds great! I'll take one.** 좋네요! 하나 살게요.

Good-bye!

1 This cream reduces wrinkles.

[디스 크림 리듀시즈 링클즈]

이 크림은 주름을 감소시킵니다. ☐

손님에게 어떤 크림이 주름을 줄이는 데 도움을 준다고 설명할 때 사용하는 표현입니다. reduce wrinkles는 '주름을 줄여 주다'란 의미입니다. 비슷한 표현으로 This cream diminishes fine lines.[디스 크림 디미니쉬즈 파인 라인즈](이 크림은 잔주름을 줄여 줍니다.)가 있습니다. diminish는 '줄이다', '약화시키다'라는 뜻입니다. 두 표현 중 reduce wrinkles는 좀 더 전체적인 주름 개선에, diminish fine lines는 잔주름 개선에 초점을 맞춘다는 차이가 있습니다.

A I'm looking for something to help with wrinkles.
주름 개선에 도움이 되는 제품을 찾고 있어요.

B This cream reduces wrinkles.
이 크림은 주름을 감소시킵니다.

2 This serum improves skin elasticity.

[디스 쎄럼 임프루브스 스킨 일래스티시티]

이 세럼은 피부 탄력을 개선합니다. ☐

손님에게 어떤 세럼이 피부의 탄력을 개선한다고 설명할 때 사용하는 표현입니다. improve skin elasticity는 '피부가 더 탄력 있어지다'란 의미입니다. 비슷한 표현으로 This serum enhances skin firmness.[디스 쎄럼 인핸시즈 스킨 펌니스](이 세럼은 피부의 탄력을 증가시킵니다.)가 있습니다. 참고로, elasticity는 피부가 늘어났다가 다시 원상태로 돌아오는 능력인 유연성을 나타냅니다. 반면에 firmness는 피부가 얼마나 잘 형태를 유지하는지, 즉 피부의 조밀함과 구조적 강도를 의미합니다.

A I need something for better skin elasticity.
피부 탄력 개선에 좋은 제품이 필요해요.

B This serum improves skin elasticity. 이 세럼이 피부 탄력을 개선합니다.

Cosmetics

3 **It contains anti-aging ingredients.**

[잇 컨테인즈 앤티 에이징 인그리디언츠]

안티에이징 성분이 포함되어 있습니다. ☐

손님에게 어떤 제품에 안티에이징 성분이 포함 되어 있음을 설명할 때 사용하는 표현입니다. anti-aging ingredients는 '노화를 방지하는 성 분'을 의미합니다. 비슷한 표현으로 It has age-defying ingredients.[잇 해즈 에이지 디파잉 인 그리디언츠](노화를 막는 성분이 포함되어 있습니다.)가 있습니다. age-defying은 '나이를 싸워 이기는'이 란 의미로, 좀 더 강력하게 노화에 저항하는 성 분들이 포함되어 있다는 뉘앙스를 전달합니다.

A I'm looking for something with anti-aging benefits.
안티에이징 효과가 있는 제품을 찾고 있어요.

B It contains anti-aging ingredients.
안티에이징 성분이 포함되어 있습니다.

4 **This product firms and lifts the skin.**

[디스 프라덕트 펌즈 앤 리프츠 더 스킨]

이 제품은 피부를 탄탄하게 하고 리프팅합니다. ☐

손님에게 어떤 제품이 피부를 탄탄하게 하고 리프팅 효과를 제공한다고 설명할 때 사용하는 표현입니다. 여기서 firm은 '피부를 더 탄력 있 게 만들다'란 의미로, 피부의 탄탄함과 단단함 을 증가시키는 것을 강조합니다. lift는 '리프팅 효과를 제공하다'란 뜻으로, 피부가 처지지 않 고 위로 당겨지는 효과를 나타냅니다.

A I want something that can make my skin firmer.
피부를 더 탄탄하게 해 줄 제품을 원해요.

B This product firms and lifts the skin.
이 제품은 피부를 탄탄하게 하고 리프팅합니다.

Good-bye!

¹ This cream brightens your complexion.

[디스 크림 브라이튼즈 유어 컴플렉션]

이 크림은 안색을 밝게 해 줍니다. ☐

손님에게 어떤 크림이 피부의 안색을 밝게 해 준다고 설명할 때 사용하는 표현입니다. brighten one's complexion은 '피부를 더 밝고 생기 있게 만들다'란 의미입니다. 비슷한 표현으로 This cream gives you a radiant glow.[디스 크림 기브즈 유어 레이디언트 글로우] (이 크림은 당신에게 빛나는 광채를 줍니다.)가 있습니다. 이 표현은 피부에 자연스러운 광채와 윤기를 더해 준다는 점을 강조합니다.

A I want my skin to look brighter. 피부가 더 밝아 보이길 원해요.

B This cream brightens your complexion. 이 크림은 안색을 밝게 해 줍니다.

² It evens out your skin tone.

[잇 이븐즈 아웃 유어 스킨 톤]

피부 톤을 고르게 해 줍니다. ☐

손님에게 어떤 제품이 피부 톤을 균일하게 만든다고 설명할 때 사용하는 표현입니다. even out one's skin tone은 '피부의 불균형한 톤을 개선하고 균일한 피부를 만들다'란 의미입니다. 이 표현은 주근깨나 잡티 등으로 인해 피부 톤이 고르지 않은 분들에게 제품을 권할 때 적합합니다. even out은 원래 '고르지 않은 표면이나 상태를 더 평평하고 균일하게 만들다'는 의미로, 여기서는 피부 톤을 균일하게 해주는 것을 의미합니다.

A It evens out your skin tone.
피부 톤을 고르게 해 줍니다.

B My skin tone is uneven, I'll try it.
제 피부 톤이 고르지 않아요, 사용해볼게요.

Welcome!

Cosmetics

3 This serum minimizes pores.

[디스 쎄럼 미니마이지즈 포어즈]

이 세럼은 모공을 축소해 줍니다. ☐

손님에게 어떤 세럼이 모공 축소에 도움을 준다고 설명할 때 사용하는 표현입니다. minimize pores는 '모공을 더 작게 만들다'란 의미입니다. 비슷한 표현으로 This serum reduces the appearance of pores.[디스 쎄럼 리듀시즈 디 어피어런스 오브 포어즈](이 세럼은 모공의 모습을 줄여 줍니다.)가 있습니다. minimize는 크기나 양을 줄이는 것을 의미하며, reduce the appearance는 특정 부분이 덜 눈에 띄도록 만드는 시각적인 효과를 강조하는 표현입니다.

A This serum minimizes pores.
이 세럼은 모공을 축소해 줍니다.

B I have large pores, so that's good.
모공이 커서 그게 좋네요.

4 This mask rejuvenates dull skin.

[디스 매스크 리쥬버네이츠 덜 스킨]

이 마스크는 칙칙한 피부를 되살립니다. ☐

손님에게 어떤 마스크가 칙칙한 피부를 되살린다고 설명할 때 사용하는 표현입니다. rejuvenate dull skin은 '피부를 더 생기 있고 젊어 보이게 만들다'란 의미입니다. 비슷한 표현으로 This mask revitalizes tired skin.[디스 매스크 리바이탈라이지즈 타이어드 스킨](이 마스크는 피곤한 피부를 활기차게 합니다.)이 있습니다. revitalize는 생기와 활력을 불어넣어 준다는 느낌이 강하고, rejuvenate는 젊음을 회복시키는 느낌이 강합니다.

A This mask rejuvenates dull skin.
이 마스크는 칙칙한 피부를 되살립니다.

B That sounds perfect for me. My skin has been looking really tired lately.
딱 저에게 필요한 것 같네요. 요즘 피부가 많이 피곤해 보였거든요.

Good-bye!

1 Can you tell me your skin type?

[캔 유 텔 미 유어 스킨 타입?]

피부 타입이 어떻게 되세요?

손님의 피부 타입을 파악할 때 사용하는 표현입니다. 비슷한 표현으로 What is your skin type?[왓 이즈 유어 스킨 타입?](피부 타입이 어떻게 되세요?)이 있습니다. Can you tell me ~?는 부드럽고 친절한 어조를 전달하는 표현입니다. 반면, What is ~?는 말투에 따라 다소 직접적이거나 취조하듯이 들릴 수 있으므로, 고객과의 대화에서는 친절한 어조로 말하는 것이 중요합니다.

A **Can you tell me your skin type?**
피부 타입이 어떻게 되세요?

B **I have combination skin.**
복합성 피부예요.

2 Do you have dry or oily skin?

[두 유 해브 드라이 오어 오일리 스킨?]

건성 피부인가요, 지성 피부인가요?

손님에게 건성 피부인지 지성 피부인지 물어볼 때 사용하는 표현입니다. 비슷한 표현으로 Is your skin dry or oily?[이즈 유어 스킨 드라이 오어 오일리?](피부가 건성인가요, 지성인가요?)가 있습니다. 여기서 dry skin은 '건성 피부', oily skin은 '지성 피부'를 의미합니다. '복합성 피부'일 경우에는 Is your skin combination?[이즈 유어 스킨 콤비네이션](복합성 피부인가요?)이라고 물어보면 됩니다.

A **Do you have dry or oily skin?**
건성 피부인가요, 지성 피부인가요?

B **My skin is quite oily.**
제 피부는 상당히 지성입니다.

3 Is your skin sensitive?

[이즈 유어 스킨 센서티브?]

피부가 민감하세요?

손님에게 피부가 민감한지 물어볼 때 사용하는 표현입니다. sensitive skin은 '민감한 피부'를 의미하며, 자극에 쉽게 반응하는 피부를 가리킵니다. 중요한 점은 skin은 셀 수 없는 명사이기 때문에, 앞에 관사 a를 붙이지 않는다는 것입니다. 비슷한 표현으로 Do you have sensitive skin?[두 유 해브 센서티브 스킨?] (민감성 피부인가요?)이 있습니다. 두 표현 모두 손님의 피부 상태를 파악하는 데 유용하지만, Is your skin sensitive?보다 Do you have sensitive skin?이 약간 더 부드럽게 들립니다.

A Is your skin sensitive? 피부가 민감하세요?

B Yes, it gets irritated easily. 네, 쉽게 자극받아요.

4 Do you experience acne or breakouts?

[두 유 익스피리언스 애크니 오어 브레이크아웃츠?]

여드름이나 트러블이 나세요?

손님에게 여드름이나 피부 트러블이 발생하는지 물어볼 때 사용하는 표현입니다. 여기서 acne는 '여드름', breakout은 '피부 트러블'을 의미합니다. acne를 '아크네'로 잘못 발음하는 경우가 있는데, 올바른 발음은 '애크니'입니다. 비슷한 표현으로 Do you get acne or breakouts often?[두 유 겟 애크니 오어 브레이크아웃츠 오픈?] (여드름이나 트러블이 자주 나세요?)이 있습니다. experience 대신 get을 사용하면 좀 더 일상적이고 친근한 어조가 됩니다. often을 추가하여 자주 발생하는지에 대한 정보를 더 구체적으로 묻고 있습니다.

A Do you experience acne or breakouts? 여드름이나 트러블이 나세요?

B Yes, I often have breakouts. 네, 자주 트러블이 생겨요.

Good-bye!

¹ This product is popular.

[디스 프라덕트 이즈 파퓰러]

이 제품은 인기 있어요. ☐

손님에게 특정 제품이 인기가 있음을 설명할 때 사용하는 표현입니다. popular는 '인기 있는'이란 뜻으로, 제품이 널리 알려져 있고 많은 고객들이 선호한다는 것을 강조할 때 유용합니다. 비슷한 표현으로 This product is a best-seller.[디스 프라덕트 이즈 어 베스트 셀러] (이 제품은 베스트셀러입니다.) 또는 This is our best-selling product.[디스 이즈 아워 베스트 셀링 프라덕트] (이것은 우리 가게에서 가장 많이 팔리는 제품입니다.)가 있습니다.

A This product is popular. 이 제품은 인기 있어요.

B Oh, really? What do people like about it? 오, 정말요? 사람들이 왜 좋아하죠?

² You might like this one.

[유 마잇 라익 디스 원]

이거 마음에 드실 거예요. ☐

손님에게 특정 제품이 마음에 들 것이라고 추천할 때 사용하는 표현입니다. might라는 단어는 가능성을 나타내어, 추천을 부드럽고 강요하지 않게 만들어 줍니다. 비슷한 표현으로 I think you'll like this one.[아이 씽크 유윌 라익 디스 원] (이거 좋아하실 것 같아요.)이 있습니다. 이 표현은 I think라는 표현을 사용해 고객의 취향이나 필요에 대해 어느 정도 확신을 가지고 있다는 인상을 줍니다.

A You might like this one.
이거 마음에 드실 거예요.

B What's special about it?
이 제품의 특별한 점은 무엇인가요?

Welcome!

Cosmetics

3 This one works well for dry skin.

[디스 원 웍스 웰 포 드라이 스킨]

이 제품은 건성 피부에 좋아요. ☐

손님에게 <u>특정 제품이 건성 피부에 잘 맞는다고 설명할 때</u> 사용하는 표현입니다. work well은 이 제품이 특정 피부 타입에 효과적으로 작용한다는 의미를 담고 있습니다. 비슷한 표현으로 This is good for dry skin.[디스 이즈 굿 포 드라이 스킨] (이것은 건성 피부에 좋아요.)이 있습니다. work well은 제품의 성능이나 효과에 초점을 맞추는 반면, be good for는 제품이 특정 피부 타입에 무난하고 잘 맞는다는 느낌을 줍니다.

A **This one works well for dry skin.**
이 제품은 건성 피부에 좋아요.

B **That's great, I have dry skin.**
좋네요, 저는 건성 피부예요.

4 Many customers love this product.

[매니 커스터머즈 러브 디스 프라덕트]

많은 고객들이 이 제품을 좋아해요. ☐

손님에게 <u>많은 고객들이 해당 제품을 좋아한다고 설명할 때</u> 사용하는 표현입니다. love라는 단어는 단순히 좋아하는 것을 넘어, 고객들이 깊은 만족감을 느끼고 있음을 나타냅니다. 비슷한 표현으로 This product is highly rated by our customers.[디스 프라덕트 이즈 하일리 레이티드 바이 아워 커스터머즈] (이 제품은 고객들로부터 높은 평가를 받고 있어요.)가 있습니다. highly rated는 고객들이 이 제품에 대해 긍정적인 평가를 많이 내렸다는 의미로, 신뢰할 수 있는 제품임을 강조할 때 사용합니다.

A **Many customers love this product.** 많은 고객들이 이 제품을 좋아해요.
B **Can you tell me more about it?** 이 제품에 대해 더 말해 줄 수 있나요?

Good-bye!

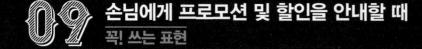
1 We have a special promotion today.

[위 해브 어 스페셜 프로모션 투데이]

오늘 특별 프로모션이 있습니다. ☐

손님에게 │ **특별 프로모션이 있다고 알릴 때** │ 사용하는 표현입니다. 비슷한 표현으로 There is a special deal today.[데얼 이즈 어 스페셜 딜 투데이] (오늘 특별 할인 행사가 있습니다.)가 있습니다. special promotion은 할인, 증정, 보너스 포인트 적립 등 다양한 형태의 혜택을 포함할 수 있습니다. 반면, special deal은 주로 가격 할인이나 특가 판매를 의미하며, 고객이 특정 상품을 저렴한 가격에 구매할 수 있는 기회를 강조합니다.

A We have a special promotion today.
오늘 특별 프로모션이 있습니다.

B Oh, what is the promotion?
오, 프로모션이 뭐죠?

2 This product is part of our clearance sale.

[디스 프라덕트 이즈 파트 오브 아워 클리어런스 쎄일]

이 제품은 재고 정리 세일 품목입니다. ☐

손님에게 │ **어떤 제품이 재고 정리 세일 품목임을 알릴 때** │ 사용하는 표현입니다. 비슷한 표현으로 This product is on clearance.[디스 프라덕트 이즈 온 클리어런스] (이 제품은 재고 정리 중입니다.)가 있습니다. clearance sale은 '재고를 정리하기 위해 제품을 할인하는 판매'를 의미합니다. This product is part of our clearance sale.은 특정 제품이 여러 세일 품목 중 하나임을 강조합니다. 반면, This product is on clearance.는 해당 제품이 재고 정리로 특별히 할인되고 있다는 점을 직접적으로 알릴 때 사용됩니다.

A This product is part of our clearance sale. 이 제품은 재고 정리 세일 품목입니다.

B Great! How much is the discount? 좋아요! 할인율은 얼마인가요?

Cosmetics

3 There is a bundle deal for these tems.

[데얼 이즈 어 번들 딜 포 디−즈 아이템즈]

이 제품들은 묶음 할인 행사가 있습니다. ☐

손님에게 특정 제품들을 함께 구매하면 할인 혜택이 있음을 알릴 때 사용하는 표현입니다. bundle deal은 '여러 제품을 함께 구매할 때 제공되는 할인 혜택'을 의미합니다. 설명으로 풀어서 말하면 You can get a discount if you buy these items together.[유 캔 겟 어 디스카운트 이프 유 바이 디−즈 아이템즈 투게더] (이 제품들을 함께 구매하면 할인 받을 수 있습니다.)처럼 말할 수도 있습니다.

A There is a bundle deal for these items.
이 제품들은 묶음 할인 행사가 있습니다.

B That sounds like a good deal. I'll take it!
좋은 거래 같네요. 그럼 그걸로 할게요!

4 We have a limited-time offer on this.

[위 해브 어 리미티드 타임 오퍼 온 디스]

이 제품은 한정된 시간 동안 할인합니다. ☐

손님에게 특정 제품이 한정된 시간 동안 할인 중임을 알릴 때 사용하는 표현입니다. limited-time offer는 '제한된 기간 동안만 제공되는 할인 혜택'을 의미합니다. 비슷한 표현으로 This is on a limited-time sale.[디스 이즈 온 어 리미티드−타임 세일] (이 제품은 한정된 시간 동안 세일 중입니다.) 이 있습니다. on은 이렇게 특정 기간 동안 무언가가 적용되고 있음을 나타내는 데 자주 쓰이니 신경 써서 익혀 두었다가 활용해 보세요.

A We have a limited-time offer on this.
이 제품은 한정된 시간 동안 할인합니다.

B How long is the offer valid?
이 혜택은 언제까지 유효한가요?

Good-bye!

¹ You can order this online.

[유 캔 오더 디스 온라인]

이 제품은 온라인으로 주문하실 수 있습니다. ☐

손님에게 어떤 제품을 온라인으로 주문할 수 있다고 알릴 때 사용하는 표현입니다. order online은 '온라인을 통해 주문하다'란 의미입니다. 여기서 online는 부사이므로 앞에 on 같은 전치사 없이 쓰입니다. 비슷한 표현으로 This product is available for online purchase.[디스 프라덕트 이즈 어베일러블 포 온라인 퍼체이스](이 제품은 온라인으로 구매 가능합니다.)가 있습니다. You can order this online.은 더 간결하고 일상적인 표현이고, This product is available for online purchase.은 약간 더 격식 있는 표현입니다.

A You can order this online. 이 제품은 온라인으로 주문하실 수 있습니다.

B That's convenient! How long does the delivery take?
편리하네요! 배송은 얼마나 걸리나요?

² We offer free shipping for online orders.

[위 오퍼 프리 쉬핑 포 온라인 오더즈]

온라인 주문 시 무료 배송을 제공합니다. ☐

손님에게 온라인 주문 시 무료 배송 혜택이 있음을 알릴 때 사용하는 표현입니다. free shipping은 '무료 배송'이라는 의미입니다. 비슷한 표현으로 Shipping is free for online purchases.[쉬핑 이즈 프리 포 온라인 퍼처스즈](온라인 구매 시 배송이 무료입니다.)가 있습니다. We offer free shipping for online orders.는 혜택을 제공하는 주체(상점)를 강조하고, Shipping is free for online purchases.는 혜택 자체에 초점이 있습니다.

A We offer free shipping for online orders. 온라인 주문 시 무료 배송을 제공합니다.

B Great, are there any minimum purchase requirements?
좋아요, 최소 구매 금액이 있나요?

Cosmetics

³ You can find more products on our website.

[유 캔 파인드 모어 프라덕츠 온 아워 웹사이트]

저희 웹사이트에서 더 많은 제품을 찾으실 수 있습니다.

손님에게 | 웹사이트에서 더 많은 제품을 찾아볼 수 있다고 알릴 때 | 사용하는 표현입니다. find more products는 '더 많은 상품을 발견하다'란 의미입니다. 비슷한 표현으로 We have a wider selection on our website.[위 해브 어 와이더 씰렉션 온 아워 웹사이트] (저희 웹사이트에 더 다양한 제품이 있습니다.)가 있습니다. You can find more products on our website.는 더 많은 제품을 볼 수 있다는 점을 알리는 반면, We have a wider selection on our website.는 고객에게 다양한 선택지를 제공한다는 점을 강조합니다.

A You can find more products on our website.
저희 웹사이트에서 더 많은 제품을 찾으실 수 있습니다.

B Excellent, I'll check it out. 좋아요, 확인해 볼게요.

⁴ You can track your order online.

[유 캔 트랙 유어 오더 온라인]

온라인으로 주문을 추적하실 수 있습니다. □

손님에게 | 온라인으로 주문 상태를 추적할 수 있다고 알릴 때 | 사용하는 표현입니다. track 은 '추적하다'란 의미로, track one's order는 '주문의 현재 상태를 확인하다'란 의미입니다. 비슷한 표현으로 You can check your order status online.[유 캔 첵 유어 오더 스태터스 온라인] (온라인으로 주문 상태를 확인하실 수 있습니다.)이 있습니다. track은 움직임의 과정 추적을 강조하는 반면, check는 보다 일반적인 상태 확인에 중점을 둡니다.

A You can track your order online. 온라인으로 주문을 추적하실 수 있습니다.

B That's helpful. How do I access the tracking information?
도움이 되네요. 추적 정보는 어떻게 확인하나요?

Good-bye!

PART 4

식당에서
손님을 응대할 때 쓰는
네 가지 표현

MP3
다운로드&듣기

1 Welcome to our restaurant.

[웰컴 투 아워 레스터란트]

저희 식당에 오신 것을 환영합니다.

손님이 식당에 들어왔을 때 가장 기본으로 하는 인사 표현입니다. 비슷한 표현으로 Hello and welcome.[헬로 앤 웰컴](안녕하세요, 환영합니다.) 또는 Thank you for coming.[땡큐 포 커밍](와 주셔서 감사합니다.)이 있습니다. welcome이라는 단어는 손님을 따뜻하게 맞이하는 의미를 가지고 있습니다.

A Welcome to our restaurant.
지희 식당에 오신 것을 환영합니다.

B Thank you.
감사합니다.

2 Do you have a reservation?

[두 유 해브 어 레저베이션?]

예약하셨나요?

손님이 예약을 했는지 확인할 때 사용하는 표현입니다. 비슷한 표현으로 Did you make a reservation?[디 쥬 메익 어 레저베이션?](예약하셨나요?)이 있습니다. 예약을 한 건 과거에 했기 때문에 Did you make라고 과거시제로 물었고, 과거에 한 예약을 지금 가지고 있는 것이니 Do you have라고 현재시제로 물었습니다. reservation은 '예약'을 의미하며, 식당에서 자주 사용되는 단어입니다.

A Do you have a reservation?
예약하셨나요?

B Yes, it's under the name Kim.
네, 김이라는 이름으로 예약했어요.

Restaurant

3 **Please wait a moment while I check.**

[플리즈 웨잇 어 모우먼 와일 아이 첵]

확인하는 동안 잠시만 기다려 주세요. ☐

손님이 예약 사항을 확인하는 동안 기다려 달라고 부탁할 때 사용하는 표현입니다. 비슷한 표현으로는 Just a moment, please.[저스트 어 모우먼, 플리즈] (잠시만 기다려 주세요.)가 있으며, 더 격식을 차리고 싶다면 Could you please hold on for a moment?[쿠 쥬 플리즈 홀드 온 포 러 모우먼?] (잠시만 기다려 주실 수 있나요?)라는 표현도 좋습니다. 이 표현들은 모두 손님에게 잠시 기다려 달라고 요청할 때 유용하게 쓸 수 있습니다.

A Please wait a moment while I check.
확인하는 동안 잠시만 기다려 주세요.

B Sure, take your time.
네, 천천히 하세요.

4 **Please follow me.**

[플리즈 팔로우 미]

저를 따라오세요. ☐

손님을 테이블로 안내할 때 사용하는 표현입니다. follow는 '따라가다'란 의미로, 손님에게 방향을 제시할 때 사용됩니다. 따라서 말 끝에 to your table (테이블 쪽으로)를 넣어도 됩니다. 비슷한 표현으로 This way, please.[디스 웨이, 플리즈] (이쪽으로 오세요.)가 있습니다. 또는 손님을 테이블로 안내하겠다는 의미로 I'll show you to your table.[아일 쑈우 유 투 유어 테이블] (테이블로 안내해 드리겠습니다.)이라는 표현도 좋습니다.

A Please follow me.
저를 따라오세요.

B Sure, thank you.
네, 감사합니다.

Good-bye!

1 How many people in your party?

[하우 매니 피플 인 유어 파티?]

몇 분이신가요? □

손님의 일행수를 물어볼 때 사용하는 표현입니다. party는 여기서 '파티'가 아니라 '일행'을 의미하며, 영어에서는 단체 손님을 지칭할 때 자주 사용됩니다. 상황에 따라 조금 더 격식 있게 May I ask how many people are in your party?[메이 아이 애스크 하우 매니 피플 아 인 유어 파티?] (일행이 몇 분이신지 여쭤봐도 될까요?)라고 물을 수도 있습니다.

A How many people in your party?
몇 분이신가요?

B We have four people.
네 명입니다.

2 How many are in your group?

[하우 매니 아 인 유어 그룹?]

몇 명이신가요? □

손님의 그룹에 몇 명이 있는지 물을 때 사용하는 표현입니다. group은 '그룹' 또는 '단체'를 의미하며, 주로 여러 명이 함께 방문했을 때 이 표현을 자주 사용합니다. How many in your group?[하우 매니 인 유어 그룹?] (몇 명이신가요?) 이라고 짧게 말해도 되며, 주로 식당이나 이벤트 장소에서 인원수를 확인하기 위해 사용됩니다.

A How many are in your group?
몇 명이신가요?

B We are five.
다섯 명입니다.

Restaurant

³ How many seats do you need?

[하우 매니 씨-츠 두 유 니드?]

몇 석 필요하신가요?

손님이 | 필요한 좌석 수를 물어볼 때 | 사용하는 표현입니다. sit은 '앉다'라는 뜻의 동사이고, seat는 '좌석'이라는 뜻의 명사로 사용됩니다. 이 표현은 식당 등에서 적절한 좌석을 준비할 때 매우 유용합니다. 같은 뜻의 비슷한 표현으로는 How many seats would you like?[하우 매니 씨-츠 우 쥬 라익?]이 있으며, 약간 더 공손하게 들립니다.

A **How many seats do you need?**
몇 석 필요하신가요?

B **We need six seats.**
여섯 석이 필요합니다.

⁴ How large is your party?

[하우 라-지 이즈 유어 파티?]

일행이 몇 분이신가요?

손님의 | 일행의 규모가 얼마나 큰지 물어볼 때 | 사용하는 표현입니다. 여기서 large는 일행의 크기나 규모를 나타내며, 다소 공식적이고 격식을 갖춘 느낌을 줍니다. 비슷한 표현으로 large 대신 big을 쓴 How big is your group?[하우 빅 이즈 유어 그룹?] (일행이 얼마나 되시나요?)이 있습니다. big은 large에 비해 조금 더 일상적이고 친근한 느낌을 주는 단어입니다.

A **How large is your party?**
일행이 몇 분이신가요?

B **There are seven of us.**
저희는 일곱 명입니다.

Good-bye!

¹ Here is your table.
[히얼 이즈 유어 테이블]

여기가 손님 테이블입니다.

손님에게 │앉을 테이블을 알려 줄 때│ 사용하는 표현입니다. 비슷한 표현으로는 This is your table.[디스 이즈 유어 테이블](이것이 손님 테이블입니다.)이 있으며, 이 또한 자연스럽게 손님의 자리를 안내할 때 사용됩니다. This is your table.은 손님에게 위치를 안내하면서 동시에 환영의 의미를 전달할 수 있습니다.

A **Here is your table.**
여기가 손님 테이블입니다.

B **This looks perfect.**
완벽해 보여요.

² Is this table okay for you?
[이즈 디스 테이블 오케이 포 유?]

이 테이블 괜찮으세요?

손님에게 │지정된 테이블이 마음에 드는지 확인할 때│ 사용하는 표현입니다. okay는 '괜찮다'란 의미를, Is this ~?는 '이것이 ~인가요?'라는 의미를 가지고 있습니다. 비슷한 표현으로는 Does this table work for you?[더즈 디스 테이블 웍 포 유?](이 테이블이 괜찮으세요?)가 있으며, 이 역시 손님의 의견을 묻는 공손한 표현입니다.

A **Is this table okay for you?**
이 테이블 괜찮으세요?

B **Yes, this is fine.**
네, 괜찮아요.

Restaurant

³ Would you like to sit inside or outside?

[우 쥬 라익 투 씻 인사이드 오어 아웃사이드?]

실내에 앉으시겠어요, 실외에 앉으시겠어요? ☐

손님에게 실내와 실외 중 어느 곳에 앉고 싶은지 물어볼 때 사용하는 표현입니다. inside는 '실내에', outside는 '실외에'라는 뜻입니다. 비슷한 표현으로 Do you prefer to sit indoors or outdoors?[두 유 프리퍼 투 씻 인도어즈 오어 아웃도어즈?] (실내에 앉으시겠어요, 실외에 앉으시겠어요?)가 있습니다. 두 표현 모두 손님에게 공간 선택의 여지를 주어, 더 만족스러운 서비스를 받을 수 있도록 돕는 공손한 질문입니다.

A Would you like to sit inside or outside?
실내에 앉으시겠어요, 실외에 앉으시겠어요?

B We'd like to sit outside, please.
실외에 앉고 싶어요.

⁴ I'll be right back with your menus.

[아일 비 롸잇 백 윗 유어 메뉴즈]

메뉴를 가지고 바로 돌아오겠습니다. ☐

손님을 테이블로 안내한 후, 메뉴를 가지고 다시 돌아오겠다고 알릴 때 사용하는 표현입니다. be right back은 '바로 돌아오다'란 의미입니다. 비슷한 표현으로 I'll bring your menus shortly.[아일 브링 유어 메뉴즈 숏틀리] (메뉴를 곧 가져다 드리겠습니다.)가 있습니다. 두 표현 모두 손님에게 신속하게 서비스를 제공하겠다는 의사를 전달합니다. 메뉴가 여러 종류가 아니고 하나라면 복수 형태(menus)가 아닌, 단수 형태(menu)로 써야 합니다.

A I'll be right back with your menus.
메뉴를 가지고 바로 돌아오겠습니다.

B Great, thank you.
좋아요, 감사합니다.

Good-bye!

1 I'm sorry, but we are fully booked.

[아임 쏘리, 벗 위 아 풀리 북트]

죄송하지만, 자리가 모두 예약되었습니다. ☐

손님에게 모든 자리가 예약되었음을 알릴 때 사용하는 표현입니다. We are fully booked.[위 아 풀리 북트]는 '모든 자리가 예약되었습니다.'란 의미입니다. 비슷한 표현으로 We are completely booked.[위 아 컴플리틀리 북트](완전히 예약되었습니다.)가 있습니다. 가장 쉽게는 We are full now.[위 아 풀 나우](저희 지금 가득 찼습니다.)라고 해도 됩니다.

A **I'm sorry, but we are fully booked.**
죄송하지만, 자리기 모두 예약되었습니다.

B **Oh no, do you have any openings later?**
아, 그렇군요. 나중에 자리가 있을까요?

2 There is a waiting time of about 30 minutes.

[데얼 이즈 어 웨이팅 타임 오브 어바웃 써-티 미닛츠]

대기 시간이 약 30분입니다. ☐

손님에게 대기 시간을 알려 줄 때 사용하는 표현입니다. There is ~는 '~이 있다', waiting time 또는 wait time은 '대기 시간'이라는 뜻입니다. '약'이란 뜻으로는 about이나 around를 쓰면 됩니다. 비슷한 표현으로 The wait time is around 30 minutes.[더 웨잇 타임 이즈 어라운드 서-티 미닛츠](대기 시간이 약 30분입니다.)가 있습니다.

A **There is a waiting time of about 30 minutes.**
대기 시간이 약 30분입니다.

B **That's not too bad. We'll wait.**
그렇게 길지 않네요. 기다릴게요.

Restaurant

3 Would you like to wait?

[우 쥬 라익 투 웨잇?]

기다리시겠어요?

손님에게 │대기 시간을 기다릴 의사가 있는지 물어 볼 때│ 사용하는 표현입니다. Would you like to ~?는 매우 정중하고 예의를 갖춘 표현으로, 상대방에게 선택권을 주면서 요청하거나 제안할 때 자주 사용됩니다. 비슷한 표현으로 Do you want to wait?[두 유 원 투 웨잇?] (기다리시겠어요?) 이 있습니다. 이 표현은 덜 공식적이고 편안한 표현으로 캐주얼한 식당에서 사용하기 좋습니다.

A **Would you like to wait?**
기다리시겠어요?

B **Yes, we can wait.**
네, 기다릴 수 있어요.

4 We can call you when a table is ready.

[위 캔 콜 유 웬 어 테이블 이즈 레디]

테이블이 준비되면 불러 드리겠습니다.

손님에게 │테이블이 준비되면 연락드리겠다고 알릴 때│ 사용하는 표현입니다. call은 '전화하다'라는 의미이지만, 여기서는 테이블이 준비되면 손님에게 알려 드린다는 넓은 의미로 사용된 것입니다. 비슷한 표현으로 We will let you know when a table is available.[위 윌 렛 유 노우 웬 어 테이블 이즈 어베일러블] (테이블이 이용 가능해지면 알려 드리겠습니다.)이 있습니다. 이렇게 will을 사용하면 미래의 특정 시점에 반드시 알려 줄 것임을 확언하는 느낌을 줍니다.

A **We can call you when a table is ready.**
테이블이 준비되면
연락드리겠습니다.

B **Perfect, please do.**
좋아요, 그렇게 해 주세요.

Good-bye!

1 Here is the menu.

[히얼 이즈 더 메뉴]

여기 메뉴 있습니다. ☐

손님에게 메뉴를 건넬 때 가장 기본적으로 사용하는 표현입니다. Here is/are ~는 물건을 건네줄 때 많이 사용하는 표현입니다. 메뉴를 한 개 건넬 때는 Here is the menu.라고 하고, 여러 개의 메뉴를 건넬 때는 Here are the menus.[히얼 아 더 메뉴즈]라고 복수 형태를 사용하여 표현하면 됩니다.

A Here is the menu.
여기 메뉴 있습니다.

B Thank you.
감사합니다.

2 Please take a look at the menu.

[플리즈 테익 어 룩 앳 더 메뉴]

메뉴를 살펴보세요. ☐

손님에게 메뉴를 보라고 권유할 때 사용하는 표현입니다. take a look은 '살펴보다'라는 뜻이고, at은 '~에'라는 의미로 여기서는 메뉴를 가리키는 역할을 합니다. 비슷한 표현으로 Please have a look at the menu.(메뉴를 봐 주세요.)가 있습니다. Let me know if you have any questions about the menu.[렛 미 노우 이프 유 해브 애니 쿠에스천즈 어바웃 더 메뉴](메뉴에 대해 질문 있으시면 알려주세요.)라는 말을 덧붙여도 좋습니다.

A Please take a look at the menu.
메뉴를 살펴보세요.

B Sure, thank you.
네, 감사합니다.

Restaurant

³ Our specials are listed on the first page.

[아워 스페셜즈 아 리스티드 온 더 퍼스트 페이지]

스페셜 메뉴는 첫 페이지에 나와 있습니다. ☐

손님에게 어떤 메뉴가 어떤 부분에 나와 있다고 알려 줄 때 사용하는 표현입니다. specials는 '스페셜 메뉴들'이라는 뜻이고, be listed는 '나열되어 있다'라는 의미입니다. 비슷한 표현으로 You can find our specials on the first page.[유 캔 파인드 아워 스페셜즈 온 더 퍼스트 페이지] (첫 페이지에서 스페셜 메뉴를 찾으실 수 있습니다.)가 있습니다. 이 표현은 be listed와 달리, 손님이 직접 확인할 수 있음을 강조합니다.

A **Our specials are listed on the first page.**
스페셜 메뉴는 첫 페이지에 나와 있습니다.

B **Great, I'll take a look.**
좋아요, 살펴볼게요.

⁴ We also have a vegetarian menu.

[위 얼쏘 해브 어 베지테리언 메뉴]

채식 메뉴도 있습니다. ☐

손님에게 채식 메뉴가 있다고 알릴 때 사용하는 표현입니다. vegetarian은 '채식주의자'라는 뜻입니다. 비슷한 표현으로 We offer a vegetarian menu as well.[위 오퍼 어 베지터리언 메뉴 애즈 웰] (채식 메뉴도 제공합니다.)이 있습니다. also와 as well은 둘 다 '~도 또한'이라는 의미로 사용됩니다. 외국인 접객이 많은 곳이라면 채식 관련 표현을 알아두고 대응하는 것이 좋습니다.

A **We also have a vegetarian menu.**
채식 메뉴도 있습니다.

B **That's perfect, I'm vegetarian.**
완벽하네요, 저는 채식주의자예요.

Good-bye!

1 Are you ready to order?

[아 유 레디 투 오더?]

주문하시겠어요?

손님이 주문할 준비가 되었는지 물어볼 때 사용하는 표현입니다. Are you ready to ~는 준비 여부를 공손하게 물을 때 사용하는 표현입니다. 비슷한 표현으로 Can I take your order?[캔 아이 테익 유어 오더?](주문을 받아도 될까요?)가 있습니다. Are you ready to order?는 손님의 준비 상태를 묻는 데 중점을 두고, Can I take your order?는 주문을 받는 행위에 중점을 둡니다.

A Are you ready to order?
주문하시겠어요?

B Yes, we are. I'll have the steak, please.
네, 그렇습니다. 스테이크로 할게요.

2 What can I get you today?

[왓 캔 아이 겟 유 투데이?]

오늘 무엇을 드릴까요?

손님에게 무엇을 주문할지 물어볼 때 사용하는 표현입니다. 여기서 get은 '가져다주다'라는 의미입니다. 조금 더 공손한 느낌의 비슷한 표현으로 What would you like to have?[왓 우 쥬 라익 투 해브?](무엇을 드시겠어요?)가 있습니다. What can I get you today?는 캐주얼하고 친근한 분위기에서 주로 사용되며, What would you like to have?는 더 격식을 차리거나 정중한 상황에서 적합합니다.

A What can I get you today?
오늘 무엇을 드릴까요?

B I'd like the grilled chicken and a side salad.
그릴드 치킨과 사이드 샐러드를 주세요.

Welcome!

Restaurant

³ Can I recommend our special?

[캔 아이 레커멘드 아워 스페셜?]

저희 스페셜 메뉴를 추천해 드릴까요? ☐

손님에게 스페셜 메뉴를 추천할 때 사용하는 표현입니다. 여기서 special은 '특별 메뉴'라는 뜻입니다. 영어의 menu는 그 식당에서 파는 음식 전체의 리스트를 이야기하는 것이지, 한 가지 음식을 말하는 것이 아닌데, 우리가 한국어 외래어로 쓸 때는 음식 하나를 메뉴라고 잘못 부르는 경우가 있어서 주의가 필요합니다. 그래서 여기서 음식 하나를 special menu라고 하지 않고 그냥 special이라고 한 것입니다.

A **Can I recommend our special?**
저희 스페셜 메뉴를 추천해 드릴까요?

B **Sure, what is it?**
좋아요, 뭐죠?

⁴ Do you need more time to decide?

[두 유 니드 모어 타임 투 디싸이드?]

결정하는 데 시간이 더 필요하신가요? ☐

손님이 아직 결정을 못했을 때 시간을 더 필요로 하는지 물어볼 때 사용하는 표현입니다. 좀 더 공손한 비슷한 표현으로 Would you like more time to think?[우 쥬 라익 모어 타임 투 띵크?] (더 생각할 시간이 필요하신가요?)가 있습니다. Do you want ~?를 써서 '~을 원합니까?'라고 묻는 것보다 이렇게 Do you need ~?를 써서 '~이 필요합니까?'라고 묻는 것이 더 공손한 느낌을 줍니다.

A **Do you need more time to decide?**
결정하는 데 시간이 더 필요하신가요?

B **No, I'm ready to order now.**
아니요, 이제 주문할게요.

Good-bye!

1 I recommend the steak.

[아이 레커멘드 더 스테이크]

스테이크를 추천합니다.

손님에게 어떤 메뉴를 추천할 때 사용하는 표현입니다. 여기서 recommend는 '추천하다'의 뜻으로, 누군가에게 어떤 선택을 권장할 때 사용하는 동사입니다. 비슷한 표현으로 You should try the steak.[유 슈드 트라이 더 스테이크](스테이크를 드셔 보세요.)가 있으며, 이 표현은 추천과 함께 약간의 권유의 의미를 포함합니다.

A **I recommend the steak.**
스테이크를 추천합니다.

B **Sounds good. I'll have the steak.**
좋네요.
스테이크로 할게요.

2 Our pasta is very popular.

[아워 파스타 이즈 베리 파퓰러]

저희 파스타가 아주 인기 있습니다.

손님에게 어떤 메뉴가 많은 사람들에게 사랑받고 있음을 알릴 때 사용하는 표현입니다. popular는 많은 사람들이 선호하는 것을 의미합니다. 비슷한 표현으로 Many customers love our pasta.[매니 커스터머즈 러브 아워 파스타](많은 손님들이 저희 파스타를 좋아합니다.)가 있습니다. 이런 표현은 손님이 메뉴를 선택하는 데 있어 확신을 주며, 추천의 의미를 자연스럽게 전달합니다.

A **Our pasta is very popular.**
저희 파스타가 아주 인기 있습니다.

B **Really? I'll try the pasta then.**
정말요? 그럼 파스타를
먹어 볼게요.

3 The chef's special today is grilled salmon.

[더 셰프스 스페셜 투데이 이즈 그릴드 쌔먼]

오늘의 셰프 스페셜은 그릴드 연어 구이입니다. ☐

손님에게 오늘의 셰프 스페셜 메뉴를 안내할 때 사용하는 표현입니다. chef's special은 '셰프가 그날 특별히 준비한 요리'를 의미하며, 일반적으로 그날의 신선한 재료를 사용하거나 특별한 조리법으로 만들어진 메뉴를 가리킵니다. 비슷한 표현으로 Today's special is grilled salmon. [투데이즈 스페셜 이즈 그릴드 쌔먼](오늘의 특별 메뉴는 그릴드 연어 구이입니다.)가 있습니다.

A The chef's special today is grilled salmon.
오늘의 셰프 스페셜은 그릴드 연어 구이입니다.

B That sounds delicious. I'll go with the grilled salmon.
맛있게 들리네요.
그릴드 연어 구이로 할게요.

4 You might enjoy our seafood platter.

[유 마잇 인조이 아워 씨푸드 플래터]

저희 해산물 모둠을 즐기실 수 있을 거예요. ☐

손님에게 메뉴 추천 시 좋아할 것이라고 가능성을 언급할 때 사용하는 표현입니다. enjoy 대신 like를 사용해 You might like our seafood platter. [유 마잇 라익 아워 씨푸드 플래터](저희 해산물 모둠을 좋아하실 거예요.)라고 해도 마찬가지 의미입니다. 여기서 조동사 might는 가능성을 나타내며, 추천이 지나치게 강압적으로 들리지 않도록 하는 역할을 합니다.

A You might enjoy our seafood platter.
저희 해산물 모둠을 즐기실 수 있을 거예요.

B Great, I'll order the seafood platter.
좋아요, 해산물 모둠을 주문할게요.

Good-bye!

1 You can mix everything together.

[유 캔 믹스 에브리띵 투게더]

모든 것을 함께 섞어서 드셔도 됩니다. ☐

손님에게 │재료를 섞어서 먹는 방법을 설명할 때│ 사용하는 표현입니다. mix는 '섞다'라는 의미이고, together는 '함께'라는 의미입니다. 비슷한 상황에서, Feel free to mix everything for the best flavor.[필 프리 투 믹스 에브리띵 포 더 베스트 플레이버](최고의 맛을 위해 자유롭게 섞어 드셔 보세요.)와 같은 표현도 사용할 수 있습니다.

A **You can mix everything together.**
모든 것을 함께 섞어서 드셔도 됩니다.

B **Thank you, I wasn't sure.**
감사합니다, 잘 몰랐어요.

2 You can dip it in the sauce.

[유 캔 딥 잇 인 더 쏘-스]

소스에 찍어서 드셔도 됩니다. ☐

손님에게 │음식을 소스에 찍어서 먹으라고 안내할 때│ 사용하는 표현입니다. dip은 '찍다'라는 의미입니다. '찍어 먹는 소스'를 영어로 dipping sauce라고 하는데, 이때도 dip이라는 단어를 사용합니다. 소스를 찍어서 먹는 것이 아니라 빵 같은 것에 넓게 펴서 발라 먹는 경우에는 You can spread the sauce on top.[유 캔 스프레드 더 쏘-스 온 탑](소스를 위에 발라 드셔도 됩니다.)이라고 말하면 됩니다.

A **You can dip it in the sauce.**
소스에 찍어서 드셔도 됩니다.

B **Got it, I'll try that.**
알겠어요, 그렇게 해 볼게요.

Restaurant

³ You can eat it with the side dishes.

[유 캔 잇 잇 윗 더 싸이드 디쉬즈]

반찬과 함께 드셔도 됩니다. ☐

손님에게 메인 요리를 반찬과 함께 먹으라고 말할 때 사용하는 표현입니다. side dishes는 '반찬'이라는 뜻입니다. 고유명사처럼 Banchan이라고 써도 되는데, 그렇게 쓰고 나서 잘 모르는 사람을 위해 side dishes라고 설명을 붙여 주면 좋습니다. 비슷한 표현으로 Enjoy it with the side dishes.[인조이 잇 윗 더 싸이드 디쉬즈](반찬과 함께 즐기세요.)가 있습니다.

A You can eat it with the side dishes.
반찬과 함께 드셔도 됩니다.

B Perfect, I love side dishes.
좋아요, 전 반찬을 완전 좋아해요.

⁴ You can wrap it in the lettuce.

[유 캔 랩 잇 인 더 레터스]

상추에 싸서 드셔도 됩니다. ☐

손님에게 음식을 상추에 싸서 먹으라고 안내할 때 사용하는 표현입니다. wrap은 '싸다'라는 의미이고, lettuce는 '상추'라는 뜻입니다. wrap A in B는 'A를 B에 넣고 싸다'라는 뜻입니다. 비슷한 표현으로 Put it in the lettuce and wrap it up.[풋 잇 인 더 레터스 앤 랩 잇 업](상추에 넣으시고 싸세요.)이 있습니다. put A in B는 'A를 B에 넣다'라는 뜻입니다.

A You can wrap it in the lettuce.
상추에 싸서 드셔도 됩니다.

B Great, I enjoy lettuce wraps.
좋아요, 전 상추쌈을 즐겨 먹어요.

Good-bye!

¹ Would you like to order anything else?

[우 쥬 라익 투 오더 에니띵 엘스?]

다른 거 더 주문하시겠어요?

손님에게 추가로 주문할 것이 있는지 물어볼 때 사용하는 표현입니다. anything은 '어떤 것'을 의미하며, 이렇게 else가 들어가야 뭔가 '추가적으로 다른 것'을 의미합니다. 비슷한 표현으로 Is there anything else you would like to order?[이즈 데어 에니띵 엘스 유 우드 라익 투 오더?](추가로 주문하시고 싶으신 것이 있나요?)가 있습니다.

A Would you like to order anything else?
추가 주문하시겠어요?

B No, that's all for now.
아니요, 지금은 이걸로 충분해요.

² Can I get you anything else?

[캔 아이 겟 유 애니띵 엘스?]

다른 것 더 가져다 드릴까요?

손님에게 추가로 필요한 것이 있는지 물어볼 때 사용하는 표현입니다. 여기서 get은 손님의 요청에 따라 무언가를 얻어 오겠다는 의미로, 주문을 받아 준비한 후 가져오는 과정을 강조합니다. 예를 들어, 손님이 음료를 주문할 경우, 직원이 음료를 준비하여 가져오는 상황에 적합합니다. 비슷한 표현으로는 Can I bring you anything else?[캔 아이 브링 유 에니띵 엘스?](다른 것 더 가져다 드릴까요?)가 있습니다. bring은 이미 준비된 것, 예를 들어 테이블에 이미 준비된 물이나 빵을 가져다줄 때 적합합니다.

A Can I get you anything else?
다른 것 더 가져다 드릴까요?

B Please just bring some more water.
물만 좀 더 가져다 주세요.

Restaurant

3 Is there anything else you'd like?

[이즈 데어 에니띵 엘스 유드 라익?]

다른 것 더 원하시는 게 있으세요?

손님에게 **추가로 원하는 것이 있는지 물어볼 때** 사용하는 표현입니다. Is there ~?은 무엇이 있는지를 물어볼 때 사용하는 표현입니다. 비슷한 표현으로 Would you care for anything else?[우쥬 케어 포 에니띵 엘스?] (다른 것 더 원하실까요?)가 있습니다. Is there anything else you'd like?는 조금 더 직접적으로 필요하거나 원하는 것이 있는지를 묻는 반면, Would you care for anything else?는 손님에게 추가 요청이 있는지 묻는 동시에, 선택의 여지를 제공하는 뉘앙스를 줍니다.

A **Is there anything else you'd like?**
다른 것 더 원하시는 게 있으세요?

B **I think we're good, thank you.**
괜찮을 것 같아요, 감사합니다.

4 Shall I bring you anything else?

[쉘 아이 브링 유 에니띵 엘스?]

다른 것을 가져다 드릴까요?

손님에게 **추가로 필요한 것이 있는지 정중하게 물어볼 때** 사용하는 표현입니다. Shall I ~?는 상대방에게 제안하거나 조심스럽게 물어볼 때 사용하는 표현입니다. 고급 레스토랑이나 공식적인 상황에서 자주 사용되며, 상대방에게 선택의 여지를 주면서 좀 더 격식 있고 공손한 느낌을 주는 표현입니다.

A **Shall I bring you anything else?**
다른 것을 가져다 드릴까요?

B **No, that's all for now, thank you.**
지금은 괜찮습니다, 감사합니다.

Good-bye!

1 How would you like your steak?

[하우 우 쥬 라익 유어 스테이크?]

스테이크를 어떻게 익혀 드릴까요?

손님에게 스테이크의 익힘 정도를 물어볼 때 사용하는 표현입니다. How would you like ~?는 상대방의 선호도를 물어볼 때 사용하는 표현입니다. 비슷한 표현으로 How do you prefer your steak?[하우 두 유 프리퍼 유어 스테이크?] (스테이크를 어떻게 선호하시나요?)가 있습니다. How would you like your steak?는 선택지를 제공하며 손님의 의견을 존중하는 느낌을 줍니다. 반면, How do you prefer your steak?는 다소 직접적이고 개인적인 취향에 대해 묻는 뉘앙스를 나타냅니다.

A How would you like your steak?
스테이크를 어떻게 익혀 드릴까요?

B Medium, please.
미디엄으로 해 주세요.

2 Would you like it rare, medium, or well-done?

[우 쥬 라익 잇 레어, 미디엄, 오어 웰 던?]

레어, 미디엄, 아니면 웰던으로 드릴까요?

손님에게 스테이크의 익힘 정도를 선택하도록 할 때 사용하는 표현입니다. rare는 '덜 익힌', medium은 '중간 정도 익힌', well-done은 '완전히 익힌' 것을 의미합니다. 비슷한 표현으로 How do you want your steak cooked: rare, medium, or well-done? [하우 두 유 원트 유어 스테이크 쿡트: 레어, 미디엄, 오어 웰 던?] (스테이크를 어떻게 익혀드릴까요: 레어, 미디엄, 아니면 웰던?)이 있습니다. rare, medium, or well-done을 강조해서 말해 주세요.

A Would you like it rare, medium, or well-done?
레어, 미디엄, 아니면 웰던으로 드릴까요?

B I'll have it medium-well. 미디엄웰로 할게요.

Welcome!

Restaurant

3 Do you prefer medium or well-done?

[두 유 프리퍼 미디엄 오어 웰 던?]

미디엄으로 드릴까요, 아니면 웰던으로 드릴까요? ☐

손님에게 중간과 완전 정도 익힘 중에서 선택하도록 할 때 사용하는 표현입니다. prefer는 '선호하다'라는 의미입니다. 좀 더 간단하게는 Medium or well-done for you?[미디엄 오어 웰 던 포 유?] (미디엄으로 하시겠어요, 아니면 웰던으로 하시겠어요?)라고 할 수 있습니다. 이 표현은 짧고 간단하게 선택지를 바로 제시하는, 캐주얼한 표현방식 입니다.

A **Do you prefer medium or well-done?**
미디엄으로 드릴까요, 아니면 웰던으로 드릴까요?

B **Medium, thank you.**
미디엄으로 해 주세요, 감사합니다.

4 How do you like your meat cooked?

[하우 두 유 라익 유어 밋 쿡트?]

고기를 어떻게 익혀 드릴까요? ☐

손님에게 고기의 익힘 정도를 물어볼 때 사용하는 또 다른 표현입니다. How do you like ~? 는 상대방의 선호를 묻는 표현입니다. 비슷한 표현으로는 How would you like your steak done?[하우 우 쥬 라익 유어 스테이크 던?] (스테이크는 어떻게 익혀 드릴까요?)이 있습니다. 여기서 done 은 고기의 특정 익힘 정도를 가리키며, 완성된 상태를 의미합니다. 반면, cooked는 조리 과정을 강조하며, 조리된 상태를 묻는 표현입니다.

A **How do you like your meat cooked?**
고기를 어떻게 익혀 드릴까요?

B **Rare, please.**
레어로 해 주세요.

- Blue Rare
- Rare
- Medium Rare
- Medium
- Medium Well
- Well

Good-bye!

1 How would you like to pay?

[하우 우 쥬 라익 투 페이?]

어떻게 결제하시겠어요? ☐

손님에게 결제 방법을 물어볼 때 사용하는 표현입니다. 비슷한 표현으로 How will you be paying?[하우 윌 유 비 페잉?](어떻게 결제하실 건가요?)이 있습니다. How would you like to pay? 는 보다 공손하게 손님의 선택을 존중하며 물어보는 표현으로, 상대방에게 선택의 여지를 주는 느낌을 줍니다. 반면, How will you be paying? 은 좀 더 직접적이고, 결제 방식을 확인하는 데 포커스를 둘 때 적합한 표현입니다.

A **How would you like to pay?**
어떻게 결제하시겠어요?

B **I'll pay by card.**
카드로 결제할게요.

2 We accept cash or card.

[위 억쎕트 캐쉬 오어 카드]

현금이나 카드로 결제 가능합니다. ☐

손님에게 현금 또는 카드로 결제할 수 있음을 알릴 때 사용하는 표현입니다. 여기서 accept는 '(결제를) 받다'라는 뜻으로, 가게에서 이러한 결제 수단을 허용한다는 의미를 전달합니다. 비슷한 표현으로 You can pay with cash or card[유 캔 페이 윗 캐쉬 오어 카드](현금 또는 카드로 결제하실 수 있습니다.)가 있으며, 이 표현은 손님에게 결제 방법을 선택할 수 있음을 직접적으로 알려 줍니다.

A **We accept cash or card.**
현금이나 카드로 결제 가능합니다.

B **Great, I'll use my card.**
좋아요, 카드를 사용할게요.

Restaurant

³ You can pay at the counter.

[유 캔 페이 앳 더 카운터]

계산대에서 결제하시면 됩니다. ☐

손님에게 계산대에서 결제할 수 있음을 알릴 때 사용하는 표현입니다. pay at은 결제 장소를 나타낼 때 사용하는 표현입니다. 식당에 따라서 테이블에서 계산하는 곳도 있는데, 그 경우 You can pay at the table.[유 캔 페이 앳 더 테이블](테이블에서 계산하실 수 있습니다.)이라고 말하면 됩니다.

A You can pay at the counter.
계산대에서 결제하시면 됩니다.

B Okay, thank you. I'll head over there now.
네, 감사합니다. 지금 그쪽으로 갈게요.

⁴ Please insert your card here.

[플리즈 인설트 유어 카드 히어]

여기에 카드를 삽입해 주세요. ☐

손님에게 카드를 리더기에 삽입해 달라고 요청할 때 사용하는 표현입니다. 카드를 넣었는데 잘 안 되는 경우에는 카드를 '긁어 달라고' 해야 하는데, 이때는 insert 대신 swipe를 쓰면 됩니다. 더 명확하게 하기 위해 through까지 넣어서, Please swipe your card through the reader.[플리즈 스와입 유어 카드 쓰루 더 리더](카드를 리더기에 긁어 주세요.)라고 하면 좋습니다.

A Please insert your card here.
여기에 카드를 삽입해 주세요.

B Sure. Here it is.
네, 여기요.

Good-bye!

1 Would you like to split the bill?

[우 쥬 라익 투 스플릿 더 빌?]

계산을 나누시겠어요?

손님에게 계산을 나눌지 여부를 물어볼 때 사용하는 표현입니다. split the bill은 계산을 여러 사람에게 나누어 부담할 때 사용하는 표현입니다. 비슷한 표현으로 Shall we split the check?[셸위 스플릿 더 첵?] (계산서를 나눌까요?)이 있습니다. check도 bill과 같은 뜻으로 '계산서'라는 뜻입니다. bill을 잘못 발음하면 beer로 알아들을 수도 있기 때문에 check을 사용하는 게 더 명확한 부분도 있습니다.

A Can I settle the bill here?
여기서 계산할 수 있나요?

B Would you like to split the bill?
계산을 나누시겠어요?

2 Would you like to pay separately?

[우 쥬 라익 투 페이 쎄퍼릿틀리?]

따로 계산하시겠어요?

손님이 각각 따로 결제할 의향이 있는지 물어볼 때 사용하는 표현입니다. pay separately는 '따로 결제하다'라는 의미입니다. 이와 비슷한 표현으로는 Should I prepare separate checks?[슈드 아이 프리페어 쎄퍼릿 첵스?] (계산서를 따로 준비할까요?)가 있으며, 이 표현은 결제를 나눠서 처리할지 미리 확인할 때 유용합니다.

A I'm ready to check out, please.
계산할 준비가 되었습니다.

B Would you like to pay separately?
따로 계산하시겠어요?

Welcome!

³ Will you be paying together or separately?

[윌 유 비 페잉 투게더 오어 쎄퍼릿틀리?]

함께 계산하시겠어요, 따로 계산하시겠어요?　☐

손님에게 함께 계산할지 따로 계산할지 물어볼 때 사용하는 표현입니다. 비슷한 표현으로 Are you paying as a group or individually?[아 유 페잉 애즈 어 그룹 오어 인디비주얼리?](단체로 결제하시겠어요, 개인별로 결제하시겠어요?)가 있습니다. Will you be paying together or separately?는 조금 더 친근하고 일상적인 뉘앙스를 가집니다. 반면에 Are you paying as a group or individually?는 결제 방식을 더 명확히 구분하며, 공식적인 상황이나 여러 명의 손님이 있는 경우에 더욱 적합할 수 있습니다.

A I would like to pay now, please. 지금 계산하고 싶습니다.

B Will you be paying together or separately?
함께 계산하시겠어요, 따로 계산하시겠어요?

⁴ Do you want to split it evenly?

[두 유 원 투 스플릿 잇 이븐리?]

균등하게 나누시겠어요?　☐

손님에게 계산을 균등하게 나눌 의사가 있는지 물어볼 때 사용하는 표현입니다. split evenly는 '균등하게 나누다'라는 의미로, 각자 동일한 금액을 부담하는 것을 뜻합니다. 이와 비슷한 표현으로는 Shall I split the bill for you?[샬 아이 스플릿 더 빌 포 유?](제가 계산서를 나눠 드릴까요?)가 있습니다. 계산서를 나누는 상황에서는 divide 보다 split을 사용하는 것이 더 자연스럽습니다.

A Can we pay separately?
따로 계산할 수 있을까요?

B Do you want to split it evenly?
균등하게 나누시겠어요?

Good-bye!

1 What date and time would you like to reserve?

[왓 데잇 앤 타임 우 쥬 라익 투 리저브?]

예약하고 싶은 날짜와 시간이 언제인가요? ☐

손님에게 예약하고 싶은 날짜와 시간을 물어볼 때 사용하는 표현입니다. 비슷한 표현으로 When would you like to make the reservation?[웬 우 쥬 라익 투 메익 더 레저베이션?](언제 예약하시겠어요?)이 있지만, 가능하면 단순히 '언제'라고만 묻기보다는 '날짜'와 '시간'을 명확히 묻는 것이 좋습니다. reserve와 make a reservation은 '예약하다'라는 뜻입니다.

A **What date and time would you like to reserve?**
예약하고 싶은 날짜와 시간이 언제인가요?

B **Next Saturday at 7 p.m., please.**
다음 주 토요일 오후 7시로 부탁해요.

2 May I ask how many people?

[메이 아이 애스크 하우 매니 피플?]

몇 분이실지 여쭤봐도 될까요? ☐

손님에게 예약할 인원수를 물어볼 때 사용하는 표현입니다. 손님 인원수를 물을 때 쓰는 표현인, How many people are in your party?[하우 매니 피플 아 인 유어 파티?](일행이 몇 분이시죠?)를 써도 당연히 좋습니다. 더 간단하게는 How many in your party?[하우 매니 인 유어 파티?](몇 명이신가요?)도 좋습니다. How many ~?는 수량을 물어볼 때 사용하는 표현입니다.

A **May I ask how many people?**
몇 분이실지 여쭤봐도 될까요?

B **Four people.**
네 명이요.

Restaurant

3 Do you have a seating preference?

[두 유 해브 어 씨-팅 프리퍼런스?]

좌석 위치를 선호하시는 게 있나요? ☐

손님에게 원하는 좌석 위치가 있는지 물어볼 때 사용하는 표현입니다. seating preference는 '좌석에 대한 선호'를 의미합니다. 조금 길지만 구체적으로 Would you prefer a window seat or an inside table?[우 쥬 프리퍼 어 윈도우 씻 오 어 언 인싸이드 테이블?](창가 자리나 내부 테이블 중 어느 것을 선호하시나요?)이라는 표현을 써도 좋습니다.

A **Do you have a seating preference?**
좌석 위치를 선호하시는 게 있나요?

B **Yes, we prefer a window seat.**
네, 창가 자리를 선호합니다.

4 May I have your contact number for the reservation?

[메이 아이 해브 유어 컨택 넘버 포 더 레저베이션?]

예약을 위해 연락처를 여쭤볼 수 있을까요? ☐

손님에게 예약을 위한 연락처를 요청할 때 사용하는 표현입니다. contact number는 '연락처'를 의미합니다. 좀 더 쉬운 비슷한 표현으로 Can I get your phone number for the reservation?[캔 아이 겟 유어 폰 넘버 포 더 레저베이션?](예약을 위해 전화번호를 알려 주시겠어요?)이 있습니다. 이 표현은 더 간단하고 일상적인 어투로, 상대방에게 부담 없이 요청할 때 적합합니다.

A **May I have your contact number for the reservation?**
예약을 위해 연락처를 여쭤볼 수 있을까요?

B **Sure, it's 010-1234-5678.**
물론이죠, 010-1234-5678이에요.

Good-bye!

1 Would you mind keeping your voice down?

[우 쥬 마인 키핑 유어 보이스 다운?]

목소리를 낮춰 주시겠어요?

☐

손님에게 목소리를 낮춰 달라고 정중하게 요청할 때 사용하는 표현입니다. Would you mind -ing?는 공손하게 뭔가를 해 줄 것을 요청할 때 사용하는 표현이고, keep your voice down은 '목소리를 낮추다'라는 의미입니다. 비슷한 표현으로 Could you lower your voice?[쿠 쥬 로우어 유어 보이스?](목소리를 낮춰 주시겠어요?)가 있습니다.

A **Would you mind keeping your voice down?**
목소리를 낮춰 주시겠어요?

B **Sure, I didn't realize.**
알겠어요, 몰랐네요.

2 Please keep your voice down.

[플리즈 킵 유어 보이스 다운]

목소리를 낮춰 주세요.

☐

손님에게 목소리를 낮춰 달라고 직접적으로, 더 간결한 형태로 요청할 때 사용하는 표현입니다. 비슷한 표현으로 Please speak more quietly. [플리즈 스픽 모어 콰이엇틀리.](조용히 말씀해 주세요.)가 있습니다. 이어서 We have other guests dining.[위 해브 아더 게스츠 다이닝.](다른 손님들이 식사 중입니다.)이라는 말을 하면서 다른 손님들이 있음을 상기시켜 목소리를 낮추도록 요청하는 것도 좋습니다.

A **Please keep your voice down.**
목소리를 낮춰 주세요.

B **Okay, thank you for letting me know.**
네, 알려 주셔서 감사합니다.

Welcome!

Restaurant

3 Could you please speak a bit softer?

[쿠 쥬 플리즈 스픽 어 빗 소프터?]

좀 더 조용히 말씀해 주시겠어요? ☐

손님에게 목소리를 낮춰 달라고 간접적으로 말할 때 사용하는 표현입니다. 여기서 softer는 '더 부드럽게' 또는 '조용히'라는 의미를 담고 있어, 상대방에게 목소리를 낮춰 달라는 요청을 정중하게 전달할 수 있습니다. more quietly라는 표현을 사용하여 직접적으로 요청할 수 있지만, softer를 사용하면 훨씬 더 공손하고 배려심 있게 요청하는 느낌을 줄 수 있습니다.

A Could you please speak a bit softer?
좀 더 조용히 말씀해 주시겠어요?

B Oh, I'm sorry. I'll be quieter.
아, 죄송해요. 더 조용히 할게요.

4 Could you please lower your volume?

[쿠 쥬 플리즈 로우어 유어 볼륨?]

소리를 낮춰 주시겠어요? ☐

손님에게 사용중인 기기의 소리를 낮춰 달라고 요청할 때 사용하는 표현입니다. volume은 '소리의 크기'를 말하며, lower one's volume은 '소리를 낮추다'라는 의미입니다. 비슷한 표현으로 Can you reduce your volume, please?[캔 유 리듀스 유어 볼륨, 플리즈?] (볼륨을 줄여 주시겠어요?)가 있습니다. 상황에 따라 좀 더 구체적인 지시가 필요할 때 lower를, 조금 더 부드럽게 요청하고자 할 때 reduce를 사용하는 것이 좋습니다.

A Could you please lower your volume?
소리를 낮춰 주시겠어요?

B Yes, no problem.
네, 문제없어요.

Good-bye!

1 I'll check on your order.

[아일 첵 온 유어 오더]

주문을 확인해 드리겠습니다. ☐

손님이 주문한 음식의 상태를 확인하겠다고 말할 때 사용하는 표현입니다. check on은 '확인하다'라는 의미입니다. I'll see if it's almost ready. [아일 씨 이프 잇츠 얼모스트 레디] (거의 준비되었는지 확인해 보겠습니다.)라는 표현도 좋습니다. 여기서 see if는 어떤 결과를 확인하겠다는 뉘앙스를 전달하여, 손님에게 음식이 곧 준비되는지 확인하겠다는 의도를 부드럽게 표현합니다.

A Can you hurry with our order?
주문한 음식을 빨리 준비해 줄 수 있나요?

B I'll check on your order.
주문을 확인해 드리겠습니다.

2 It will be ready soon.

[잇 윌 비 레디 쑨]

곧 준비될 예정입니다. ☐

손님에게 음식이 곧 준비될 것임을 알릴 때 사용하는 표현입니다. 비슷한 표현으로 Your food will be out shortly.[유어 푸-드 윌 비 아웃 숏틀리] (음식이 곧 나올 예정입니다.)가 있습니다. 여기서 soon과 shortly는 거의 같은 뜻을 지니지만, shortly는 soon보다 더 격식 있는 단어로, 보다 공손하게 들릴 수 있습니다.

A Our food is taking a long time.
음식이 오래 걸리네요.

B It will be ready soon.
곧 준비될 예정입니다.

Restaurant

3 Thank you for your patience.

[땡큐 포 유어 페이션스]

기다려 주셔서 감사합니다. ☐

손님에게 기다려 주셔서 감사하다고 말할 때 사용하는 표현입니다. Thank you for ~는 '~에 대해 감사하다'란 의미이고, patience는 '인내', '참을성'을 의미합니다. 비슷한 표현으로 We appreciate your patience.[위 어프리시에이트 유어 페이션스] (기다려 주셔서 감사합니다.)가 있습니다. appreciate는 '감사하다', '고맙게 여기다'라는 의미를 가지고 있으며, We appreciate ~라는 표현은 좀 더 격식을 차린 느낌을 줍니다.

A We've been waiting for a while.
우리 한참 기다렸어요.

B Thank you for your patience.
기다려 주셔서 감사합니다.

4 I'll ask the kitchen to hurry.

[아일 애스크 더 키친 투 허리]

주방에 서둘러 달라고 요청하겠습니다. ☐

손님에게 주방에 음식을 빨리 준비해 달라고 요청하겠다고 말할 때 사용하는 표현입니다. ask A to B는 'A에게 B를 요청하다'라는 표현이고 hurry는 '서두르다'라는 의미입니다. 비슷한 표현으로 I'll let the kitchen know to speed up.[아일 렛 더 키친 노우 투 스피드 업] (주방에 빨리 해 달라고 알리겠습니다.)이 있습니다.

A Can you ask the kitchen to hurry?
주방에 서둘러 달라고 말해 줄 수 있나요?

B Yes, I'll ask the kitchen to hurry.
네, 주방에 서둘러 달라고 요청하겠습니다.

Good-bye!

1 We are open from 10 a.m. to 10 p.m..

[위 아 오픈 프롬 텐 에이엠 투 텐 피엠]

저희는 오전 10시부터 오후 10시까지 운영합니다.

손님에게 식당의 운영 시간(operating hours)을 알릴 때 가장 기본적으로 사용하는 표현입니다. 시간 관련해서 한 가지 주의할 점은 우리는 '오전', '오후'를 시간 앞에 쓰지만, 영어는 a.m., p.m.을 시간 뒤에 쓴다는 것입니다. 비슷한 표현으로 Our business hours are from 10 a.m. to 10 p.m..[아워 비즈니스 아워즈 아 프롬 텐 에이엠 투 텐 피엠](저희 영업시간은 오전 10시부터 오후 10시까지입니다.)이 있습니다.

A What time do you open?
몇 시에 여나요?

B We are open from 10 a.m. to 10 p.m..
저희는 오전 10시부터 오후 10시까지 운영합니다.

2 We close at 11 p.m..

[위 클로우즈 앳 일레븐 피엠]

저희는 오후 11시에 문을 닫습니다.

손님에게 식당의 문 닫는 시간을 알릴 때 사용하는 표현입니다. close at은 '특정 시간에 닫다'라는 의미입니다. 비슷한 표현으로 We shut down at 11 p.m..[위 셧 다운 앳 일레븐 피엠](저희는 오후 11시에 닫습니다.)이 있습니다. 또는 언제까지 열려 있다는 긍정적인 표현으로는 We are open until midnight.[위 아 오픈 언틸 미드나잇](저희는 자정까지 영업합니다.)이 있습니다.

A When do you close?
몇 시에 닫나요?

B We close at 11 p.m..
저희는 오후 11시에 문을 닫습니다.

Restaurant

3 Our last order is at 9:30 p.m..

[아워 래스트 오더 이즈 앳 나인 서-티 피엠]

마지막 주문은 오후 9시 30분입니다. ☐

손님에게 | 마지막 주문 시간을 알릴 때 | 사용하는 표현입니다. last order는 '마지막 주문'을 의미합니다. 비슷한 표현으로 We take our last order at 9:30 p.m..[위 테익 아워 래스트 오더 앳 나인 서-티 피엠] (저희는 마지막 주문을 오후 9시 30분에 받습니다.)이 있습니다. 이 문장은 We take라는 표현을 사용함으로써, 고객이 주문을 넣을 수 있는 마지막 시간임을 강조합니다.

A What time is your last order?
마지막 주문은 몇 시인가요?

B Our last order is at 9:30 p.m..
마지막 주문은 오후 9시 30분입니다.

4 We are open every day.

[위 아 오픈 에브리 데이]

저희는 매일 영업합니다. ☐

손님에게 | 식당이 매일 영업한다는 것을 알릴 때 | 사용하는 표현입니다. 쉬는 요일이 있다면 We are closed on Mondays.[위 아 클로우즈드 온 먼데이즈] (저희는 월요일에 쉽니다.)라고 하면 됩니다. 이때 요일 뒤에 s를 붙여야 매주 해당 요일에 쉰다는 의미가 됩니다. 만약에 24시간 영업을 한다면 We are open 24 hours a day.[위 아 오픈 트웬티포 아워즈 어 데이] (우리는 하루 24시간 영업합니다.)라고 말하면 됩니다.

A Are you closed on any days?
쉬는 날이 있나요?

B We are open every day.
저희는 매일 영업합니다.

Good-bye!

1 Should I pack this up for you?

[슈드 아이 팩 디스 업 포 유?]

이거 포장해 드릴까요? ☐

손님에게 음식을 포장해 드릴지 물어볼 때 사용하는 표현입니다. pack ~ up은 '(음식을) 포장하다'라는 의미입니다. 비슷한 표현으로 Do you want me to wrap this up?[두 유 원트 미 투 랩 디스 업?](이거 포장해 드릴까요?)이 있습니다. 두 표현 모두 포장할 때 사용할 수 있지만, pack은 조금 더 철저한 포장을 의미하는 반면, wrap은 상대적으로 간단한 포장을 의미할 수 있습니다.

A Should I pack this up for you?
이거 포장해 드릴까요?

B Yes, that would be great.
네, 그러면 좋겠어요.

2 Do you need a container for this?

[두 유 니드 어 컨테이너 포 디스?]

이거 담아갈 용기가 필요하세요? ☐

손님에게 음식을 담아갈 용기가 필요한지 물어볼 때 사용하는 표현입니다. container는 '용기'를 의미합니다. container 대신 box를 사용해 Do you need a box for this?[두 유 니드 어 박스 포 디스?](이거 담아갈 상자가 필요하세요?)라고 할 수도 있습니다. box는 일반적으로 물건을 손쉽게 운반할 수 있도록 포장하는 데 사용되는 작은 크기의 상자를 의미합니다. container는 더 넓은 의미로 사용되고, box는 그중 특정한 형태의 포장 용기를 지칭한다고 볼 수 있습니다.

A Do you need a container for this?
이거 담아갈 용기가 필요하세요?

B Yes, please.
네, 부탁해요.

Restaurant

³ **Would you like a takeout box?**

[우 쥬 라익 어 테이크아웃 박스?]

테이크아웃 상자가 필요하세요? ☐

손님에게 테이크아웃 상자가 필요한지 물어볼때 사용하는 표현입니다. takeout box는 '음식을 포장하는 상자'를 의미합니다. 영국에서는 takeout 대신 takeaway라는 표현을 잘 쓰니 참고로 알아 두면 좋습니다. 비슷한 표현으로 Do you need a to-go box?[두 유 니드 어 투 고 박스](테이크아웃 상자가 필요하세요?)가 있습니다.

A **Would you like a takeout box?**
테이크아웃 상자가 필요하세요?

B **Yes, please.**
네, 부탁해요.

⁴ **Can I pack the leftovers for you?**

[캔 아이 팩 더 레프트오버즈 포 유?]

남은 음식 포장해 드릴까요? ☐

손님에게 남은 음식을 포장해 드릴지 물어볼 때 사용하는 표현입니다. leftovers는 '남은 음식'을 의미합니다. 비슷한 표현으로 Shall I pack your leftovers?[쉘 아이 팩 유어 레프트오버즈?](남은 음식 포장해 드릴까요?)가 있습니다. Shall I ~?는 좀 더 공손하고 정중한 느낌을 주며, 손님의 의향을 묻는 동시에 서비스를 제안하는 뉘앙스를 전달합니다.

A **Can I pack the leftovers for you?**
남은 음식 포장해 드릴까요?

B **Yes, that would be great.**
네, 그러면 좋겠어요.

Good-bye!

1 May I clear the table?

[메이 아이 클리어 더 테이블?]

테이블을 치워도 될까요?

손님에게 │테이블을 치워도 되는지 물어볼 때│ 사용하는 표현입니다. clear the table은 '테이블을 치우다'라는 의미입니다. 비슷한 표현으로 clear up이 있는데, 이것은 공간 전체를 정리하고 깨끗이 하는 좀 더 광범위한 청소를 의미합니다. 그러므로 이 상황보다는 I'll clear up after they leave.[아일 클리어 업 애프터 데이 리브?] (그들이 떠난 후에 정리할게요.)와 같은 표현에서 사용됩니다.

A **May I clear the table?**
테이블을 치워도 될까요?

B **Yes, please.**
네, 부탁해요.

2 Is it okay if I clear your plates?

[이즈 잇 오케이 이프 아이 클리어 유어 플레잇츠?]

접시를 치워도 괜찮을까요?

손님에게 │접시를 치워도 되는지 물어볼 때│ 사용하는 표현입니다. Is it okay if I ~?는 공손하게 허락을 구할 때 사용하는 표현입니다. plate(접시) 대신 cup(컵), glass(유리잔) 등으로 상황에 따라 바꾸어 써도 됩니다. 비슷한 표현으로 Can I remove your plates?[캔 아이 리무브 유어 플레잇츠?] (접시를 치워도 될까요?)가 있습니다.

A **Is it okay if I clear your plates?**
접시를 치워도 될까요?

B **Sure, go ahead.**
네, 그렇게 해 주세요.

Restaurant

³ Is it all right if I take these?

[이즈 잇 올 롸잇 이프 아이 테익 디-즈?]

이것들을 가져가도 될까요? □

손님에게 테이블 위의 물건을 가져가도 되는지 물 어볼 때 사용됩니다. Is it all right if I ~?는 공손하게 허락을 구할 때 사용하는 표현이고, take these는 '이것들을 가져가다'라는 의미입 니다. 더 편한 비슷한 표현으로 Can I take these items?[캔 아이 테익 디-즈 아이템즈?] (이것들을 가져가도 될까요?)가 있습니다.

A Is it all right if I take these?
이것들을 가져가도 될까요?

B Yes, that's fine.
네, 괜찮아요.

⁴ Shall I take these dishes away?

[쉘 아이 테익 디-즈 디쉬즈 어웨이?]

이 접시들을 치워도 될까요? □

손님에게 접시를 치워도 되는지 물어볼 때 사용 하는 표현입니다. Shall I ~?는 제안하거나 허락 을 구할 때 사용하는 표현이고, take these dishes away는 '접시를 치우다'라는 의미입니다. 비슷한 표현으로 Would you like me to remove these dishes?[우 쥬 라익 미 투 리무브 디-즈 디쉬즈?] (이 접시들을 치워 드릴까요?)가 있습니다. remove는 '제 거하다' 또는 '치우다'라는 뜻입니다.

A Shall I take these dishes away?
이 접시들을 치워도 될까요?

B Yes, that would be great.
네, 그러면 좋겠어요.

Good-bye!

1 You can select your items here.

[유 캔 씰렉트 유어 아이템즈 히어]

여기서 항목을 선택하시면 됩니다. ☐

손님에게 키오스크에서 항목을 선택하는 방법을 안내할 때 사용하는 표현입니다. select one's items는 '항목을 선택하다'라는 의미입니다. 비슷한 표현으로 Choose your items on this screen.[추-즈 유어 아이템즈 온 디스 스크린] (이 화면에서 항목을 고르세요.)이 있습니다. choose는 select와 유사한 의미이지만, 조금 더 캐주얼하고 직관적인 느낌을 줍니다. 반면 select는 조금 더 공식적인 뉘앙스를 갖는 표현입니다.

A **Where can I select my items?**
어디서 항목을 선택하나요?

B **You can select your items here.**
여기서 항목을 선택하시면 됩니다.

2 Press 'confirm' to finalize your order.

[프레스 컨펌 투 파이널라이즈 유어 오더]

주문을 완료하려면 '확인'을 누르세요. ☐

손님에게 주문을 완료하는 방법을 안내할 때 사용하는 표현입니다. press는 '누르다', finalize는 '마무리하다'라는 뜻입니다. 비슷한 표현으로 Tap 'confirm' to complete your order.[탭 컨펌 투 컴플릿 유어 오더] (주문을 완료하려면 '확인'을 터치하세요.)가 있습니다. tap은 손가락으로 가볍게 화면을 터치하는 동작을 나타냅니다.

A **How do I confirm my order?**
주문을 어떻게 확인하죠?

B **Press 'confirm' to finalize your order.**
주문을 완료하려면 '확인'을 누르세요.

Welcome!

Restaurant

³ Insert your card to make the payment.

[인설트 유어 카드 투 메익 더 페이먼트]

결제하려면 카드를 삽입하세요. ☐

손님에게 결제 방법을 안내할 때 사용하는 표현입니다. insert one's card는 '카드를 삽입하다'라는 의미입니다. 비슷한 표현으로 Swipe your card to pay.[스와입 유어 카드 투 페이]](결제하려면 카드를 긁으세요.)가 있습니다. swipe one's card는 마그네틱 스트립이 있는 카드를 단말기에 긁어 결제하는 방법을 의미합니다.

A **How do I pay?**
결제는 어떻게 하나요?

B **Insert your card to make the payment.**
결제하려면 카드를 삽입하세요.

⁴ Press 'cancel' to go back.

[프레스 캔슬 투 고 백]

뒤로 가려면 '취소'를 누르세요. ☐

손님에게 뒤로 가는 방법을 안내할 때 사용하는 표현입니다. press cancel은 '취소를 누르다'라는 의미입니다. 비슷한 표현으로 Tap 'cancel' to return to the previous screen.[탭 캔슬 투 리턴 투 더 프리비어스 스크린](이전 화면으로 돌아가려면 '취소'를 터치하세요.)가 있습니다. tap 'cancel'은 주로 터치 스크린에서 사용되며, 손가락으로 화면을 가볍게 터치하여 취소하고 이전 화면으로 돌아가라는 의미입니다.

A **How do I go back to the previous screen?**
이전 화면으로 어떻게 돌아가죠?

B **Press 'cancel' to go back.**
뒤로 가려면 '취소'를 누르세요.

Good-bye!

1 **Do you have any food allergies?**

[두 유 해브 애니 푸-드 앨러지즈?]

음식 알레르기가 있으신가요?

손님에게 | 음식 알레르기가 있는지 물어볼 때 | 사용하는 표현입니다. food allergy는 '음식 알레르기'를 의미합니다. 주의해야 할 것은 allergy를 [알레르기]로 발음해서는 안되고, [앨러지] 정도로 발음해야 한다는 것입니다. 비슷한 표현으로 Are there any ingredients you are allergic to?[아 데어 에니 인그리디언츠 유 아 얼러직 투?] (알레르기가 있는 재료가 있나요?)가 있습니다. 이 표현은 특정 재료에 대한 알레르기를 보다 구체적으로 물어볼 때 사용됩니다.

A **Do you have any food allergies?**
음식 알레르기가 있으신가요?

B **Yes, I am allergic to peanuts.**
네, 저는 땅콩 알레르기가 있어요.

2 **Are there any dietary restrictions?**

[아 데어 애니 다이어터리 리스트릭션즈?]

식사에 제한 사항이 있으신가요?

손님에게 | 식사에 제한 사항이 있는지 물어볼 때 | 사용하는 표현입니다. dietary restriction은 '식사 제한 사항'을 의미합니다. 비슷한 표현으로 Do you have any dietary needs?[두 유 해브 에니 다이어터리 니즈?] (식사에 필요한 사항이 있으신가요?)가 있습니다. 이 표현은 알레르기나 특정 음식 선호를 포함하여 손님의 다양한 식사 관련 요구 사항을 포괄적으로 물어보는 표현입니다.

A **Are there any dietary restrictions?**
식사에 제한 사항이 있으신가요?

B **Yes, I can't eat gluten.**
네, 저는 글루텐을 먹지 못해요.

Restaurant

³ Would you like a gluten-free option?

[우 쥬 라익 어 글루튼 프리 옵션?]

글루텐 프리 옵션을 원하시나요? ☐

손님에게 　글루텐 프리 옵션을 제공할 때　 사용하는 표현입니다. gluten-free는 '글루텐이 없는'을 의미합니다. 여기서 free는 '자유로운' 이란 뜻이 아니고, '~이 없는'이란 의미고, option은 '선택 가능한 것'을 의미합니다. 비슷한 표현으로 Do you need a gluten-free meal?[두 유 니드 어 글루튼 프리 밀?] (글루텐 프리 식사가 필요하신가요?)이 있습니다. 이 표현은 글루텐 프리 식사가 필요한지 좀 더 직접적으로 묻는 방식입니다.

A Would you like a gluten-free option?
글루텐 프리 옵션을 원하시나요?

B Yes, that would be great.
네, 그러면 좋겠어요.

⁴ Do you need a vegetarian meal?

[두 유 니드 어 베지테리언 밀?]

채식 식사가 필요하신가요? ☐

손님에게 　채식 식사가 필요한지 물어볼 때　 사용하는 표현입니다. vegetarian meal은 '채식 식사'를 의미합니다. vegetarian (채식)보다 더 엄격한 vegan (비건) 옵션이 있다면, We offer vegan options.[위 오퍼 비건 옵션즈] (저희는 비건 옵션을 제공합니다.)라고 말하면 됩니다. vegan은 모든 동물성 제품을 배제한 식단을 의미합니다.

A Do you need a vegetarian meal?
채식 식사가 필요하신가요?

B Yes, I would prefer a vegetarian meal.
네, 저는 채식 식사를 선호해요.

Good-bye!

PART 5

카페에서
손님을 응대할 때 쓰는
네 가지 표현

MP3
다운로드&듣기

¹ Welcome to our café!

[웰컴 투 아워 캐페이!]

저희 카페에 오신 것을 환영합니다! ☐

손님이 카페에 들어왔을 때 사용하는 가장 기본적인 표현입니다. 앞에 Hello를 붙여서 Hello and welcome to our café![헬로우 앤 웰컴 투 아워 캐페이!] (안녕하세요, 저희 카페에 오신 것을 환영합니다!)라고 해도 됩니다. 이렇게 Hello를 추가하면 인사를 더 따뜻하고 개인적인 느낌으로 만들어 줄 수 있습니다.

A **Welcome to our café!**
저희 카페에 오신 것을 환영합니다!

B **Thank you!**
감사합니다!

² How can I help you today?

[하우 캔 아이 헬프 유 투데이?]

오늘 무엇을 도와드릴까요? ☐

손님에게 무엇을 도와줄지 물어볼 때 사용하는 표현입니다. 그냥 Can I help you?[캔 아이 헬프 유?] (도와드릴까요?)라고 해도 되지만, 이렇게 How를 앞에 붙인 표현도 잘 쓰입니다. 비슷한 표현으로 What can I get for you?[왓 캔 아이 겟 포 유?] (무엇을 드릴까요?)가 있습니다. How can I help you today?는 주문을 포함한 손님의 전반적인 요구 사항을 물을 때 사용하기 좋고, What can I get for you?는 음료나 음식을 주문 받을 때 사용하기 좋습니다.

A **How can I help you today?**
오늘 무엇을 도와드릴까요?

B **I'd like a latte, please.**
라떼 하나 주세요.

Cafe

3 **What would you like to order?**

[왓 우 쥬 라익 투 오더?]

무엇을 주문하시겠어요?

손님에게 주문할 음료를 물어볼 때 사용하는 표현입니다. order는 '주문하다'라는 의미입니다. 비슷한 표현으로 May I take your order?[메이 아이 테익 유어 오더?] (주문을 받아도 될까요?)가 있습니다. What would you like to order? 는 다소 직접적이고 친근한 느낌을 주며, May I take your order? 는 정중하고 예의를 갖춘 느낌을 줍니다.

A **What would you like to order?**
무엇을 주문하시겠어요?

B **Can I get a cappuccino?**
카푸치노 하나 주세요.

4 **Good morning! How can I assist you?**

[굿 모닝! 하우 캔 아이 어씨스트 유?]

좋은 아침입니다! 무엇을 도와드릴까요?

손님에게 무엇을 도와줄지 물어볼 때 사용하는 표현입니다. assist는 '돕다'라는 의미입니다. 비슷한 표현으로 Hello! How may I help you?[헬로우! 하우 메이 아이 헬프 유?] (안녕하세요! 무엇을 도와드릴까요?)가 있습니다. 조금 더 일반적이고 일상적인 표현으로, assist보다 다소 친근한 느낌을 줍니다.

A **Good morning! How can I assist you?**
좋은 아침입니다! 무엇을 도와드릴까요?

B **I'm looking for the breakfast menu.**
아침 메뉴를 찾고 있어요.

Good-bye!

1 Our latte is made with fresh milk.
[아워 라테이 이즈 메이드 윗 프레쉬 밀크]

저희 라떼는 신선한 우유로 만들어집니다. ☐

손님에게 <u>라떼의 주 재료를 설명할 때</u> 사용하는 표현입니다. be made with는 '~로 만들어지다'란 뜻입니다. 비슷한 표현으로 Our latte uses fresh milk.[아워 라테이 유지즈 프레쉬 밀크](저희 라떼는 신선한 우유를 사용합니다.)가 있습니다. use는 '사용하다'라는 뜻으로, 특정 재료를 사용하고 있음을 나타냅니다.

A Our latte is made with fresh milk.
저희 라떼는 신선한 우유로 만들어집니다.

B That sounds great. I'll have a latte.
좋네요. 라떼 하나 주세요.

2 The cappuccino has a rich, creamy flavor.
[더 카푸치노 해즈 어 뤼치, 크리-미 플레이버]

카푸치노는 진하고 크리미한 맛이 있습니다. ☐

손님에게 <u>카푸치노의 맛을 설명할 때</u> 사용하는 표현입니다. rich, creamy flavor는 '진하고 크리미한 맛'을 뜻합니다. 이런 식으로 '~한 맛이 있다'라고 이야기 할 때는 have a ~ flavor라고 하면 됩니다. 같은 뜻을 나타내는 표현으로 The cappuccino is rich and creamy.[더 카푸치노 이즈 뤼치 앤 크리-미](카푸치노는 진하고 크리미합니다.)가 있습니다.

A The cappuccino has a rich, creamy flavor.
카푸치노는 진하고 크리미한 맛이 있습니다.

B I'll take a cappuccino, please.
카푸치노 하나 주세요.

Cafe

³ **The green tea latte is smooth and sweet.**

[더 그린 티 라테이 이즈 스무드 앤 스윗]

그린 티 라떼는 부드럽고 달콤합니다. ☐

손님에게 │그린 티 라떼의 맛을 설명할 때│ 사용하는 표현입니다. smooth and sweet는 '부드럽고 달콤한'이라는 뜻입니다. 비슷한 표현으로 The green tea latte has a smooth, sweet taste.[더 그린 티 라테이 해즈 어 스무드, 스윗 테이스트](그린 티 라떼는 부드럽고 달콤한 맛이 있습니다.)가 있습니다. 앞에서는 '맛'을 영어로 flavor라는 단어를 썼지만, 이렇게 taste라는 단어도 쓸 수 있습니다.

A The green tea latte is smooth and sweet.
그린 티 라떼는 부드럽고 달콤합니다.

B I'll try the green tea latte.
그린 티 라떼 하나 주세요.

⁴ **Our iced coffee is refreshing and cool.**

[아워 아이스트 커-피 이즈 리프레싱 앤 쿨]

저희 아이스 커피는 상쾌하고 시원합니다. ☐

손님에게 │아이스 커피의 특징을 설명할 때│ 사용하는 표현입니다. refreshing and cool는 '상쾌하고 시원한'이라는 뜻입니다. 비슷한 표현으로 Our iced coffee is perfect for hot days.[아워 아이스트 커-피 이즈 퍼픽트 포 핫 데이즈](저희 아이스 커피는 더운 날에 완벽합니다.)가 있습니다. '아이스 커피'는 영어로 ice coffee가 아니라, d를 붙여서 iced coffee라고 하는 점에 주의하세요.

A Our iced coffee is refreshing and cool.
저희 아이스 커피는 상쾌하고 시원합니다.

B Great.
One iced coffee, please.
좋아요.
아이스 커피 하나 주세요.

Good-bye!

1 What size would you like?

[왓 싸이즈 우 쥬 라익?]

어떤 사이즈로 하시겠어요? ☐

손님에게 원하는 음료의 크기를 물어볼 때 사용하는 표현입니다. 이 표현은 손님에게 여러 옵션을 제공할 때 매우 일반적으로 사용됩니다. 비슷한 표현으로 Which size do you prefer?[위치 싸이즈 두 유 프리퍼?] (어떤 사이즈를 선호하시나요?)가 있습니다. Which size do you prefer?는 선택의 폭을 제공하면서도, 손님의 개인적인 취향이나 기호에 더 중점을 두는 표현입니다.

A What size would you like?
어떤 사이즈로 하시겠어요?

B A large, please.
큰 사이즈로 주세요.

2 Would you like a small, medium, or large?

[우 쥬 라익 어 스몰, 미디엄, 오어 라-지?]

작은 사이즈, 중간 사이즈, 큰 사이즈 중
어떤 걸로 하시겠어요? ☐

손님에게 원하는 음료의 크기를 선택하도록 할 때 사용하는 표현입니다. small은 '작은', medium은 '중간', large는 '큰'이라는 의미입니다. 다양한 선택지를 제시함으로써 손님이 편리하게 자신에게 가장 적합한 음료 크기를 선택할 수 있도록 배려하는 것이 이 표현의 핵심입니다.

A Would you like a small, medium, or large?
작은 사이즈, 중간 사이즈, 큰 사이즈 중 어떤 걸로 하시겠어요?

B I'll have a medium, please.
중간 사이즈로 주세요.

Welcome!

S M L XL

Cafe

³ Do you have a preferred size in mind?

[두 유 해브 어 프리퍼드 싸이즈 인 마인드?]

선호하시는 음료 사이즈가 있으신가요?

손님에게 생각하고 있는 음료의 크기가 있는지 물어볼 때 사용하는 표현입니다. 앞서 배운 What size would you like?는 손님에게 어떤 크기를 원하시는지 묻는 일반적인 질문입니다. 반면에, Do you have a preferred size in mind?는 손님이 미리 생각해 둔, 특정한 크기가 있는지를 확인하는, 더 개인적이고 맞춤형 질문입니다.

A **Do you have a preferred size in mind?**
선호하시는 음료 사이즈가 있으신가요?

B **A large, please.**
큰 사이즈로 주세요.

⁴ Do you want a regular or large?

[두 유 원트 어 레귤러 오어 라-지?]

보통 사이즈나 큰 사이즈 중 어떤 걸로 하시겠어요?

손님에게 보통 사이즈나 큰 사이즈 중 선택하도록 할 때 사용하는 표현입니다. 비슷한 표현으로 Regular or large?[레귤러 오어 라-지?] (보통 사이즈나 큰 사이즈 중 어떤 걸로 하시겠어요?)가 있습니다. 이 표현은 간결하게 질문함으로써 빠르고 직관적으로 선택을 유도합니다.

A **Do you want a regular or large?**
보통 사이즈나 큰 사이즈 중 어떤 걸로 하시겠어요?

B **Regular, please.**
보통 사이즈로 주세요.

Good-bye!

1 Would you like that hot or iced?

[우 쥬 라익 댓 핫 오어 아이스트?]

뜨겁게 드릴까요, 얼음 들어간 걸로 드릴까요?

손님에게 음료를 뜨겁게 만들지 얼음을 넣을지 물어볼 때 사용하는 표현입니다. iced는 '얼음이 들어간' 또는 '차가운'이라는 의미를 갖고 있습니다. 비슷한 표현으로 Do you prefer it hot or cold?[두 유 프리퍼 잇 핫 오어 코울드?](뜨겁게 드실래요, 차갑게 드실래요?) 가 있습니다. Would you like that hot or iced?가 조금 더 구체적으로 음료의 상태를 설명하며, 특히 얼음이 들어간 음료를 지칭할 때 사용됩니다.

A Would you like that hot or iced?
뜨겁게 드릴까요, 얼음 들어간 걸로 드릴까요?

B I'd like it iced, please.
차갑게 주세요.

2 Hot or iced, please?

[핫 오어 아이스트, 플리즈?]

뜨겁게 드릴까요, 차갑게 드릴까요?

손님에게 음료를 뜨거운 걸로 할지, 얼음 들어간 걸로 할지 간단히 핵심만 물어볼 때 사용하는 표현입니다. 이 표현은 매우 간결하게 손님의 선택을 유도하며, 불필요한 설명 없이 직접적으로 질문을 던지는 데 쓰입니다. 비슷한 표현으로 Hot or cold?[핫 오어 코울드?](뜨겁게 드실래요, 차갑게 드실래요?)가 있습니다.

A Hot or iced, please?
뜨겁게 드릴까요, 차갑게 드릴까요?

B Hot, please.
뜨겁게 주세요.

Welcome!

Cafe

3 Would you like your drink warm or cold?

[우 쥬 라익 유어 드링크 웜 오어 코울드?]

손님 음료를 따뜻하게 드릴까요, 차갑게 드릴까요? ☐

손님에게 음료를 따뜻하게 할지 차갑게 할지 물어 볼 때 사용하는 표현입니다. 비슷한 표현으로 역시 간단하게 핵심만 Warm or cold?[웜 오어 코울드?] (따뜻하게 드실래요, 차갑게 드실래요?)라고 말해도 됩니다. 간결하고 직접적인 표현으로, 현장에서 빠르고 효율적인 대화를 원할 때 사용하기 좋습니다.

A Would you like your drink warm or cold?
손님 음료를 따뜻하게 드릴까요, 차갑게 드릴까요?

B Warm, please.
따뜻하게 주세요.

4 Warm or cold for your drink?

[웜 오어 코울드 포 유어 드링크?]

음료를 따뜻하게 드릴까요, 차갑게 드릴까요? ☐

손님에게 음료를 따뜻하게 할지, 차갑게 할지를 간결하게 물어볼 때 사용하는 표현입니다. 이 표현은 질문을 짧고 직관적으로 하여, 손님이 빠르게 선택할 수 있도록 돕습니다. for your drink 라는 표현을 통해 손님이 자신의 주문에 대한 선택임을 더욱 명확히 이해할 수 있게 하여, 보다 개인화된 서비스를 제공하는 느낌을 줍니다.

A Warm or cold for your drink?
음료를 따뜻하게 드릴까요, 차갑게 드릴까요?

B I'll have it cold, please.
차갑게 부탁드려요.

Good-bye!

1 Would you like whipped cream on top?

[우 쥬 라익 윕트 크림 온 탑?]

휘핑크림을 위에 올려 드릴까요?

손님에게 음료에 휘핑크림을 추가할지 물어볼 때 사용하는 표현입니다. 우리말 외래어로는 '휘핑크림'이라고 하지만, 영어로는 whipped cream 이라고 합니다. on top은 '위에 올린다'는 뜻입니다. 더 편한 비슷한 표현으로 Do you want whipped cream?[두 유 원트 윕트 크림?](휘핑크림 원하시나요?)이 있습니다. 이 표현은 휘핑크림 추가 여부에만 집중한 질문으로, 빠르고 간결하게 손님의 선택을 유도합니다.

A Would you like whipped cream on top?
휘핑크림을 위에 올려 드릴까요?

B Yes, please.
네, 부탁해요.

2 Would you like some chocolate syrup?

[우 쥬 라익 썸 촤클럿 씨럽?]

초콜릿 시럽을 넣어드릴까요?

손님에게 음료에 초콜릿 시럽을 추가할지 물어볼 때 사용하는 표현입니다. 더 편한 비슷한 표현으로 Do you want chocolate syrup?[두 유 원트 촤클럿 씨럽?](초콜릿 시럽 원하시나요?)이 있습니다. '위에 흩뿌리는 것'은 drizzle입니다. 카라멜 시럽을 흩뿌리는 것은 caramel drizzle (카라멜 드리즐)이라고 하니 상황에 맞게 사용하세요.

A Would you like some chocolate syrup?
초콜릿 시럽을 넣어 드릴까요?

B Yes, that would be great.
네, 좋겠어요.

Cafe

3 Would you like cinnamon on top?

[우 쥬 라익 씨너먼 온 탑?]

시나몬을 위에 올려 드릴까요?

손님에게 음료에 시나몬을 추가할지 물어볼 때 사용하는 표현입니다. cinnamon은 음료나 디저트에 풍미를 더할 때 자주 사용됩니다. 더 편한 비슷한 표현으로 Do you want cinnamon on top?[두 유 원트 씨너먼 온 탑?](시나몬을 위에 올리시길 원하시나요?)이 있습니다. 이 표현은 조금 더 캐주얼하고 직접적인 느낌을 줍니다.

A Would you like cinnamon on top?
시나몬을 위에 올려 드릴까요?

B Yes, please.
네, 부탁해요.

4 Do you want to add some vanilla syrup?

[두 유 원 투 애드 썸 버닐러 씨럽?]

바닐라 시럽을 추가할까요?

손님에게 음료에 바닐라 시럽을 추가할지 물어볼 때 사용하는 표현입니다. add는 '더하다' 라는 뜻입니다. vanilla를 발음할 때 주의할 것은 '버'에 강세를 주는 것이 아니라, '닐'에 강세를 주어야 한다는 것입니다. 영어에서는 강세를 안 지키면 못 알아듣는 경우가 많습니다. 비슷한 표현으로 Would you like vanilla syrup?[우 쥬 라익 버닐러 씨럽?](바닐라 시럽 원하시나요?)이 있습니다.

A Do you want to add some vanilla syrup?
바닐라 시럽을 추가할까요?

B No, thank you.
아니요, 괜찮아요.

Good-bye!

1 Would you like to have it here or take it to go?

[우 쥬 라익 투 해브 잇 히얼 오어 테익 잇 투 고?]

여기서 드실 건가요, 포장해 드릴까요?

손님에게 음료를 매장에서 마실지 포장해서 가져 갈 지 공손하게 물어볼 때 사용하는 표현입니다. have it here는 '매장에서 마시는 것'을 의미하고, take it to go는 '포장해서 가져가는 것'을 의미 합니다. 이렇게 먹고 마시는 것을 eat, drink로 직접 표현하지 않고 have를 쓰기도 합니다.

A Would you like to have it here or take it to go?
여기서 드시겠어요, 아니면 포장해 드릴까요?

B I'll take it to go, please.
포장해 주세요.

2 For here or to go?

[포 히얼 오어 투 고?]

여기서 드실 건가요, 포장해 드릴까요?

손님에게 음료를 매장에서 마실지 포장할지 간단히 물어볼 때 사용하는 표현입니다. for here는 '매 장에서 마시는 것'을 의미하고, to go는 '포장하 는 것'을 의미합니다. 이 표현은 질문을 간단하 고 직관적으로 만들어 손님이 빠르게 선택할 수 있도록 도와줍니다.

A For here or to go?
여기서 드실 건가요, 포장해 드릴까요?

B To go, please.
포장해 주세요.

Cafe

³ Is this order for here or to go?
[이즈 디스 오더 포 히얼 오어 투 고?]

이 주문은 여기서 드실 건가요, 포장해 드릴까요? ☐

For here or to go?가 너무 간단한 표현이어서 좀 더 완전한 문장으로 말을 하고 싶을 때 좋은 표현입니다. this order(이 주문)는 그냥 this(이것)라고만 해도 됩니다. 예를 들어 Is this for here or to go?[이즈 디스 포 히얼 오어 투 고?](이것은 여기서 드실 건가요, 포장해 드릴까요?)라고 물어볼 수 있습니다.

A **Is this order for here or to go?**
이 주문은 여기서 드실 건가요, 포장해 드릴까요?

B **For here, please.**
여기서 마실게요.

⁴ Drink here or take out?
[드링크 히얼 오어 테이크 아웃?]

여기서 마실 건가요, 포장해 드릴까요? ☐

손님에게 음료를 매장에서 마실지 포장할지 물어볼 때 사용하는 또 다른 간단한 표현입니다. drink here는 '매장에서 마시는 것'을 의미하고, take out은 '포장하는 것'을 의미합니다. 미국이나 캐나다에서는 to go라는 표현을 가장 많이 쓰고, take out이란 표현도 씁니다. 하지만 영국이나 호주에서는 take away라는 표현을 주로 씁니다. 영어권 국가들 사이에서도 지역에 따라 이런 차이가 존재합니다.

A **Drink here or take out?**
여기서 마실 건가요, 포장해 드릴까요?

B **Drink here, please.**
여기서 마실게요.

Good-bye!

1 Mug or paper cup?

[머그 오어 페이퍼 컵?]

머그잔에 드릴까요, 종이컵에 드릴까요? ☐

손님에게 음료를 머그잔에 줄지 종이컵에 줄지 물어볼 때 사용하는 표현입니다. paper cup은 '종이컵'을 의미합니다. 이 표현은 용기를 손님의 편의나 환경적인 선호에 따라 선택할 수 있도록 돕는 질문입니다. 머그컵이 아니라 유리잔일 경우, Glass or paper cup?[글래스 오어 페이퍼 컵?] (유리잔에 드릴까요, 종이컵에 드릴까요?)이라고 하면 됩니다.

A Mug or paper cup?
머그잔에 드릴까요, 종이컵에 드릴까요?

B Paper cup, please.
종이컵에 주세요.

2 Would you prefer a mug or a disposable cup?

[우 쥬 프리퍼 어 머그 오어 어 디스포우저블 컵?]

머그잔을 원하시나요, 일회용 컵을 원하시나요? ☐

손님에게 음료를 머그잔에 줄지 일회용 컵에 줄지 물어볼 때 사용하는 표현입니다. disposable cup은 한 번 사용 후 버리는 '일회용 컵'을 의미합니다. A or B는 두 가지 선택지 중 하나를 묻는 방식입니다. 이 구조는 고객 서비스에서 자주 사용되며, 손님이 명확하게 선택할 수 있도록 도와줍니다.

A Would you prefer a mug or a disposable cup?
머그잔을 원하시나요, 일회용 컵을 원하시나요?

B Disposable cup, please.
일회용 컵에 주세요.

Welcome!

Cafe

³ Do you want a mug or a to-go cup?

[두 유 원트 어 머그 오어 어 투 고 컵?]

머그잔에 드릴까요, 일회용 컵에 드릴까요? ☐

손님에게 │음료를 머그잔에 줄지 포장용 컵에 줄지│ 물어볼 때 사용하는 표현입니다. '머그컵'의 경우 굳이 mug에 cup까지 붙이지 말고 그냥 mug 라고만 하면 됩니다. to-go cup은 '포장용 일회용 컵'을 의미하며, take-out cup이라고 해도 됩니다. 좀 더 정중히 묻고 싶다면 Would you like that in a mug or a to-go cup?[우 쥬 라익 댓 인 어 머그 오어 어 투 고 컵?](머그잔에 드릴까요, 일회용 컵에 드릴까요?)이라고 질문하면 됩니다.

A Do you want a mug or a to-go cup?
머그잔에 드릴까요, 일회용 컵에 드릴까요?

B To-go cup, please.
일회용 컵에 주세요.

⁴ Disposable cups are not available for in-store use.

[디스포우저블 컵스 아 낫 어베일러블 포 인스토어 유스]

매장 내에서는 일회용 컵을 사용할 수 없습니다. ☐

손님에게 │매장 내 일회용 컵 사용이 제한되고 있음│ 을 알릴 때 사용하는 표현입니다. 다른 나라에서는 이러한 규정이 없는 경우가 많아, 고객에게 명확하게 규정을 알릴 필요가 있습니다. 인쇄해서 안내 문구로 게시해 놓기 좋은 어조의 표현이므로, 필요에 따라 프린트해서 사용해도 됩니다.

A Disposable cups are not available for in-store use.
매장 내에서는 일회용 컵을 사용할 수 없습니다.

B Oh, okay. I got it.
아, 그렇군요. 알겠습니다.

Good-bye!

1 I recommend our caramel macchiato.

[아이 레커멘드 아워 캐러멜 마키아-토]

저희 캐러멜 마키아토를 추천합니다. □

손님에게 특정 음료를 추천할 때 사용하는 표현입니다. recommend는 '추천하다'라는 의미입니다. 비슷한 표현으로 You should try our caramel macchiato.[유 슈드 트라이 아워 캐러멜 마키아-토] (저희 캐러멜 마키아토를 드셔 보세요.)가 있습니다. You should try our caramel macchiato.는 보다 친근하고 캐주얼한 톤으로, 손님이 새로운 것을 시도해 보도록 권유하는 느낌을 줍니다.

A **I recommend our caramel macchiato.**
저희 캐러멜 마키아토를 추천합니다.

B **That sounds good. I'll have one.**
좋네요. 하나 주세요.

2 Our iced latte is very popular.

[아워 아이스트 라테이 이즈 베리 파퓰러]

저희 아이스 라떼가 매우 인기 있습니다. □

손님에게 인기 있는 음료를 추천할 때 사용하는 표현입니다. popular는 '인기 있는'이란 의미입니다. be very popular (매우 인기있다.)를 be a very popular choice (매우 인기있는 선택이다.)로 바꿔 써도 좋습니다. 비슷한 표현으로 Many people like our iced latte.[매니 피플 라익 아워 아이스트 라테이] (많은 사람들이 저희 아이스 라떼를 좋아합니다.)가 있습니다. 이 표현은 손님이 많은 사람들이 좋아하는 음료를 선택하도록 유도하는 조금 더 부드럽고 친근한 표현입니다.

A **Our iced latte is very popular.**
저희 아이스 라떼가 매우 인기 있습니다.

B **Okay, I'll try that.**
좋아요, 그걸로 할게요.

Cafe

3 Our hot chocolate is perfect for a cold day.

[아워 핫 촤클릿 이즈 퍼펙트 포어 어 코울드 데이]

저희 핫 초콜릿은 추운 날에 완벽합니다. ☐

손님에게 │특정 상황에 맞는 음료를 추천할 때│ 사용하는 표현입니다. 비슷한 표현으로 There's nothing better than a hot chocolate on a cold day.[데얼즈 낫띵 베러 댄 어 핫 촤클릿 온 어 코울드 데이](추운 날에는 핫 초콜릿만한 게 없죠.)가 있습니다. 이 표현 또한 핫 초콜릿이 추운 날씨에 가장 잘 어울리는 음료라는 느낌을 강조하며, 손님이 자연스럽게 선택하도록 유도합니다.

A Our hot chocolate is perfect for a cold day.
저희 핫 초콜릿은 추운 날에 완벽합니다.

B Okay, I'll have a hot chocolate.
좋아요, 핫 초콜릿 하나 주세요.

4 Our frappuccino is a great choice on a hot day.

[아워 프라푸치노 이즈 어 그레이트 초이스 온 어 핫 데이]

저희 프라푸치노는 더운 날에 훌륭한 선택입니다. ☐

손님에게 │더운 날에 어울리는 음료를 추천할 때│ 사용하는 표현입니다. great choice는 '훌륭한 선택'이라는 의미입니다. 비슷한 표현으로는 You might enjoy our frappuccino on a hot day.[유 마잇 인조이 아워 프라푸치-노 온 어 핫 데이](더운 날에는 저희 프라푸치노를 즐기실 수도 있습니다.)가 있습니다. choice는 음료가 좋은 선택임을 강조하며, might는 조심스럽게 추천하는 느낌으로 강압적인 느낌을 주지 않아 좋습니다.

A Our frappuccino is a great choice on a hot day.
저희 프라푸치노는 더운 날에 훌륭한 선택입니다.

B I'll take a frappuccino, then.
그럼 프라푸치노 하나 주세요.

Good-bye!

¹ Please pick up your drink at the counter.

[플리즈 픽 업 유어 드링크 앳 더 카운터]

음료는 카운터에서 가져가세요. ☐

손님에게 음료를 어디서 가져가야 하는지 안내할 때 사용하는 표현입니다. 비슷한 표현
으로 Your drink will be ready at the counter.[유어 드링크 윌 비 레디 앳 더 카운터]
(음료는 카운터에서 준비될 것입니다.)가 있습니다. Please pick up your drink at the counter.는
손님이 음료를 가져가야 할 위치를 명확하게 알 수 있게 합니다. 반면에, Your drink
will be ready at the counter.는 음료가 카운터에서 준비될 것임을 알려 주어 손님이
음료가 준비되기까지 기다릴 수 있도록 안내하는 역할을 합니다.

A   Please pick up your drink at the counter. 음료는 카운터에서 가져가세요.

B   Great. Thank you. 좋아요. 감사합니다.

² We will call your name when your drink is ready.

[위 윌 콜 유어 네임 웬 유어 드링크 이즈 레디]

음료가 준비되면 이름을 부를게요. ☐

손님에게 음료가 준비되면 이름을 부를 것을 안내할 때 사용하는 표현입니다. 비슷한
표현으로 Please come to the counter when your name is called.[플리즈 컴 투 더 카
운터 웬 유어 네임 이즈 콜드] (이름이 불리면 카운터로 오세요.)가 있습니다. We will call your
name when your drink is ready.는 대기 중에 편안히 기다릴 수 있도록 돕습니다. 반
면에, Please come to the counter when your name is called.는 이름이 불릴 때 음료를
받으러 어디로 가야 하는지를 명확히 알려 줍니다.

A   We will call your name when your drink is ready.
음료가 준비되면 이름을 부를게요.

B   Great, I'll wait. 좋아요. 기다릴게요.

Cafe

3 Wait here until your number appears on the screen.

[웨잇 히어 언틸 유어 넘버 어피어즈 온 더 스크린]

번호가 화면에 뜰 때까지 여기서 기다리세요. □

손님에게 음료가 준비되면 번호가 화면에 뜰 것임 을 안내할 때 사용하는 표현입니다. 비슷한 표현으로 Stay here until you see your number on the screen.[스테이 히어 언틸 유 씨 유어 넘버 온 더 스크린](번호가 화면에 뜰 때까지 여기서 기다리세요.)이 있습니다. 두 표현 모두 손님에게 번호 시스템을 안내하는 데 유용합니다.

A Wait here until your number appears on the screen.
번호가 화면에 뜰 때까지 여기서 기다리세요.

B Okay, I'll wait here.
네, 여기서 기다릴게요.

4 Please return your mug to the counter.

[플리즈 리턴 유어 머그 투 더 카운터]

머그잔은 카운터에 반납해 주세요. □

손님에게 머그잔을 사용 후 반납할 장소를 안내할 때 사용하는 표현입니다. return one's mug는 '머그잔을 반납하다'란 의미입니다. 비슷한 표현으로 Bring your mug back to the counter.[브링 유어 머그 백 투 더 카운터](머그잔을 카운터로 가져와 주세요.)가 있습니다. 이 표현은 좀 더 캐주얼하게 반납을 요청하는 방법입니다.

A Please return your mug to the counter.
머그잔은 카운터에 반납해 주세요.

B Sure, I'll bring it back.
네, 가져다 놓을게요.

Good-bye!

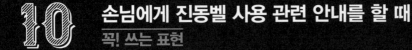
1 Please take this pager.

[플리즈 테익 디스 페이저]

이 진동벨을 가져가세요.

손님에게 진동벨을 받아가도록 안내할 때 사용하는 표현입니다. take는 '가져가다'라는 의미이며, pager는 '진동벨'을 의미합니다. 비슷한 표현으로 Here is your pager.[히얼 이즈 유어 페이저](여기 진동벨 있습니다.)가 있습니다. 두 표현 모두 손님에게 진동벨을 건네줄 때 사용하는 간결한 표현입니다. 참고로 '진동벨'을 뜻하는 또 다른 단어로 buzzer가 있습니다.

A Please take this pager.
이 진동벨을 가져가세요.

B Thank you.
감사합니다.

2 Your pager will buzz when your order is ready.

[유어 페이저 윌 버즈 웬 유어 오더 이즈 레디]

주문이 준비되면 진동벨이 울릴 거예요.

손님에게 주문이 준비되면 진동벨이 울릴 것을 안내할 때 사용하는 표현입니다. buzz는 '울리다'라는 의미이며, order는 '주문'을 의미합니다. 비슷한 표현으로 The pager will vibrate when your drink is ready.[더 페이저 윌 바이브레이트 웬 유어 드링크 이즈 레디](음료가 준비되면 진동벨이 울릴 거예요.)가 있습니다. vibrate는 '진동하다'란 뜻입니다.

A Your pager will buzz when your order is ready.
주문이 준비되면 진동벨이 울릴 거예요.

B Okay, I'll wait for it.
네, 기다릴게요.

Cafe

3 Come back to the counter when the pager buzzes.

[컴 백 투 더 카운터 웬 더 페이저 버지즈]

진동벨이 울리면 카운터로 돌아오세요. ☐

손님에게 │진동벨이 울리면 카운터로 돌아와야 한다는 것을 안내할 때│ 사용하는 표현입니다. come back은 '돌아오다'라는 의미이며, counter는 '카운터'를 의미합니다. 비슷한 표현으로 Return to the counter when the pager goes off.[리턴 투 더 카운터 웬 더 페이저 고즈 오프](진동벨이 울리면 카운터로 돌아오세요.)가 있습니다. go off는 진동벨이 진동할 때뿐만 아니라, 다른 형태의 알림이 작동하는 모습도 표현할 수 있습니다.

A **Come back to the counter when the pager buzzes.**
진동벨이 울리면 카운터로 돌아오세요.

B **Got it. Thanks.** 알겠어요. 감사합니다.

4 Keep this pager with you; it will let you know when your drink is ready.

[킵 디스 페이저 윗 유 잇 윌 렛 유 노우 웬 유어 드링크 이즈 레디]

이 진동벨을 가지고 계세요.
음료가 준비되면 알려 드릴 거예요. ☐

손님에게 │진동벨 소지를 안내하면서, 음료가 준비│ │되면 알림을 줄 것임을 설명할 때│ 사용하는 표현입니다. keep은 '계속 가지고 있다'는 의미로, 손님에게 음료가 준비될 때까지 진동벨을 잘 소지하라는 뜻을 전달합니다. with you (당신과 함께)는 소지의 의미를 강조합니다. let you know는 '당신에게 알려 주다'라는 의미입니다.

A **Keep this pager with you; it will let you know when your drink is ready.**
이 진동벨을 가지고 계세요. 음료가 준비되면 알려 드릴 거예요.

B **Thank you! I'll keep it with me.**
감사합니다! 잘 가지고 있을게요.

Good-bye!

1 **Your drink is ready.**

[유어 드링크 이즈 레디]

음료가 준비되었습니다. ☐

손님에게 음료가 준비되었음을 간단히 알릴 때 사용하는 표현입니다. 만약 음료를 손님이 직접 수령해야 한다는 점을 강조하고 싶다면, Your drink is ready for pickup.[유어 드링크 이즈 레디 포 픽업]이라고 표현할 수 있습니다. for pickup은 '수령을 위해'라는 의미로, 손님이 음료를 가져갈 준비가 되었음을 명확히 전달합니다.

A **Your drink is ready.**
음료가 준비되었습니다.

B **Thank you!**
감사합니다!

2 **You can pick up your drink at the counter.**

[유 캔 픽 업 유어 드링크 앳 더 카운터]

카운터에서 음료를 가져가세요. ☐

손님에게 음료를 어디서 가져가야 하는지 알릴 때 사용하는 표현입니다. pick up은 다양한 상황에서 '수령하다', '받다'의 의미로 사용되는데, 주로 주문 후 상품이나 음식을 받을 때 사용됩니다. 비슷한 표현으로 Your drink is ready at the counter.[유어 드링크 이즈 레디 앳 더 카운터] (음료가 카운터에 준비되어 있습니다.)가 있습니다.

A **You can pick up your drink at the counter.**
카운터에서 음료를 가져가세요.

B **Got it, thanks!**
알겠어요, 감사합니다!

Cafe

3 Please come to the counter to get your drink.

[플리즈 컴 투 더 카운터 투 겟 유어 드링크]

카운터로 와서 음료를 가져가세요. ☐

손님에게 음료를 가지러 카운터로 오라고 할 때 사용하는 표현입니다. 비슷한 표현으로 Collect your drink at the counter.[컬렉트 유어 드링크 앳 더 카운터](카운터에서 음료를 수령하세요.)가 있습니다. 두 표현 모두 손님이 음료를 직접 받아야 한다는 것을 강조하며 어디에서 받아야 하는지를 명확히 안내하는 표현입니다.

A Please come to the counter to get your drink.
카운터로 와서 음료를 가져가세요.

B Sure, I'll be right there.
네, 금방 갈게요.

4 Your beverage is waiting for you at the counter.

[유어 베버리지 이즈 웨이팅 포 유 앳 더 카운터]

음료가 카운터에 준비되어 있습니다. ☐

손님에게 음료가 준비되어 수령을 기다리고 있음을 부드럽게 알릴 때 사용하는 표현입니다. waiting for you는 음료가 손님을 위해 준비되어 있고, 손님이 오기를 기다리고 있다는 친절한 느낌을 전달합니다. drink가 '마실 것' 정도의 간단하고 친숙한 표현이라면, beverage는 '음료' 정도의 좀 더 격식 있는 느낌을 줍니다.

A Your beverage is waiting for you at the counter.
음료가 카운터에 준비되어 있습니다.

B Thank you! I'll go pick it up now.
감사합니다! 지금 바로 가지러 갈게요.

Good-bye!

¹ Would you like a refill?

[우 쥬 라익 어 리필?]

리필하시겠어요?

손님에게 음료를 리필할지 물어볼 때 사용하는 표현입니다. 여기서는 refill이 '다시 채움'이란 뜻의 명사로 쓰였습니다. 비슷한 표현으로는 Do you want a refill?[두 유 원트 어 리필?](리필 원하시나요?)이 있는데, 더 캐주얼하고 단도직입적으로 리필 여부를 확인할 때 사용하는 표현입니다. 더 명확하게 하기 위해 refill 앞에 free(무료의)를 넣어서, free refill이라고 해도 됩니다.

A Would you like a refill?
리필하시겠어요?

B Yes, please.
네, 부탁해요.

² Refills are free.

[리필즈 아 프리]

리필은 무료입니다.

손님에게 리필이 무료임을 안내할 때 사용하는 표현입니다. 비슷한 표현으로 같은 상황에서 Feel free to ask for a refill.[필 프리 투 애스크 포 어 리필](리필이 필요하시면 편하게 말씀하세요.)이라는 표현을 쓰는 것도 좋습니다. 리필이 무료임을 알려 주면서도, 리필을 요청하는 데 있어 편안함을 느낄 수 있도록 배려한 표현입니다.

A Refills are free.
리필은 무료입니다.

B That's great!
좋네요!

Cafe

3 You can get one refill.
[유 캔 겟 원 리필]

리필 한 번 가능합니다. ☐

손님에게 │리필이 한 번 가능함을 안내할 때│ 사용하는 표현입니다. one refill은 '한 번의 리필'을 의미합니다. 비슷한 표현으로 You can refill your drink once.[유 캔 리필 유어 드링크 원스] (음료는 한 번 리필 가능합니다.)도 있습니다. 이 표현은 once라는 단어를 사용하여 음료를 한 번만 다시 채울 수 있다는 것을 강조하여 리필 횟수를 명확히 제한합니다.

A **You can get one refill.**
리필 한 번 가능합니다.

B **Good to know, thanks!**
알려 줘서 고마워요!

4 Refills are for the same drink only.
[리필즈 아 포 더 쎄임 드링크 온리]

리필은 동일한 음료로만 가능합니다. ☐

손님에게 │리필은 동일한 음료에 한해서만 가능하다는 것을 안내할 때│ 사용하는 표현입니다. 비슷한 표현으로 You can only refill the same drink. [유 캔 온리 리필 더 쎄임 드링크](같은 음료로만 리필할 수 있습니다.)가 있습니다. 두 표현 모두 리필이 오직 같은 음료로만 가능하다는 점을 강조하며, 다른 음료로 변경이 불가능함을 명확히 전달합니다.

A **Refills are for the same drink only.**
리필은 동일한 음료로만 가능합니다.

B **Oh, got it. I'll stick with the same drink, then.**
아, 알겠습니다. 그럼 같은 음료로 할게요.

Good-bye!

1 Our Wi-Fi is free for customers.

[아워 와이파이 이즈 프리 포 커스터머즈]

저희 와이파이는 고객님들께 무료입니다. □

손님에게 │와이파이가 무료임을 안내할 때│ 사용하는 표현입니다. 비슷한 표현으로 We offer free Wi-Fi to all our customers.[위 오퍼 프리 와이파이 투 올 아워 커스터머즈](저희는 모든 고객님들께 무료 와이파이를 제공합니다.)가 있습니다. 이 표현은 offer라는 단어를 사용하여, 고객에게 제공하는 서비스라는 점을 강조합니다.

A **Our Wi-Fi is free for customers.**
저희 와이파이는 고객님들께 무료입니다.

B **Awesome, thank you!**
좋아요, 감사합니다!

2 The Wi-Fi password is '12345'.

[더 와이파이 패스워드 이즈 원 투 쓰리 포 파이브]

와이파이 비밀번호는 '12345'입니다. □

손님에게 │와이파이 비밀번호를 직접 안내할 때│ 사용하는 표현입니다. 이 표현은 매우 직설적이고 간결하게 정보를 전달하는 방식입니다. 비슷한 표현으로 You can connect to the Wi-Fi using the password '12345'.[유 캔 커넥트 투 더 와이파이 유징 더 패스워드 원 투 쓰리 포 파이브](비밀번호 '12345'로 와이파이에 연결하실 수 있습니다.)가 있습니다.

A **The Wi-Fi password is '12345'.**
와이파이 비밀번호는 '12345'입니다.

B **Thanks for the info!**
정보 고마워요!

Welcome!

Cafe

3 The Wi-Fi password is on your receipt.

[더 와이파이 패스워드 이즈 온 유어 리씨-트]

와이파이 비밀번호는 영수증에 있습니다. ☐

손님에게 │ 와이파이 비밀번호가 영수증에 적혀 있음을 안내할 때 │ 사용하는 표현입니다.
receipt (p는 묵음으로 소리가 나지 않으니 주의)는 '영수증'을 의미합니다. on은 어떤 것이 (물리적
으로나 추상적으로) 다른 것 위에 위치해 있음을 나타냅니다. 이 문장에서 on your receipt
는 와이파이 비밀번호가 '영수증의 표면에 적혀 있음'을 의미합니다. 비슷한 표현으로
You can find the Wi-Fi password on your receipt.[유 캔 파인드 더 와이파이 패스워
드 온 유어 리씨-트] (와이파이 비밀번호는 영수증에서 찾으실 수 있습니다.)가 있습니다.

A The Wi-Fi password is on your receipt. 와이파이 비밀번호는 영수증에 있습니다.

B Great, thanks! 좋아요, 감사합니다!

4 The Wi-Fi signal is strong here.

[더 와이파이 시그널 이즈 스트롱 히어]

여기 와이파이 신호가 강합니다. ☐

손님에게 │ 특정 위치에서 와이파이 신호가 강함을 │
│ 안내할 때 │ 사용하는 표현입니다. 비슷한 표현
으로 The Wi-Fi connection is good here.[더
와이파이 커넥션 이즈 굿 히어] (여기 와이파이 연결
이 좋습니다.)가 있습니다. strong과 good은 모두
긍정적인 와이파이 상태를 나타내지만, strong
은 신호의 강도를, good은 전반적인 연결 상태
를 강조하는 표현입니다.

A The Wi-Fi signal is strong here.
여기 와이파이 신호가 강합니다.

B Perfect, thanks!
완벽해요, 감사합니다!

Good-bye!

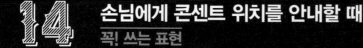
1 The power outlet is over there.

[더 파워 아웃렛 이즈 오버 데어]

콘센트는 저쪽에 있습니다. ☐

손님에게 ┃콘센트 위치를 간단히 안내할 때┃ 사용하는 표현입니다. over there는 '저쪽에'라는 의미입니다. 비슷한 표현으로 The outlet is over there.[더 아웃렛 이즈 오버 데어](콘센트는 저쪽에 있습니다.)가 있습니다. 우리말 외래어로 쓰는 '콘센트'라는 단어는 영어에서는 틀린 표현입니다. 영어권에서는 outlet 또는 power outlet이라고 부릅니다.

A **The power outlet is over there.**
콘센트는 저쪽에 있습니다.

B **Thank you!**
감사합니다!

2 You can find an outlet by the wall.

[유 캔 파인드 언 아웃렛 바이 더 월]

벽 옆쪽에 콘센트가 있습니다. ☐

손님에게 ┃콘센트가 벽 옆쪽에 있다는 것을 안내할 때┃ 사용하는 표현입니다. by the wall은 '벽 옆쪽에', '벽 근처에'라는 의미입니다. 비슷한 표현으로 There's an outlet by the wall.[데얼즈 언 아웃렛 바이 더 월](벽 옆 쪽에 콘센트가 있습니다.)이 있습니다. You can find an outlet by the wall.은 손님이 직접 콘센트를 찾을 수 있다는 점을 강조하고, There's an outlet by the wall.은 단순히 위치를 알려주는 데 초점을 맞춘 표현입니다.

A **You can find an outlet by the wall.**
벽 옆쪽에 콘센트가 있습니다.

B **Great, thanks!**
감사합니다!

Welcome!

Cafe

³ Outlets are located under the seats.

[아웃렛츠 아 로케이티드 언더 더 씨-츠]

콘센트는 좌석 아래에 있습니다. ☐

손님에게 │콘센트가 의자 아래에 있다는 것을 안내 할 때│ 사용하는 표현입니다. 비슷한 표현으로 You can find outlets under the seats.[유 캔 파인드 아웃렛츠 언더 더 씨-츠] (좌석 아래에 콘센트가 있습니다.)가 있습니다. Outlets are located under the seats.는 객관적인 정보 전달에 중점을 두어 설명하는 느낌을 주는 반면, You can find outlets under the seats.는 손님이 찾는 과정을 안내하는 느낌을 줍니다.

A **Outlets are located under the seats.**
콘센트는 좌석 아래에 있습니다.

B **Awesome, thanks!**
좋아요, 감사합니다!

⁴ There's a power strip by the counter.

[데얼즈 어 파워 스트립 바이 더 카운터]

카운터 옆에 멀티탭이 있습니다. ☐

손님에게 │멀티탭의 위치를 안내할 때│ 사용하는 표현입니다. 우리말에서 외래어로 쓰이는 '멀티탭'의 바른 영어 표현은 영어로 power strip[파워 스트립] 또는 extension cord[익스텐션 코-드]입니다. 비슷한 표현으로 You can find a power strip by the counter.[유 캔 파인드 어 파워 스트립 바이 더 카운터] (카운터 옆에 멀티탭이 있습니다.)가 있습니다.

A **There's a power strip by the counter.**
카운터 옆에 멀티탭이 있습니다.

B **Perfect, thank you!**
완벽해요, 감사합니다!

Good-bye!

1 **The restroom is over there.**

[더 레스트룸 이즈 오버 데어]

화장실은 저쪽에 있습니다. □

손님에게 화장실 위치를 간단히 안내할 때 사용하는 표현입니다. over there는 '저쪽에'라는 의미입니다. 비슷한 표현으로 The bathroom is over there.[더 배쓰룸 이즈 오버 데어] (화장실은 저쪽에 있습니다.)가 있습니다. restroom이 bathroom보다 더 공공장소의 화장실 느낌을 줍니다.

A **The restroom is over there.**
화장실은 저쪽에 있습니다.

B **Thank you!**
감사합니다!

2 **You'll find the restroom by the entrance.**

[유을 파인드 더 레스트룸 바이 디 엔트런스]

입구 옆에 화장실이 있습니다. □

손님에게 화장실이 입구 근처에 있다는 것을 안내할 때 사용하는 표현입니다. by the entrance는 '입구 옆에'라는 의미입니다. 비슷한 표현으로 The bathroom is near the entrance.[더 배쓰룸 이즈 니어 디 엔트런스] (화장실은 입구 근처에 있습니다.)가 있습니다. near the entrance는 '입구 근처에'라는 의미로, 위치를 더 포괄적으로 설명합니다. by the entrance는 '입구 바로 옆이나 근처에' 있음을 강조하며, 더 정확한 위치를 가리킵니다.

A **You'll find the restroom by the entrance.**
입구 옆에 화장실이 있습니다.

B **Got it, thanks!**
알겠어요, 감사합니다!

Cafe

³ The restroom is upstairs.

[더 레스트룸 이즈 업스테어즈]

화장실은 위층에 있습니다. ☐

손님에게 화장실이 위층에 있다는 것을 안내할 때 사용하는 표현입니다. upstairs는 '위층에'라는 의미입니다. 비슷한 표현으로 The bathroom is on the second floor.[더 배쓰룸 이즈 온 더 쎄컨드 플로어] (화장실은 2층에 있습니다.)가 있습니다. 이 표현은 화장실의 정확한 층수를 알려 주어, 손님이 보다 구체적인 위치를 파악할 수 있도록 도와 줍니다.

A **The restroom is upstairs.**
화장실은 위층에 있습니다.

B **Perfect, thank you!**
완벽해요, 감사합니다!

⁴ Follow the signs to the restroom.

[팔로우 더 싸인즈 투 더 레스트룸]

표지판을 따라가시면 화장실이 있습니다. ☐

손님에게 화장실 위치를 표지판을 따라가도록 안내할 때 사용하는 표현입니다. follow the signs는 '표지판을 따라가다'는 의미로, 복잡한 건물이나 넓은 공간에서 특정 장소를 찾을 때 유용하게 사용됩니다. follow the signs와 비슷한 표현으로 go along the signs를 사용할 수 있습니다. go along은 '~을 따라가다'는 의미로, follow와 유사한 의미를 가지고 있습니다.

A **Follow the signs to the restroom.**
표지판을 따라가시면 화장실이 있습니다.

B **Great, thanks!**
좋아요, 감사합니다!

Good-bye!
RESTROOM

PART 6

숙박업소에서
손님을 응대할 때 쓰는
네 가지 표현

1 Welcome to our hotel. Do you have a reservation?

[웰컴 투 아워 호텔. 두 유 해브 어 레저베이션?]

저희 호텔에 오신 것을 환영합니다. 예약하셨나요? ☐

손님을 환영하며 예약 여부를 확인할 때 사용하는 표현입니다. have a reservation은 '예약이 되어 있다'란 뜻입니다. 비슷한 표현으로 Have you made a reservation?[해브 유 메이드 어 레저베이션](예약하셨나요?)이 있습니다. make a reservation은 '예약하다'란 뜻입니다. 그래서 Do you have a reservation?은 현재 예약이 되어 있는지를 묻는 것이고, Have you made a reservation?은 예약을 한 적이 있는지를 묻는 차이가 있습니다.

A Welcome to our hotel. Do you have a reservation?
저희 호텔에 오신 것을 환영합니다. 예약하셨나요?

B Yes, I do.
네, 했습니다.

2 Do you have your reservation information?

[두 유 해브 유어 레저베이션 인포에이션?]

예약 정보를 가지고 계신가요? ☐

손님에게 예약 정보를 확인할 때 사용하는 표현입니다. reservation information은 '예약 정보'를 의미하며, '예약 번호'는 reservation number라고 합니다. 다른 곳을 통해서 예약하는 경우도 많으므로 Where did you book your reservation?[웨어 디 쥬 북 유어 레저베이션](어디에서 예약하셨어요?)라는 표현도 같이 알아두세요.

A Do you have your reservation information?
예약 정보를 가지고 계신가요?

B Yes, here it is.
네, 여기 있습니다.

Accommodation
HOTEL

³ May I see your passport, please?

[메이 아이 씨 유어 패스포트, 플리즈?]

여권을 보여 주시겠어요? ☐

손님에게 여권을 요청할 때 사용하는 표현입니다. passport는 '여권'을 의미합니다. 비슷한 표현으로 Could you show me your passport, please?[쿠 쥬 쑈우 미 유어 패스포트, 플리즈](여권을 보여주시겠어요?)가 있습니다. 여권 말고 일반적인 '신분증'을 요청하고자 한다면 ID[아이디]라고 하면 됩니다.

A **May I see your passport, please?**
여권을 보여 주시겠어요?

B **Here it is.**
여기 있습니다.

⁴ Please fill out this registration form.

[플리즈 필 아웃 디스 레지스트레이션 폼]

이 등록 양식을 작성해 주세요. ☐

손님에게 등록 양식을 작성해 달라고 요청할 때 사용하는 표현입니다. fill out은 '(양식 등을) 작성하다'라는 의미이며, registration form은 '등록 양식'을 의미합니다. 비슷한 표현으로 Please complete this registration form.[플리즈 컴플릿 디스 레지스트레이션 폼](이 등록 양식을 작성해 주세요.)이 있습니다. fill out은 빈칸을 채우는 행위를 강조하는 반면, complete는 전체 양식을 완성하는 것을 강조하는 표현입니다.

A **Please fill out this registration form.**
이 등록 양식을 작성해 주세요.

B **Sure, I'll do that.**
네, 그렇게 할게요.

Good-bye!

1 Could you please spell your name for me?

[쿠 쥬 플리즈 스펠 유어 네임 포 미?]

성함의 철자를 알려 주시겠어요?

손님의 **이름이 어려워 철자를 요청할 때** 사용하는 표현입니다. spell은 '철자를 말하다'라는 의미입니다. 비슷한 표현으로 Can you spell your name, please?[캔 유 스펠 유어 네임, 플리즈?] (성함을 철자로 풀어 주시겠어요?)가 있습니다. Could you please spell your name for me?는 더 정중한 느낌을 주는 반면, Can you spell your name, please?는 약간 더 캐주얼한 느낌을 줍니다.

A **Could you please spell your name for me?**
성함의 철자를 알려 주시겠어요?

B **Sure, it's S-M-I-T-H.**
네, S-M-I-T-H입니다.

2 Can you repeat your name, please?

[캔 유 리핏 유어 네임, 플리즈?]

성함을 다시 말씀해 주시겠어요?

손님의 **이름이 잘 들리지 않거나 어려울 때 다시 말해 달라고 요청할 때** 사용하는 표현입니다. repeat은 '반복하다'라는 의미입니다. 더 쉬운 표현인 say again (다시 말하다)을 활용한 비슷한 표현으로 Could you say your name again, please?[쿠 쥬 쎄이 유어 네임 어게인, 플리즈?] (성함을 다시 말씀해 주시겠어요?)가 있습니다.

A **Can you repeat your name, please?**
성함을 다시 말씀해 주시겠어요?

B **It's Jane Smith.**
제인 스미스입니다.

Accommodation
HOTEL

3 I'm sorry, how do you pronounce your name?

[아임 쏘리, 하우 두 유 프러나운스 유어 네임?]

죄송합니다만, 성함을 어떻게 발음하나요? ☐

손님의 │이름 발음이 어려울 때 발음을 물어볼 때│ 사용하는 표현입니다. pronounce는 '발음하다' 란 의미입니다. 비슷한 표현으로 Can you tell me how to pronounce your name?[캔 유 텔 미 하우 투 프러나운스 유어 네임?](성함을 어떻게 발음하는지 알려 주실 수 있으신가요?)이 있습니다. I'm sorry, how do you pronounce your name?은 사과의 의미를 담아 공손하게 묻는 표현이고, Can you tell me how to pronounce your name?은 좀 더 단도직입적으로 물어보는 표현입니다.

A I'm sorry, how do you pronounce your name?
죄송합니다만, 성함을 어떻게 발음하나요?

B It's pronounced "Jenny".
"제니"라고 발음합니다.

4 Can you write your name down, please?

[캔 유 롸잇 유어 네임 다운, 플리즈?]

성함을 적어 주시겠어요? ☐

손님의 │이름이 어려울 때 직접 적어 달라고 요청할 때│ 사용하는 표현입니다. write는 단순히 '쓰 다'라는 뜻이고, write down은 '적어 주다'라는 의미로 조금 더 구체적입니다. 비슷한 표현으 로 Could you please write down your name for me?[쿠 쥬 플리즈 롸잇 다운 유어 네임 포 미?] (성함을 적어 주시겠어요?)가 있습니다.

A Can you write your name down, please?
성함을 적어 주시겠어요?

B Of course.
Here you go.
물론이죠. 여기 있습니다.

Good-bye!

1 Can I have your name, please?

[캔 아이 해브 유어 네임, 플리즈?]

성함을 알려 주시겠어요?

손님의 │이름을 요청할 때│ 사용하는 표현입니다. Can I have ~?는 '~을 받을 수 있을까요?'라는 의미입니다. 비슷한 표현으로 May I have your name, please?[메이 아이 해브 유어 네임, 플리즈?] (성함을 말씀해 주시겠어요?)가 있습니다. What's your name?[왓츠 유어 네임?]도 사용할 수 있지만, 이 표현은 다소 직설적이라 정중하지 않게 들릴 수 있습니다.

A Can I have your name, please?
성함을 알려 주시겠어요?

B My name is Jane Smith.
제 이름은 제인 스미스입니다.

2 What date would you like to check in?

[왓 데잇 우 쥬 라익 투 체크 인?]

체크인을 어느 날짜에 하고 싶으신가요?

손님의 │체크인 날짜를 물어볼 때│ 사용하는 표현입니다. what date는 '어떤 날짜'라는 의미입니다. 비슷한 표현으로 When would you like to check in?[웬 우 쥬 라익 투 체크 인?] (체크인을 언제 하고 싶으신가요?)이 있습니다. 참고로, what day는 '무슨 요일'을 의미하므로, 날짜와 요일을 혼동하지 않도록 주의해야 합니다.

A What date would you like to check in?
체크인을 어느 날짜에 하고 싶으신가요?

B I would like to check in on June 15th.
6월 15일에 체크인하고 싶습니다.

Accommodation
HOTEL

³ How many nights will you be staying?

[하우 매니 나이츠 윌 유 비 스테잉?]

몇 박 머무르실 건가요?

손님의 │ 숙박 기간을 물어볼 때 │ 사용하는 표현입니다. how many nights는 '몇 박'이라는 의미입니다. 비슷한 표현으로 For how many nights will you be staying?[포 하우 매니 나이츠 윌 유 비 스테잉] (며칠 동안 머무르실 건가요?)이 있습니다. '2박 3일'인 경우에는 영어로 2 nights and 3 days 또는 3 days and 2 nights라고 합니다.

A **How many nights will you be staying?**
몇 박 머무르실 건가요?

B **I will be staying for three nights.**
3박 머무를 예정입니다.

⁴ What type of room would you prefer?

[왓 타입 오브 룸 우 쥬 프리퍼?]

어떤 종류의 객실을 원하시나요?

손님의 │ 객실 선호를 물어볼 때 │ 사용하는 표현입니다. type of room은 '객실 종류'를 의미합니다. 그냥 room type이라고 해도 됩니다. 비슷한 표현으로 Which room type would you like?[위치 룸 타입 우 쥬 라익?] (어떤 종류의 객실을 원하시나요?)가 있습니다.

· Single Room 싱글 룸 (1인용 객실)
· Double Room 더블 룸 (2인용 객실, 더블 침대가 있는 경우)
· Twin Room 트윈 룸 (2인용 객실, 싱글 침대 두 개가 있는 경우)
· Suite 스위트 룸 (거실과 침실이 분리된 고급 객실)
· Deluxe Room 디럭스 룸 (일반 객실보다 더 넓고 고급스러운 객실)

A What type of room would you prefer? 어떤 종류의 객실을 원하시나요?

B I would prefer a room with a double bed.
더블 베드가 있는 방을 원합니다.

Good-bye!

1 Your room has a king-size bed.

[유어 룸 해즈 어 킹 싸이즈 베드]

객실에는 킹사이즈 침대가 있습니다. □

손님에게 객실에 킹사이즈 침대가 있음을 안내할 때 사용하는 표현입니다. Your room has a king-size bed.을 직역하면 '당신의 방은 킹사이즈 침대를 가지고 있다'가 되어 한국어로는 자연스럽지 않게 들릴 수 있지만, 영어에서 방 안에 특정 시설이나 물품이 있다는 것을 설명하는 관용적인 방식입니다. 비슷한 표현으로 There is a king-size bed in your room.[데얼 이즈 어 킹 싸이즈 베드 인 유어 룸](객실에는 킹사이즈 침대가 있습니다.)이 있습니다.

A **Your room has a king-size bed.**
객실에는 킹사이즈 침대가 있습니다.

B **That sounds comfortable.**
편하겠네요.

2 There is a mini-bar in your room.

[데얼 이즈 어 미니 바 인 유어 룸]

객실에는 미니바가 있습니다. □

손님에게 객실에 미니바가 있음을 안내할 때 사용하는 표현입니다. 비슷한 표현으로 Your room includes a mini-bar.[유어 룸 인클루즈 어 미니 바](객실에는 미니바가 포함되어 있습니다.)가 있습니다. 이렇게 방에 뭔가가 있다고 말할 때, There is ~ in your room., 또는 Your room has/includes ~ .라고 말하면 됩니다.

A **There is a mini-bar in your room.**
객실에는 미니바가 있습니다.

B **Great, thank you.**
좋아요, 감사합니다.

Welcome!

Accommodation
HOTEL

³ You have a balcony with a view.

[유 해브 어 밸커니 윗 어 뷰]

전망이 있는 발코니가 있습니다. □

손님에게 전망을 즐길 수 있는 발코니가 있음을 안내할 때 사용하는 표현입니다. with는 '특정한 특징이나 요소를 가지고 있는' 것을 설명할 때 사용됩니다. 예를 들어, a house with a garden (정원이 딸린 집), a hotel with a swimming pool (수영장이 있는 호텔)처럼, with는 공간이 특정 시설이나 특징을 갖추고 있음을 나타낼 때 사용됩니다. 비슷한 표현으로 There is a balcony with a nice view.[데얼 이즈 어 밸커니 윗 어 나이스 뷰] (멋진 전망이 있는 발코니가 있습니다.)가 있습니다.

A You have a balcony with a view.
전망이 있는 발코니가 있습니다.

B Wonderful, I love it.
멋지네요, 마음에 들어요.

⁴ You have a safe for your valuables.

[유 해브 어 세이프 포 유어 밸류어블즈]

귀중품을 위한 금고가 있습니다. □

손님에게 객실에 귀중품을 보관할 수 있는 금고가 있음을 안내할 때 사용하는 표현입니다. safe는 '금고', valuables는 '귀중품'을 의미합니다. 비슷한 표현으로 There is a safe in your room for valuables.[데얼 이즈 어 세이프 인 유어 룸 포 밸류어블즈] (객실에는 귀중품을 위한 금고가 있습니다.)가 있습니다. 참고로, 손님에게 귀중품을 카운터에 맡기라고 안내할 때는 You can leave your valuables at the front desk for safekeeping.[유 캔 리-브 유어 밸류어블즈 앳 더 프런트 데스크 포 세이프키핑] (귀중품을 안전하게 보관하기 위해 프런트 데스크에 맡기실 수 있습니다.)이라고 말하면 됩니다.

A You have a safe for your valuables. 귀중품을 위한 금고가 있습니다.
B Thank you, that's reassuring. 고맙습니다, 안심이 되네요.

Good-bye!

¹ The room rate is $150 per night.

[더 룸 뤠잇 이즈 원 헌드레드 피프티 달러즈 퍼 나잇]

객실 요금은 1박에 150달러입니다. ☐

손님에게 객실의 1박 요금을 안내할 때 사용하는 표현입니다. room rate는 '객실 요금'을 의미합니다. per는 '~마다'라는 뜻으로 a를 대신 사용해도 됩니다. 비슷한 표현으로 The rate for the room is $150 per night.[더 뤠잇 포 더 룸 이즈 원 헌드레드 피프티 달러즈 퍼 나잇](객실 요금은 1박에 150달러입니다.)이 있습니다. '객실 요금'은 room rate 대신 room price를 사용해도 됩니다.

A The room rate is $150 per night.
객실 요금은 1박에 150달러입니다.

B Thank you. That's reasonable.
감사합니다. 적당한 가격이네요.

² Breakfast is included in the rate.

[브렉퍼스트 이즈 인클루디드 인 더 뤠잇]

조식이 요금에 포함되어 있습니다. ☐

손님에게 조식이 객실 요금에 포함되어 있음을 안내할 때 사용하는 표현입니다. be included는 '포함되어 있다'는 의미입니다. 이 표현에서 in the rate는 생략 가능합니다. 비슷한 표현으로 The rate includes breakfast.[더 뤠잇 인클루즈 브렉퍼스트](요금에 조식이 포함되어 있습니다.)가 있습니다. 두 표현 모두 같은 의미를 전달하지만, Breakfast is included in the rate.가 좀 더 일반적입니다.

A Breakfast is included in the rate.
조식이 요금에 포함되어 있습니다.

B Great, I'll have breakfast here.
좋네요, 여기서 조식을 먹을게요.

Accommodation

³ **There is a $50 deposit required.**

[데얼 이즈 어 피프티 달러 디파짓 리콰이어드]

50달러의 보증금이 필요합니다. ☐

손님에게 │ **보증금이 필요함을 안내할 때** │ 사용하는 표현입니다. deposit은 '보증금'을 의미합니다. 가끔 advance payment라는 단어를 사용하는 경우도 있지만, 이것은 보증금과는 의미가 다릅니다. advance payment는 '서비스나 상품의 일부 금액을 미리 지불하는 것'을 의미하며, 돌려받을 수 없는 금액일 때 사용됩니다. 반면 deposit은 돌려받을 수 있는 금액으로 보증금의 뜻이라면 deposit을 사용하는 것이 더 정확합니다.

A There is a $50 deposit required. 50달러의 보증금이 필요합니다.

B Okay, I can pay that. 네, 지불할게요.

⁴ **Taxes and fees are not included in the rate.**

[택씨즈 앤 피-즈 아 낫 인클루디드 인 더 뤠잇]

세금과 수수료는 요금에 포함되어 있지 않습니다. ☐

손님에게 │ **세금과 수수료가 객실 요금에 불포함돼 있음을 안내할 때** │ 사용하는 표현입니다. taxes and fees는 '세금과 수수료'를 의미합니다. 비슷한 표현으로 The rate does not include taxes and fees.[더 뤠잇 더즈 낫 인클루드 택씨즈 앤 피-즈] (요금에 세금과 수수료가 포함되어 있지 않습니다.)가 있습니다. 이 표현을 사용하면 기본 객실 요금 외에 추가 비용을 예상할 수 있도록 함으로써, 불필요한 혼란을 방지할 수 있습니다.

A Taxes and fees are not included in the rate.
세금과 수수료는 요금에 포함되어 있지 않습니다.

B I understand. Thank you.
알겠습니다. 감사합니다.

Good-bye!

1 We have upgraded your room.

[위 해브 업그레이디드 유어 룸]

객실을 업그레이드해 드렸습니다. ☐

손님에게 객실을 업그레이드해 주었음을 알릴 때 사용하는 표현입니다. upgrade는 '더 좋은 것으로 높여주다'라는 의미입니다. 비슷한 표현으로 Your room has been upgraded.[유어 룸 해즈 빈 업그레이디드(객실이 업그레이드되었습니다.)가 있습니다. We have upgraded your room.은 업그레이드가 호텔 측에서 주도적으로 이루어졌음을 강조하며, 특별 대우를 해 주었다는 느낌을 줍니다. 반면, Your room has been upgraded.는 좀 더 중립적인 표현으로, 업그레이드가 이미 완료된 사실에 초점이 있습니다.

A We have upgraded your room. 객실을 업그레이드해 드렸습니다.

B Wow, thank you so much! 와, 정말 감사합니다!

2 Your room has been upgraded to a higher floor.

[유어 룸 해즈 빈 업그레이디드 투 어 하이어 플로어]

객실이 더 높은 층으로 업그레이드되었습니다. ☐

손님에게 객실을 더 높은 층으로 업그레이드해 주었음을 알릴 때 사용하는 표현입니다. higher floor는 '더 높은 층'을 의미합니다. 비슷한 표현으로 We have moved you to a higher floor.[위 해브 무브드 유 투 어 하이어 플로어](더 높은 층으로 옮겨 드렸습니다.)가 있습니다. We have moved you to a higher floor.는 객실 이동이 호텔 측의 결정으로 이루어졌음을 강조하며, 조금 더 동적인 느낌을 줍니다.

A Your room has been upgraded to a higher floor.
객실이 더 높은 층으로 업그레이드 되었습니다.

B Perfect, that sounds great.
완벽하네요, 아주 좋아요.

Accommodation
HOTEL

³ **Your room has been upgraded to a deluxe room.**

[유어 룸 해즈 빈 업그레이디드 투 어 딜럭스 룸]

객실이 디럭스룸으로 업그레이드되었습니다. ☐

손님에게 │객실을 디럭스룸으로 업그레이드해 주었음을 알릴 때│ 사용하는 표현입니다. deluxe room은 일반적으로 더 넓거나 더 나은 전망, 추가 편의 시설 등이 포함된 '고급 객실'을 의미합니다. 이 경우 업그레이드된 객실의 혜택을 함께 설명하면 손님이 더 만족할 수 있습니다. Your room has been upgraded to a deluxe room, which includes access to the spa.[유어 룸 해즈 빈 업그레이디드 투 어 딜럭스 룸, 위치 인클루즈 액세스 투 더 스파] (객실이 디럭스룸으로 업그레이드되었으며, 스파 이용이 포함되어 있습니다.)

A Your room has been upgraded to a deluxe room.
객실이 디럭스룸으로 업그레이드되었습니다.

B Great, thank you very much. 좋아요, 정말 감사합니다.

⁴ **We have moved you to a larger room.**

[위 해브 무브드 유 투 어 라-저 룸]

더 큰 방으로 옮겨 드렸습니다. ☐

손님에게 │객실을 더 큰 방으로 옮겨 주었음을 알릴 때│ 사용하는 표현입니다. 비슷한 표현으로 We have upgraded you to a more spacious room for your convenience.[위 해브 업그레이디드 유 투 어 모어 스페이셔스 룸 포 유어 컨비니언스] (고객님의 편의를 위해 더 넓은 방으로 업그레이드해 드렸습니다.)가 있습니다. moved는 이동에 초점을 맞추고 있는 반면, upgraded는 방의 품질이 개선되었음을 강조하는 표현입니다.

A We have moved you to a larger room.
더 큰 방으로 옮겨 드렸습니다.

B That's awesome, thanks!
멋지네요, 감사합니다!

Good-bye!

1 You can check out late for an additional fee.

[유 캔 체크 아웃 레잇 포 언 어디셔널 피]

추가 요금을 내시면 늦게 체크아웃하실 수 있습니다. ☐

손님에게 ┃ 추가 요금을 지불하면 늦게 체크아웃할 수 있음을 안내할 때 ┃ 사용하는 표현입니다. late check-out은 '늦은 체크아웃'을 의미하며, extended check-out 또는 delayed check-out도 마찬가지 의미입니다. '추가 요금을 내면'은 for an additional fee를 써도 되고, at an extra cost 또는 for an extra charge를 써도 됩니다. 예를 들어, Late check-out is available at an extra cost.[레잇 체크 아웃 이즈 어베일러블 앳 언 엑스트러 코스트] (추가 요금을 내시면 늦은 체크아웃이 가능합니다.)라고 할 수 있습니다.

A You can check out late for an additional fee.
추가 요금을 내시면 늦게 체크아웃하실 수 있습니다.

B How much is the fee? 요금이 얼마인가요?

2 Early check-in is available upon request.

[얼리 체크 인 이즈 어베일러블 어폰 리퀘스트]

요청하시면 이른 체크인이 가능합니다. ☐

손님이 ┃ 요청할 경우 이른 체크인이 가능함을 안내할 때 ┃ 사용하는 표현입니다. early check-in은 '이른 체크인'을 의미하며, upon request는 '요청 시에'란 뜻입니다. 비슷한 표현으로 Please let us know if you need early check-in.[플리즈 렛 어스 노우 이프 유 니드 얼리 체크 인] (이른 체크인이 필요하시면 알려 주세요.)이 있습니다. Early check-in is available upon request.는 좀 더 일반적인 안내에 적합하며, Please let us know if you need early check-in.은 손님에게 필요 사항을 요청하도록 권장하는 느낌을 줍니다.

A Early check-in is available upon request. 요청하시면 이른 체크인이 가능합니다.

B Can I request early check-in for tomorrow?
내일 이른 체크인 요청할 수 있나요?

³ **There is a small charge for early check-in.**

[데얼 이즈 어 스몰 챠지 포 얼리 체크 인]

이른 체크인에는 약간의 추가 요금이 있습니다. □

손님에게 이른 체크인에 대해 추가 요금이 부과됨을 안내할 때 사용하는 표현입니다. small charge는 '약간의 추가 요금'을 의미합니다. 비슷한 표현으로 An extra fee applies for early check-in.[언 엑스트러 피 어플라이즈 포 얼리 체크 인](이른 체크인에는 추가 요금이 부과됩니다.)이 있습니다. extra fee는 small charge보다 더 일반적인 표현으로, 추가 요금의 존재를 강조합니다. extra fee는 추가 요금 자체를 강조하는 더 일반적인 표현이고, small charge는 요금이 적다는 점을 강조하는 표현입니다.

A There is a small charge for early check-in.
이른 체크인에는 약간의 추가 요금이 있습니다.

B That's fine, I'll pay the fee. 괜찮아요, 요금 지불할게요.

⁴ **Late check-out is available until 2 p.m..**

[레잇 체크 아웃 이즈 어베일러블 언틸 투 피엠]

오후 2시까지 늦게 체크아웃이 가능합니다. □

손님에게 특정 시간까지 늦게 체크아웃이 가능함을 안내할 때 사용하는 표현입니다. until 2 p.m.은 '오후 2시까지'를 의미합니다. 비슷한 표현으로 You can check out late until 2 p.m..[유 캔 체크 아웃 레잇 언틸 투 피엠](오후 2시까지 늦게 체크아웃하실 수 있습니다.) 이 있습니다. Late check-out is available until 2 p.m..은 일반적인 안내로 적합하고, You can check out late until 2 p.m..은 손님과의 대화에서 좀 더 친근하게 사용할 수 있습니다.

A Late check-out is available until 2 p.m..
오후 2시까지 늦게 체크아웃이 가능합니다.

B Perfect, I'll take that. 완벽하네요, 그렇게 할게요.

Good-bye!

1 When is your check-in date?

[웬 이즈 유어 체크 인 데잇?]

체크인 날짜가 언제인가요?

손님의 체크인 날짜를 확인할 때 사용하는 표현입니다. check-in date는 '체크인 날짜'를 의미합니다. 비슷한 표현으로 What's your check-in date?[왓츠 유어 체크 인 데잇?](체크인 날짜가 언제인가요?)이 있습니다. 체크아웃 날짜에 대해서 이야기하고 싶으면 check-out date로 바꿔서 이야기하면 됩니다.

A **When is your check-in date?**
체크인 날짜가 언제인가요?

B **It's June 15th.**
6월 15일이에요.

2 What time will you be arriving?

[왓 타임 윌 유 비 어라이빙?]

몇 시에 도착하실 예정인가요?

손님이 도착할 시간을 물어볼 때 사용하는 표현입니다. arrive는 '도착하다'라는 의미입니다. 비슷한 표현으로 When do you plan to arrive?[웬 두 유 플랜 투 어라이브?](언제 도착하실 계획이신가요?)가 있습니다. What time will you be arriving?은 구체적인 시간을 물을 때 적합하며, When do you plan to arrive?은 전체적인 도착 계획에 대해 정보를 얻고자 할 때 유용합니다.

A **What time will you be arriving?**
몇 시에 도착하실 예정인가요?

B **I'll be there around 3 p.m..**
오후 3시쯤 도착할 거예요.

Accommodation
HOTEL

³ Will you be extending your stay?

[윌 유 비 익스텐딩 유어 스테이?]

숙박을 연장하실 예정인가요? ☐

손님에게 |숙박을 연장할 계획이 있는지 물어볼 때| 사용하는 표현입니다. extend one's stay는 '숙박을 연장하다'라는 의미입니다. 비슷한 표현으로 Do you plan to extend your stay?[두 유 플랜 투 익스텐드 유어 스테이?] (숙박을 연장하실 계획이신가요?)가 있습니다. Will you be extending your stay?는 다소 직접적이며 구체적인 연장 여부를 묻는 데 적합하고, Do you plan to extend your stay?는 손님의 계획을 보다 일반적으로 물어보는 상황에 적합합니다.

A Will you be extending your stay?
숙박을 연장하실 예정인가요?

B No, I'll be leaving as planned.
아니요, 예정대로 떠날 거예요.

⁴ Do you have any plans after check-out?

[두 유 해브 애니 플랜즈 애프터 체크 아웃?]

체크아웃 후 계획이 있으신가요? ☐

손님에게 |체크아웃 후의 계획을 물어볼 때| 사용하는 표현입니다. 비슷한 표현으로 What are your plans after check-out?[왓 아 유어 플랜즈 애프터 체크 아웃?] (체크아웃 후 계획이 어떻게 되시나요?)이 있습니다. Do you have any plans after check-out?은 일반적인 질문으로 적합하며, What are your plans after check-out?은 손님의 계획을 조금 더 구체적으로 알아보고자 할 때 유용합니다.

A Do you have any plans after check-out?
체크아웃 후 계획이 있으신가요?

B Yes, I'll be sightseeing.
네, 관광할 예정입니다.

Good-bye!

1 You can request room service at any time.

[유 캔 리퀘스트 룸 써-비스 앳 에니 타임]

언제든 룸 서비스를 요청하실 수 있습니다. ☐

손님에게 룸 서비스를 언제든 요청할 수 있음을 안내할 때 사용하는 표현입니다. request 대신 ask for를 써서 You can ask for room service at any time.[유 캔 애스크 포 룸 써-비스 앳 에니 타임] (언제든 룸 서비스를 요청하실 수 있습니다.)이라고 해도 됩니다. ask for는 '요청하다', '부탁하다'라는 의미로, 조금 더 일상적이고 일반적인 표현입니다.

A You can request room service at any time.
언제든 룸 서비스를 요청하실 수 있습니다.

B That's good to know, thanks!
좋은 정보네요, 감사합니다!

2 You can order from the menu in your room.

[유 캔 오더 프럼 더 메뉴 인 유어 룸]

객실에 있는 메뉴에서 주문하실 수 있습니다. ☐

손님에게 객실 내 메뉴에서 주문할 수 있음을 안내할 때 사용하는 표현입니다. order from the menu는 '메뉴에서 주문하다'란 의미입니다. 비슷한 표현으로 Please check the menu in your room to order.[플리즈 첵 더 메뉴 인 유어 룸 투 오더] (주문하시려면 객실 내 메뉴를 확인해 주세요.)가 있습니다. 이 표현은 손님에게 메뉴를 확인하도록 유도하면서 주문 과정을 설명하는 표현입니다.

A You can order from the menu in your room.
객실에 있는 메뉴에서 주문하실 수 있습니다.

B Great, I'll take a look.
좋아요, 한번 볼게요.

Accommodation
HOTEL

³ Press 0 to order room service.

[프레스 지로우 투 오더 룸 써-비스]

룸 서비스를 주문하려면 0번을 누르세요. ☐

손님에게 룸 서비스를 요청하기 위한 전화번호를 안내할 때 사용하는 표현입니다. press 0는 '0번을 누르다'라는 의미입니다. 비슷한 표현으로 Please dial 0 for room service.[플리즈 다이얼 지로우 포 룸 써-비스] (룸 서비스를 위해 0번을 눌러 주세요.)가 있습니다. 두 표현 모두 비슷한 의미이지만, dial은 약간 구식의 느낌을 줄 수 있고, press가 더 일반적이고 현대적인 표현입니다.

A **Press 0 to order room service.**
룸 서비스를 주문하려면 0번을 누르세요.

B **Got it, thanks!**
알겠습니다. 감사합니다!

⁴ Room service charges will be added to your bill.

[룸 써-비스 챠지즈 윌 비 애디드 투 유어 빌]

룸 서비스 요금은 청구서에 추가됩니다. ☐

손님에게 룸 서비스 요금이 청구서에 추가됨을 안내할 때 사용하는 표현입니다. charge는 '요금'을 의미하며, add to one's bill은 '청구서에 추가되다'란 의미입니다. 비슷한 표현으로 The cost of room service will be billed to your room.[더 코스트 오브 룸 써-비스 윌 비 빌드 투 유어 룸] (룸 서비스 비용은 객실 청구서에 포함됩니다.)이 있습니다. bill이 동사로 사용되면 '청구하다', '계산서에 포함시키다'라는 의미입니다.

A **Room service charges will be added to your bill.**
룸 서비스 요금은 청구서에 추가됩니다.

B **That's fine, I understand.**
좋습니다. 이해했어요.

Good-bye!

1 The swimming pool is open from 6 a.m. to 10 p.m..

[더 스위밍 풀 이즈 오픈 프럼 씩스 에이엠 투 텐 피엠]

수영장은 오전 6시부터 오후 10시까지 운영됩니다. ☐

손님에게 수영장의 운영 시간을 안내할 때 사용하는 표현입니다. open from A to B는 'A부터 B까지 운영되다'란 뜻입니다. 비슷한 표현으로 The pool hours are from 6 a.m. to 10 p.m..[더 풀 아워즈 아 프럼 씩스 에이엠 투 텐 피엠](수영장 운영 시간은 오전 6시부터 오후 10시까지입니다.)이 있습니다.

A The swimming pool is open from 6 a.m. to 10 p.m..
수영장은 오전 6시부터 오후 10시까지 운영됩니다.

B Great, I'll swim in the morning.
좋네요, 아침에 수영해야겠어요.

2 The gym is located on the 3rd floor.

[더 짐 이즈 로케이티드 온 더 써-드 플로어]

헬스장은 3층에 위치해 있습니다. ☐

손님에게 헬스장의 위치를 안내할 때 사용하는 표현입니다. be located on은 '~에 위치해 있다'란 뜻입니다. 비슷한 표현으로 You can find the gym on the 3rd floor.[유 캔 파인드 더 짐 온 더 써-드 플로어] (헬스장은 3층에 있습니다.)가 있습니다. The gym is located on the 3rd floor.는 헬스장의 '위치 자체'를 강조하는 반면, You can find the gym on the 3rd floor.는 손님이 그 위치를 '찾을 수 있다'는 점을 강조합니다.

A The gym is located on the 3rd floor.
헬스장은 3층에 위치해 있습니다.

B Thank you, I'll check it out.
감사합니다, 한번 가볼게요.

Accommodation

³ Our spa is open daily from 9 a.m. to 8 p.m..

[아워 스파 이즈 오픈 데일리 프럼 나인 에이엠 투 에잇 피엠]

스파는 매일 오전 9시부터 오후 8시까지 운영됩니다. □

손님에게 │ 스파의 운영 시간을 안내할 때 │ 사용하는 표현입니다. daily는 '매일'을 뜻합니다. 비슷한 표현으로 The spa operates daily from 9 a.m. to 8 p.m..[더 스파 아퍼레이츠 데일리 프럼 나인 에이엠 투 에잇 피엠](스파는 매일 오전 9시부터 오후 8시까지 운영됩니다.)이 있습니다. operate(운영되다.)를 사용하면 좀 더 격식을 차린 느낌을 줍니다.

A Our spa is open daily from 9 a.m. to 8 p.m..
스파는 매일 오전 9시부터 오후 8시까지 운영됩니다.

B Wonderful, I'll book a session.
좋네요, 스파 예약할게요.

⁴ You can access the business center 24/7.

[유 캔 액세스 더 비즈니스 센터 트웬티 포 세븐]

비즈니스 센터는 24시간 매일 이용 가능합니다. □

손님에게 │ 비즈니스 센터가 24시간 매일 이용 가능함을 안내할 때 │ 사용하는 표현입니다. access는 '이용하다'라는 뜻입니다. 비슷한 표현으로 The business center is open 24/7.[더 비즈니스 센터 이즈 오픈 트웬티 포 세븐](비즈니스 센터는 24시간 매일 열려 있습니다.)이 있습니다. You can access the business center 24/7.은 손님이 비즈니스 센터를 언제든지 이용할 수 있다는 점을 강조하는 반면, The business center is open 24/7.은 비즈니스 센터가 항상 열려 있다는 점을 강조하며, 시설의 개방 상태에 중점을 둡니다.

A You can access the business center 24/7.
비즈니스 센터는 24시간 매일 이용 가능합니다.

B Perfect, I might need it late at night. 완벽하네요, 늦은 밤에 필요할 수도 있어요.

Good-bye!

1 We have a barbecue area available for guests.

[위 해브 어 바-비큐 에어리어 어베일러블 포 게스츠]

고객을 위한 바비큐 구역이 마련되어 있습니다. ☐

손님에게 바비큐 구역이 제공됨을 안내할 때 사용하는 표현입니다. barbecue area는 '바비큐 구역'을 의미하며, available for guests는 '고객을 위해 이용 가능한'이란 뜻입니다. 비슷한 표현으로 There is a barbecue area for you to use.[데얼 이즈 어 바-비큐 에어리어 포 유 투 유즈](사용하실 수 있는 바비큐 구역이 있습니다.)가 있습니다. 이 표현은 for you to use를 사용하여, 손님이 직접적으로 이 구역을 사용할 수 있음을 강조합니다.

A We have a barbecue area available for guests.
고객을 위한 바비큐 구역이 마련되어 있습니다.

B Great, I'd like to use it this evening.
좋아요, 오늘 저녁에 이용하고 싶습니다.

2 Please book the barbecue area in advance.

[플리즈 북 더 바-비큐 에어리어 인 어드밴스]

바비큐 구역은 미리 예약해 주세요. ☐

손님에게 바비큐 구역을 미리 예약해야 함을 안내할 때 사용하는 표현입니다. in advance는 '미리'라는 뜻입니다. 비슷한 표현으로 Make a reservation for the barbecue area beforehand.[메익 어 레저베이션 포 더 바-비큐 에어리어 비포-핸드](바비큐 구역을 사전에 예약해 주세요.)가 있습니다. Please book the barbecue area in advance.는 좀 더 간단하고 일상적인 느낌을 주며, Make a reservation for the barbecue area beforehand.는 공식적이고 형식적인 안내에 적합합니다.

A Please book the barbecue area in advance.
바비큐 구역은 미리 예약해 주세요.

B I'll reserve it right now. 지금 바로 예약할게요.

Accommodation

³ We provide all the barbecue equipment.

[위 프로바이드 올 더 바-비큐 이큅먼트]

바비큐 장비는 모두 제공해 드립니다. □

손님에게 바비큐 장비가 모두 제공됨을 안내할 때 사용하는 표현입니다. barbecue equipment는 '바비큐 장비'를 의미합니다. 비슷한 표현으로 All the barbecue tools are available for you.[올 더 바-비큐 툴즈 아 어베일러블 포 유](바비큐 도구는 모두 이용하실 수 있습니다.)가 있습니다. 구체적으로 말하려면 We offer charcoal and lighter fluid at the front desk.[위 오퍼 차-콜 앤 라이터 플루이드 앳 더 프런트 데스크](숯과 라이터 액은 프런트 데스크에서 제공됩니다.)처럼 말하면 됩니다.

A We provide all the barbecue equipment.
바비큐 장비는 모두 제공해 드립니다.

B That's very convenient, thank you.
아주 편리하네요, 감사합니다.

⁴ You can request additional barbecue supplies at any time.

[유 캔 리퀘스트 어디셔널 바-비큐 서플라이즈 앳 에니 타임]

바비큐 용품이 추가로 필요하면 언제든 요청하세요. □

손님에게 바비큐 용품이 추가로 필요할 때 언제든 요청할 수 있음을 안내할 때 사용하는 표현입니다. additional barbecue supplies는 '추가 바비큐 용품'을 의미합니다. 비슷한 표현으로 Let us know if you need more barbecue supplies.[렛 어스 노우 이프 유 니드 모어 바-비큐 서플라이즈](추가 바비큐 용품이 필요하시면 알려 주세요.)가 있습니다. Let us know를 사용하면, 필요시 언제든지 도움을 요청하라는 느낌을 줍니다.

A You can request additional barbecue supplies at any time.
바비큐 용품이 추가로 필요하면 언제든 요청하세요.

B I'll let you know if we need anything. 필요한 게 있으면 말씀드릴게요.

Good-bye!

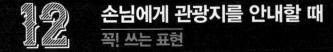
1 There's a famous art museum just a 10-minute walk from here.

[데얼즈 어 페이머스 아트 뮤지엄 저스트 어 텐 미닛 워크 프럼 히어]

유명한 미술관이 여기서 걸어서 10분 거리에 있습니다. ☐

손님에게 미술관이 숙소 가까이에 있음을 설명할 때 사용하는 표현입니다. 10-minute walk는 '걸어서 10분 거리'라는 의미입니다. 비슷한 표현으로 The famous art museum is only 10 minutes away on foot.[더 페이머스 아트 뮤지엄 이즈 온리 텐 미닛츠 어웨이 온 풋](유명한 미술관이 걸어서 10분 거리에 있습니다.)이 있습니다. 이동수단이 자동차라면 on foot 대신 by car를 쓰면 됩니다.

A There's a famous art museum just a 10-minute walk from here.
유명한 미술관이 여기서 걸어서 10분 거리에 있습니다.

B That's perfect, I'll visit it today.
완벽하네요, 오늘 방문해야겠어요.

2 There's a beautiful park nearby.

[데얼즈 어 뷰-티풀 파-크 니어바이]

근처에 아름다운 공원이 있습니다. ☐

손님에게 숙소 근처에 공원이 있음을 안내할 때 사용하는 표현입니다. nearby는 '근처에'라는 의미입니다. 비슷한 표현으로 A lovely park is close by.[어 러블리 파-크 이즈 클로우스 바이] (아름다운 공원이 가까이에 있습니다.)가 있습니다. close by는 '가까이에', '인근에'라는 뜻으로 쓰이는 일상적이고 구어체적인 표현입니다.

A There's a beautiful park nearby.
근처에 아름다운 공원이 있습니다.

B I love parks, I'll check it out.
공원을 좋아해요, 한 번 가봐야겠어요.

³ The art gallery nearby is very popular with tourists.

[디 아ー트 갤러리 니어바이 이즈 베리 파퓰러 윗 투어리스츠]

근처 미술관은 관광객들 사이에서 매우 인기가 많습니다. ☐

손님에게 │ 근처 미술관이 관광객들에게 인기 있다는 사실을 이야기할 때 │ 사용하는 표현입니다. be popular with tourists는 '관광객들 사이에서 인기가 많다'는 의미입니다. 비슷한 표현으로 Tourists love visiting the art gallery.[투어리스츠 러브 비지팅 디 아ー트 갤러리](관광객들은 그 미술관 방문을 좋아합니다.)가 있습니다. art gallery는 주로 미술 작품을 전시하고 판매하는 공간입니다. 반면, art museum은 역사적 · 문학적 가치가 있는 예술 작품들을 보존하고 교육하는 더 큰 개념의 공간입니다.

A The art gallery nearby is very popular with tourists.
  근처 미술관은 관광객들 사이에서 매우 인기가 많습니다.

B I'm definitely adding it to my list. 꼭 가 볼 목록에 추가해야겠어요.

⁴ The local market is a must-see.

[더 로우컬 마ー켓 이즈 어 머스트 씨]

현지 시장은 꼭 봐야 할 곳입니다. ☐

손님에게 │ 지역 시장이 꼭 방문해야 할 곳임을 설명할 때 │ 사용하는 표현입니다. must-see는 특정 장소나 경험이 매우 중요하거나 놓쳐서는 안 된다는 것을 강조할 때 사용됩니다. 이와 비슷하게 must-visit이라는 표현도 자주 쓰이는데, '꼭 가 봐야 할 장소'라는 의미입니다. 예를 들어, The local market is a must-visit.[더 로우컬 마ー켓 이즈 어 머스트 비짓](현지 시장은 꼭 가 봐야 할 곳입니다.) 같이 활용할 수 있습니다.

A The local market is a must-see. 현지 시장은 꼭 봐야 할 곳입니다.

B I can't wait to explore it. 빨리 가 보고 싶네요.

Good-bye!

1 There's a great restaurant just around the corner.

[데얼즈 어 그레잇 레스터란트 저스트 어라운드 더 코-너]

모퉁이만 돌면 아주 좋은 레스토랑이 있습니다. ☐

손님에게 │숙소 근처에 있는 훌륭한 레스토랑을 추천할 때│ 사용하는 표현입니다. just around the corner는 '모퉁이만 돌면 있는'이라는 뜻입니다. 비슷한 표현으로 A fantastic restaurant is right around the corner.[어 팬태스틱 레스터란트 이즈 롸잇 어 라운드 더 코-너] (아주 멋진 레스토랑이 바로 코너에 있습니다.)가 있습니다. fantastic과 great는 둘다 멋진 것을 묘사할 때 쓰이지만, fantastic이 좀 더 강한 감탄을 나타냅니다.

A There's a great restaurant just around the corner.
모퉁이만 돌면 아주 좋은 레스토랑이 있습니다.

B That sounds perfect. I'll check it out. 좋네요. 한번 가 봐야겠어요.

2 There's a seafood place just a short walk from here.

[데얼즈 어 씨푸드 플레이스 저스트 어 쑛 워크 프럼 히어]

해산물 식당이 여기서 조금만 걸으면 되는 곳에 있습니다. ☐

손님에게 │가까운 거리의 해산물 식당을 추천할 때│ 사용하는 표현입니다. seafood place 는 '해산물 식당'을 의미합니다. '식당'은 영어로 restaurant이지만, 이렇게 편하게 place 라고도 씁니다. 비슷한 표현으로 The seafood restaurant is within walking distance from here.[더 씨푸드 레스터란트 이즈 위드인 워킹 디스턴스 프럼 히어] (해산물 식당이 여기서 걸어갈 만한 거리에 있습니다.)가 있습니다. within walking distance는 '걸어갈 만한 거 리'라는 의미로, 특정 장소가 가까운 곳에 있음을 강조할 때 사용됩니다.

A There's a seafood place just a short walk from here.
해산물 식당이 여기서 조금만 걸으면 되는 곳에 있습니다.

B I love seafood, I'll definitely go there. 해산물을 좋아해요. 꼭 가봐야겠어요.

Accommodation

³ There's a cozy coffee shop right across the street.

[데얼즈 어 코우지 커피 샵 롸잇 어크로스 더 스트릿]

아늑한 커피숍이 길 건너편에 있어요. ☐

손님에게 숙소 근처의 카페를 추천할 때 사용하는 표현입니다. cozy는 '아늑한, 편안한'을 의미하며, across the street은 '길 건너편에'란 뜻입니다. 비슷한 표현으로 The coffee shop is just on the other side of the street.[더 커피 샵 이즈 저스트 온 디 아더 싸이드 오브 더 스트릿](커피숍이 길 바로 반대편에 있습니다.)이 있습니다. on the other side of는 '~의 반대편에' 또는 '~의 다른 쪽에'의 의미입니다.

A There's a cozy coffee shop right across the street.
아늑한 커피숍이 길 건너편에 있어요.

B I'm a coffee lover, I'll stop by.
커피를 좋아해요. 한번 들러 봐야겠어요.

⁴ The pizza place down the street is excellent.

[더 핏짜 플레이스 다운 더 스트릿 이즈 엑설런트]

길 아래에 있는 피자집이 아주 훌륭합니다. ☐

손님에게 숙소 근처의 피자집을 추천할 때 사용하는 표현입니다. down the street는 '길 아래에'란 뜻입니다. 비슷한 표현으로는 The pizza restaurant further down the road is fantastic.[더 핏짜 레스터란트 퍼더 다운 더 로우드 이즈 팬태스틱](길 저 아래에 있는 피자집이 환상적입니다.)가 있습니다. further down the road는 '길을 따라 조금 더 내려가야 한다'는 점을 강조합니다.

A The pizza place down the street is excellent.
길 아래에 있는 피자집이 아주 훌륭합니다.

B Great, I'll order some for dinner.
좋네요, 저녁으로 피자를 주문해야 겠어요.

Good-bye!

1 You can buy a transportation card at the convenience store.

[유 캔 바이 어 트랜스포테이션 카드 앳 더 컨비니언스 스토어]

교통카드는 편의점에서 구매하실 수 있습니다. ☐

손님에게 교통카드를 편의점에서 구매할 수 있음을 안내할 때 사용하는 표현입니다. transportation card는 '교통카드'를 의미하며, convenience store는 '편의점'을 뜻합니다. 비슷한 표현으로는 Pick up a transportation card at the nearby convenience store.[픽 업 어 트랜스포테이션 카드 앳 더 니어바이 컨비니언스 스토어] (근처 편의점에서 교통카드를 구매하세요.)가 있습니다. pick up은 buy의 의미로 쓰이는 일상적인 표현으로, 물건을 간단히 구매하거나 얻을 때 자주 사용됩니다.

A You can buy a transportation card at the convenience store.
  교통카드는 편의점에서 구매하실 수 있습니다.

B Great, I'll get one before heading out. 좋네요, 나가기 전에 하나 사야겠어요.

2 The subway station is about a 5-minute walk away.

[더 써브웨이 스테이션 이즈 어바웃 어 파이브 미닛 워크 어웨이]

지하철역은 걸어서 약 5분 거리에 있습니다. ☐

손님에게 지하철역이 호텔에서 가까운 거리에 있음을 설명할 때 사용하는 표현입니다. 5-minute walk away는 '5분 거리'라는 뜻입니다. 비슷한 표현으로 The subway station is a short walk from here.[더 서브웨이 스테이션 이즈 어 숏 워크 프럼 히어] (지하철역은 여기서 조금만 걸어가면 됩니다.)가 있습니다.

A The subway station is about a 5-minute walk away.
  지하철역은 걸어서 약 5분 거리에 있습니다.

B That's close, I'll walk there. 가깝네요, 걸어가야겠어요.

Accommodation
HOTEL

3 You can take bus number 50 to get to the city center.

[유 캔 테익 버스 넘버 피프티 투 겟 투 더 시티 센터]

시내 중심까지 가시려면 50번 버스를 타세요. ☐

손님에게 | 시내 중심으로 가는 버스를 안내할 때 | 사용하는 표현입니다. 비슷한 표현으로 Take bus number 50 for downtown.[테익 버스 넘버 피프티 포 다운타운] (시내로 가시려면 50번 버스를 타세요.)이 있습니다. 'for+목적지' 구문을 사용하면 목적지를 간결하게 전달할 수 있습니다.

A You can take bus number 50 to get to the city center.
시내 중심까지 가시려면 50번 버스를 타세요.

B Thank you, I'll catch that bus.
감사합니다. 그 버스를 타야겠어요.

4 You can transfer from the subway to the bus for free.

[유 캔 트랜스퍼 프럼 더 써브웨이 투 더 버스 포 프리]

지하철에서 버스로 무료 환승이 가능합니다. ☐

손님에게 | 지하철에서 버스로 무료 환승할 수 있음을 안내할 때 | 사용하는 표현입니다. transfer for free는 '무료로 환승하다'란 의미입니다. 비슷한 표현으로 Free transfers are available between the subway and bus.[프리 트랜스퍼즈 아 어베 일러블 비트윈 더 써브웨이 앤 버스] (지하철과 버스 간 무료 환승이 가능합니다.)가 있습니다. available은 특정 서비스나 옵션이 제공된다는 의미로, 안내할 때 자주 사용되는 단어입니다.

A You can transfer from the subway to the bus for free.
지하철에서 버스로 무료 환승이 가능합니다.

B That's good to know, thanks!
좋은 정보네요, 감사합니다!

Good-bye!

1 There's a shuttle bus to the airport.

[데얼즈 어 셔틀 버스 투 디 에어포트]

공항으로 가는 셔틀버스가 있습니다. ☐

손님에게 공항으로 가는 셔틀버스가 있음을 안내 할때 사용하는 표현입니다. 비슷한 표현으로 You can take the shuttle bus to the airport. [유 캔 테익 더 셔틀 버스 투 디 에어포트] (공항으로 가는 셔틀버스를 타실 수 있습니다.)가 있습니다. 지하철의 경우에는 You can take the subway to the airport.[유 캔 테익 더 써브웨이 투 디 에어포트] (지하철로 공항까지 가실 수 있습니다.)라고 말하면 됩니다.

A **There's a shuttle bus to the airport.**
공항으로 가는 셔틀버스가 있습니다.

B **That's convenient, I'll take the shuttle.**
편리하네요, 셔틀을 타야겠어요.

2 The shuttle bus runs every 30 minutes.

[더 셔틀 버스 런즈 에브리 써-티 미닛츠]

셔틀버스는 30분마다 운행됩니다. ☐

손님에게 셔틀버스가 30분마다 운행된다는 점을 안내할 때 사용하는 표현입니다. run every 30 minutes는 '30분마다 운행되다'란 뜻입니다. 비슷한 표현으로 The shuttle bus departs every half hour.[더 셔틀 버스 디파-츠 에브리 해프 아워] (셔틀버스는 30분마다 출발합니다.)가 있습니다. half hour는 30 minutes보다 조금 더 구어체적인 느낌을 줍니다.

A **The shuttle bus runs every 30 minutes.**
셔틀버스는 30분마다 운행됩니다.

B **Great, I'll catch the next one.**
좋네요, 다음 버스를 타야겠어요.

Accommodation

3 You can book a taxi to the airport at the front desk.

[유 캔 북 어 택시 투 디 에어포트 앳 더 프런트 데스크]

프런트 데스크에서 공항으로 가는 택시를
예약하실 수 있습니다. ☐

손님에게 | 공항으로 가는 택시를 프런트 데스크에서 예약할 수 있음을 안내할 때 | 사용하는
표현입니다. book a taxi는 '택시를 예약하다'란 뜻입니다. 비슷한 표현으로 You can
arrange an airport taxi at the front desk.[유 캔 어레인지 언 에어포트 택시 앳 더 프
런트 데스크](프런트 데스크에서 공항 택시를 예약할 수 있습니다.)가 있습니다. airport taxi는 공항
에서 승객을 태우거나 내려 주는데 특화된 택시를 가리킵니다.

A You can book a taxi to the airport at the front desk.
프런트 데스크에서 공항으로 가는 택시를 예약하실 수 있습니다.

B I'll book one for tomorrow morning. 내일 아침에 예약해야겠어요.

4 The bus stop is just a few steps from the hotel.

[더 버스 스탑 이즈 저스트 어 퓨 스텝스 프럼 더 호텔]

버스 정류장이 호텔에서 몇 걸음 거리입니다. ☐

손님에게 | 버스 정류장이 호텔에서 가까운 거리에 있음을 설명할 때 | 사용하는 표현입니
다. bus stop은 '버스 정류장'을 의미합니다. 비슷한 표현으로 The bus stop is right
outside the hotel.[더 버스 스탑 이즈 롸잇 아웃싸이드 더 호텔](버스 정류장이 호텔 바로 밖
에 있습니다.)이 있습니다. right outside는 '바로 밖에'란 뜻입니다.

A The bus stop is just a few steps from the hotel.
버스 정류장이 호텔에서 몇 걸음 거리입니다.

B That's very close, thanks! 정말 가깝네요, 감사합니다!

Good-bye!

1 There's a car rental service nearby.

[데얼즈 어 카 렌털 써-비스 니어바이]

근처에 렌터카 서비스가 있습니다. ☐

손님에게 근처에 렌터카 서비스를 제공하는 곳이 있음을 안내할 때 사용하는 표현입니다. car rental service는 '렌터카 서비스'를 의미합니다. car rental service를 더 단순하게는 rental cars 라고 표현할 수 있습니다. There are rental cars available nearby.[데얼 아 렌털 카-즈 어베일러 블 니어바이] (근처에서 렌터카를 이용하실 수 있습니다.)

A There's a car rental service nearby.
근처에 렌터카 서비스가 있습니다.

B That's great, I need a car for tomorrow.
좋네요, 내일 차가 필요해요.

2 The car rental office is just 5 minutes away on foot.

[더 카 렌털 오피스 이즈 저스트 파이브 미닛츠 어웨이 온 풋]

렌터카 사무소는 걸어서 5분 거리에 있습니다. ☐

손님에게 렌터카 사무소가 호텔에서 가까운 거리에 있음을 안내할 때 사용하는 표현입니다. on foot 이라는 표현을 사용하여 사무소가 '도보로도 쉽 게 접근 가능하다'는 점을 명확하게 전달합니 다. 비슷한 표현으로 It's only a short walk to the car rental office.[잇츠 온리 어 숏 워크 투 더 카 렌털 오피스] (렌터카 사무소는 금방 걸어갈 수 있는 거 리에 있습니다.)가 있습니다.

A The car rental office is just 5 minutes away on foot.
렌터카 사무소는 걸어서 5분 거리에 있습니다.

B Perfect, I'll walk there.
완벽하네요, 걸어가야겠어요.

Accommodation

HOTEL

3 You can make a reservation for a rental car online.

[유 캔 메익 어 레저베이션 포 어 렌털 카 온라인]

온라인으로 렌터카 예약을 하실 수 있습니다. ☐

손님에게 온라인으로 렌터카 예약이 가능하다고 안내할 때 사용하는 표현입니다. '온라인으로'는 영어로 online이라고 간단히 표현할 수 있습니다. 비슷한 표현으로 Book your rental car online for convenience.[북 유어 렌털 카 온라인 포 컨비니언스] (편리하게 온라인으로 렌터카를 예약하세요.)가 있습니다.

A You can make a reservation for a rental car online.
온라인으로 렌터카 예약을 하실 수 있습니다.

B Great, I'll book it online.
좋네요, 온라인으로 예약해야겠어요.

4 I can give you directions to the rental office.

[아이 캔 기브 유 디렉션즈 투 더 렌털 오피스]

렌터카 사무소로 가는 길을 알려 드릴 수 있습니다. ☐

손님에게 렌터카 사무소로 가는 길을 안내해 줄 때 사용하는 표현입니다. give directions는 '길을 알려 주다'라는 의미입니다. 비슷한 표현으로 I can show you the way to the rental office.[아이 캔 쑈우 유 더 웨이 투 더 렌털 오피스] (렌터카 사무소로 가는 길을 안내해 드릴 수 있습니다.)가 있습니다. show you the way는 실제로 길을 따라가면서 안내해 줄 때도 사용될 수 있습니다.

A I can give you directions to the rental office.
렌터카 사무소로 가는 길을 알려 드릴 수 있습니다.

B Thanks, I appreciate it.
감사합니다. 그럼 고맙겠어요.

Good-bye!

1 We can store your luggage for you.

[위 캔 스토어 유어 러기지 포 유]

짐을 맡아 드릴 수 있습니다. ☐

손님에게 짐 보관을 제안할 때 사용하는 표현입니다. store one's luggage는 '짐을 보관하다'라는 의미입니다. 비슷한 표현으로 We'll keep your bags safe for you.[위일 킵 유어 백스 세이프 포 유] (짐을 안전하게 보관해 드리겠습니다.)가 있습니다. luggage와 baggage는 둘 다 '짐'을 뜻하며, 셀 수 없는 명사이기 때문에 복수형으로 s를 붙이지 않는 것이 특징입니다.

A We can store your luggage for you.
짐을 맡아 드릴 수 있습니다.

B That would be great, thank you!
좋아요, 감사합니다!

2 Would you like to leave your bags here?

[우 쥬 라익 투 리-브 유어 백스 히어?]

짐을 여기 두시겠어요? ☐

손님에게 짐을 맡기고 싶은지 물어볼 때 사용하는 표현입니다. leave one's bags는 '짐을 두다'란 의미입니다. 비슷한 표현으로 Do you want to store your luggage here?[두 유 원 투 스토어 유어 러기지 히어?] (짐을 여기 보관하시겠어요?)가 있습니다. 추가로 You can pick up your luggage anytime.[유 캔 픽 업 유어 러기지 에니타임] (짐은 언제든지 찾으실 수 있습니다.)란 표현도 함께 알아 두세요.

A Would you like to leave your bags here?
짐을 여기 두시겠어요?

B Yes, please. I'll leave them here.
네, 부탁드려요.
여기 두겠습니다.

3 Please keep your luggage tag for pickup.

[플리즈 킵 유어 러기지 태그 포 픽업]

짐을 찾으실 때를 위해 짐 태그를 보관해 주세요. □

손님이 ┃짐 태그를 보관하도록 안내할 때┃ 사용하는 표현입니다. luggage tag는 '짐 태그'를 의미하며, for pickup은 '나중에 찾기 위해'라는 의미입니다. 비슷한 표현으로 Hold onto your claim tag to pick up your luggage.[홀드 온투 유어 클레임 태그 투 픽 업 유어 러기지] (짐을 찾으시려면 클레임 태그를 보관해 주세요.)가 있습니다. hold onto는 '~을 계속 가지고 있다', '~을 꼭 붙들다', 또는 '~을 잘 보관하다'라는 뜻입니다.

A Please keep your luggage tag for pickup.
짐을 찾으실 때를 위해 짐 태그를 보관해 주세요.

B Sure, I'll hold onto it. 물론이죠, 잘 보관할게요.

4 We suggest keeping your valuables with you.

[위 써제스트 킵핑 유어 밸류어블즈 윗 유]

귀중품은 직접 소지하시길 권장드립니다. □

손님에게 ┃귀중품을 직접 소지하도록 권장할 때┃ 사용하는 표현입니다. suggest keeping your valuables는 '귀중품을 보관하길 제안하다'라는 뜻입니다. 비슷한 표현으로 It's better to keep your valuables with you.[잇츠 베터 투 킵 유어 밸류어블즈 윗 유] (귀중품은 직접 소지하시는 것이 좋습니다.)가 있습니다.

A We suggest keeping your valuables with you.
귀중품은 직접 소지하시길 권장드립니다.

B I'll keep my wallet and passport with me.
지갑과 여권은 직접 소지할게요.

Good-bye!

1 We can provide an extra bed for your room.

[위 캔 프로바이드 언 엑스트라 베드 포 유어 룸]

객실에 추가 침대를 제공해 드릴 수 있습니다. □

손님에게 │ 객실에 추가 침대를 제공할 때 │ 사용할 수 있는 표현입니다. extra 대신 additional을 쓸 수도 있습니다. 비슷한 표현으로 Would you like an additional bed in your room?[우 쥬 라익 언 엑스트라 베드 인 유어 룸?](객실에 추가 침대를 원하시나요?)이 있습니다. Would you like ~?는 공손하게 제안하거나 요청할 때 자주 사용하는 표현입니다. 일상적인 상황에서는 조금 덜 공식적인 Do you want ~?를 사용할 수 있습니다.

A We can provide an extra bed for your room.
객실에 추가 침대를 제공해 드릴 수 있습니다.

B Thank you, that would be helpful.
감사합니다. 도움이 될 것 같아요.

2 We will bring extra bedding to your room.

[위 윌 브링 엑스트라 베딩 투 유어 룸]

추가 침구류를 객실로 가져다 드리겠습니다. □

손님에게 │ 객실에 추가 침구류를 제공할 때 │ 사용할 수 있는 표현입니다. extra bedding 은 '추가 침구류'라는 뜻입니다. bring은 무언가를 말하는 사람이나 듣는 사람이 있는 곳으로 '가져오다'라는 의미입니다. 반면에 take는 무언가를 말하는 사람이나 듣는 사람이 있는 곳에서 다른 장소로 '가져가다'라는 의미입니다. Can you take this to John?[캔 유 테익 디스 투 쫜?](이것을 존에게 가져다 줄 수 있나요?)

A We will bring extra bedding to your room.
추가 침구류를 객실로 가져다 드리겠습니다.

B That sounds good, thank you. 좋네요, 감사합니다.

Welcome!

Accommodation

3 Would you like us to clean your room now?

[우 쥬 라익 어스 투 클린 유어 룸 나우?]

지금 방 청소를 해 드릴까요? ☐

손님에게 | 청소 서비스를 제안할 때 | 사용할 수 있는 표현입니다. Would you like us to ~?는 손님의 의사를 물으며, 청소 서비스의 타이밍을 손님의 편의에 맞춰 조정할 수 있음을 나타냅니다. 비슷한 표현으로는 Shall we clean your room now?[쉘 위 클린 유어 룸 나우?] (지금 방 청소를 해 드릴까요?)가 있습니다. Shall we ~?로 묻는 방식은 Would you like us to ~?와 비슷하게 공손하지만, 더 간단한 방식입니다.

A Would you like us to clean your room now?
지금 방 청소를 해 드릴까요?

B Yes, please.
That would be great.
네, 부탁드려요. 좋겠어요.

4 We can change your sheets and towels.

[위 캔 체인지 유어 쉬-츠 앤 타월즈]

침대 시트와 수건을 교체해 드리겠습니다. ☐

손님에게 | 침구류와 수건 교체를 제안할 때 | 사용할 수 있는 표현입니다. 비슷한 표현으로 Would you like fresh sheets and towels?[우 쥬 라익 프레시 쉬-츠 앤 타월즈?] (새로운 시트와 수건을 원하시나요?)가 있습니다. 이 표현은 fresh라는 단어를 사용하여, 교체된 시트와 수건이 새롭고 깨끗하다는 점을 강조하면서 손님의 필요를 정중하게 묻는 방식입니다.

A We can change your sheets and towels.
침대 시트와 수건을 교체해 드리겠습니다.

B That's perfect, thanks!
완벽하네요, 감사합니다!

Good-bye!

1 Did you lose something?

[디 쥬 루-즈 썸띵?]

뭔가 잃어버리셨나요?

손님에게 [분실 여부에 대해 물어볼 때] 사용하는 표현입니다. lose something은 '무언가를 잃어 버리다'라는 의미입니다. 비슷한 표현으로 Are you missing something?[아 유 미씽 썸띵?] (뭔가를 잃어버리셨나요?)이 있습니다. Did you lose something?은 다소 직설적이고 분실 사실을 전제로 하는 반면, Are you missing something?은 부드럽고 덜 확정적인 느낌을 줍니다.

A Did you lose something?
뭔가 잃어버리셨나요?

B Yes, I think I left my wallet in the room.
네, 방에 지갑을 두고 나온 것 같아요.

2 Can you describe the item?

[캔 유 디스크라이브 디 아이템?]

물건을 묘사해 주시겠어요?

손님에게 [분실품을 묘사해 달라고 요청할 때] 사용하는 표현입니다. describe는 '묘사하다'라는 의미입니다. 비슷한 표현으로 Could you tell me what it looks like?[쿠 쥬 텔 미 왓 잇 룩스 라익?] (어떻게 생겼는지 말씀해 주시겠어요?)이 있습니다. Can you describe the item?은 더 직접적이고 공식적인 어조를 가지며, Could you tell me what it looks like?은 더 부드럽고 캐주얼한 느낌을 줍니다.

A Can you describe the item?
물건을 묘사해 주시겠어요?

B It's a black leather wallet with a zipper.
지퍼가 있는 검은색 가죽 지갑이에요.

Welcome!

Accommodation

3 We will check if it has been found.

[위 윌 첵 이프 잇 워즈 파운드]

분실물이 발견되었는지 확인해 보겠습니다. ☐

손님에게 분실품의 발견 여부를 확인해 보겠다고 말할 때 사용하는 표현입니다. check if it has been found는 '분실물이 발견되었는지 확인하다'라는 의미입니다. 비슷한 표현으로 We will see if it has been found.[위 윌 씨 이프 잇 해즈 빈 파운드] (발견되었는지 확인해 보겠습니다.)가 있습니다. 이처럼 과거가 아닌 현재까지의 상황을 고려하여 물건이 발견되었는지를 말할 때는 if it was found가 아니라 if it has been found를 씁니다.

A **We will check if it has been found.**
분실물이 발견되었는지 확인해 보겠습니다.

B **Thank you, I really hope it's there.**
감사합니다. 꼭 찾았으면 좋겠어요.

4 We will let you know if we find it.

[위 윌 렛 유 노우 이프 위 파인드 잇]

발견되면 알려 드리겠습니다. ☐

손님에게 분실물을 찾을 시 연락을 줄 것을 안내할 때 사용하는 표현입니다. let you know는 '당신에게 알려 주다'라는 의미입니다. 비슷한 표현으로 We'll contact you if it turns up.[위일 칸택트 유 이프 잇 턴즈 업] (발견되면 연락드리겠습니다.) 이 있습니다. if it turns up은 물건이 '우연히' 발견되었을 때를 표현하며, 조금 더 캐주얼한 뉘앙스를 가지고 있습니다.

A **We will let you know if we find it.**
발견되면 알려 드리겠습니다.

B **I appreciate it, thanks!**
감사합니다. 고마워요!

Good-bye!

1 Are you ready to check out?

[아 유 레디 투 체크 아웃?]

체크아웃 준비되셨나요?

손님이 체크아웃 준비가 됐는지 확인할 때 사용하는 표현입니다. 비슷한 표현으로 Is there anything else I can assist you with before you check out?[이즈 데어 에니띵 엘스 아이 캔 어씨스트 유 윗 비포 유 체크 아웃?] (체크아웃 전에 도와드릴 일이 더 있나요?)이 있습니다. 이 표현은 손님이 체크아웃하기 전에 추가로 필요한 서비스가 있는지 묻는 세심한 질문입니다.

A Are you ready to check out?
체크아웃 준비되셨나요?

B Yes, I'm ready.
네, 준비됐어요.

2 Did you enjoy your stay?

[디 쥬 인조이 유어 스테이?]

숙박은 즐거우셨나요?

손님이 머무는 동안 만족했는지 확인할 때 사용하는 표현입니다. 비슷한 표현으로 How was your stay?[하우 워즈 유어 스테이?] (숙박은 어떠셨나요?)가 있습니다. Did you enjoy your stay? 는 손님이 호텔에서 즐거운 경험을 했는지를 묻는, 다소 감정적인 질문입니다. How was your stay?는 숙박에 대한 전반적인 평가를 묻는 더 넓고 일반적인 질문입니다.

A Did you enjoy your stay?
숙박은 즐거우셨나요?

B Yes, it was very comfortable.
네, 아주 편안했어요.

3 May I have your room key, please?

[메이 아이 해브 유어 룸 키, 플리즈?]

방 열쇠를 주시겠어요?

손님에게 **방 열쇠 반납을 요청할 때** 사용하는 표현입니다. 비슷한 표현으로 Could you return your key card?[쿠 쥬 리턴 유어 키 카드?] (방 열쇠 카드를 반납해 주시겠어요?)가 있습니다. 비대면 체크아웃이 가능하다면 Please drop your key in the key box before you leave.[플리즈 드롭 유어 키 인 더 키 박스 비포 유 리-브] (떠나시기 전에 열쇠를 키 박스에 넣어 주세요.)라고 말하면 됩니다.

A **May I have your room key, please?**
방 열쇠를 주시겠어요?

B **Here it is.**
여기 있어요.

4 We hope to see you again.

[위 호우프 투 씨 유 어겐]

다시 뵙기를 바랍니다.

손님에게 **체크아웃 시 인사할 때** 사용하는 표현입니다. hope to see you again은 '다시 뵙기를 기대하다'라는 의미입니다. 비슷한 표현으로 We look forward to your next visit.[위 룩 포워드 투 유어 넥스트 비짓] (다음 방문을 기대하겠습니다.)이 있습니다. 추가로 다음과 같이 감사의 마음을 표현하면 좋은 인상을 남길 수 있습니다. Thank you for choosing our hotel.[땡큐 포 추-징 아워 호텔] (저희 호텔을 선택해 주셔서 감사합니다.)

A **We hope to see you again.**
다시 뵙기를 바랍니다.

B **Thank you, I had a great stay.**
감사합니다. 좋은 시간을 보냈어요.

Good-bye!

PART 7

택시(교통수단)에서
손님을 응대할 때 쓰는
네 가지 표현

MP3
다운로드&듣기

1 Hello, welcome!

[헬로우, 웰컴!]

안녕하세요, 환영합니다! □

손님이 │택시에 탑승할 때│ 인사하는 기본적인 표현입니다. 영어권에서는 상대방을 처음 만났을 때 Hello!라고 인사하는 것이 매우 일반적입니다. welcome은 상대방을 환영할 때 사용하는 말입니다. 참고로, welcome 뒤에 '탑승'을 의미하는 aboard를 붙이면 손님이 차량에 탑승한 것을 더욱 친절하게 환영하는 느낌을 줄 수 있습니다. Hello, welcome aboard.[헬로우, 웰컴 어보-드] (안녕하세요, 탑승을 환영합니다.)

A Hello, welcome!
안녕하세요, 환영합니다!

B Hi, thanks for picking me up.
안녕하세요, 태워 주셔서 감사합니다.

2 Good morning/afternoon/evening.

[굿 모닝/애프터눈/이브닝]

좋은 아침/오후/저녁입니다. □

손님에게 │시간대에 맞춰 인사할 때│ 사용하는 표현입니다. 아침에는 Good morning., 오후에는 Good afternoon., 저녁에는 Good evening.을 사용합니다. 이 인사말은 공식적이거나 비공식적인 상황 모두에서 사용 가능합니다. 저녁에 만났을 때의 인사는 Good evening.이지만, 밤에 헤어질 때 인사를 할 때는 Good night.으로 써야 하는 데 주의하세요. 시간에 상관없이 인사하려면 Hello!나 Hi!를 사용하면 됩니다.

A Good morning.
좋은 아침입니다.

B Good morning.
To the airport, please.
좋은 아침입니다.
공항으로 가주세요.

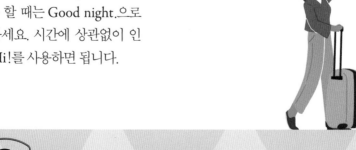

Taxi & Transportation

3 How are you today?
[하우 아 유 투데이?]

오늘 기분이 어떠세요? ☐

손님의 기분을 물어보며 인사를 할 때 사용하는 표현입니다. How are you today?는 오늘 기분이 어떠냐는 뜻으로, 손님과의 친근한 소통을 유도합니다. 비슷한 표현으로 How are you doing today?[하우 아 유 두잉 투데이?](오늘 기분이 어떠세요?)가 있습니다. How are you doing today?는 How are you today?와 거의 같은 의미이나, 조금 더 비공식적이고 편안한 느낌을 줍니다.

A **How are you today?**
오늘 기분이 어떠세요?

B **I'm good, thanks for asking.**
좋아요, 물어봐 주셔서 감사합니다.

4 Thank you for choosing my taxi.
[땡큐 포 추-징 마이 택시]

저희 택시를 선택해 주셔서 감사합니다. ☐

손님이 택시를 선택해 준 것에 대해 감사의 인사를 전할 때 사용하는 표현입니다. Thank you for choosing은 '선택해 주셔서 감사하다'란 의미입니다. 비슷한 표현으로 Thank you for riding with us.[땡큐 포 롸이딩 윗 어스](저희 택시를 이용해 주셔서 감사합니다.)가 있습니다. Thank you for choosing my taxi.는 선택에 대한 감사의 초점을 맞추는 반면, Thank you for riding with us.는 전체적인 이용 경험에 대한 감사 표현입니다.

A **Thank you for choosing my taxi.**
저희 택시를 선택해 주셔서 감사합니다.

B **You're welcome.**
천만에요.

¹ Where would you like to go?

[웨어 우 쥬 라익 투 고우?]

어디로 가시겠어요?

손님에게 목적지를 물어볼 때 사용하는 공손한 질문입니다. 손님이 택시에 탑승하면서 목적지를 바로 말하지 않았다면, 이 표현을 통해 손님의 목적지를 정중하게 물어볼 수 있습니다. 추가로 사용할 수 있는 표현으로는 Is there a specific route you want to take?[이즈 데얼 어 스페시픽 루-트 유 원 투 테익?] (가고 싶은 경로가 따로 있으신가요?)이 있습니다. 이 질문은 손님이 원하는 경로를 물어보는 것으로, 택시 기사로서 손님의 선호를 배려하는 인상을 줄 수 있습니다.

A **Where would you like to go?**
어디로 가시겠어요?

B **I'd like to go to the park.**
공원으로 가고 싶어요.

² Where to?

[웨어 투?]

어디로 가시나요?

손님에게 목적지를 간단하게 물어볼 때 사용하는 표현입니다. where는 가고자 하는 장소를 묻는 말이고, to는 '~로'란 뜻입니다. 따라서 전체적으로 어디로 가시나요?라는 의미를 전달합니다. 이 표현은 짧지만 택시 기사들이 실제로 쓰는 표현입니다. 추가로, 손님이 주소를 가지고 있는지 물을 때는 Do you have an address?[두 유 해브 언 어드레스?] (주소가 있나요?)라는 문장을 사용하면 됩니다.

A **Where to?**
어디로 가시나요?

B **To the train station, please.**
기차역으로 가 주세요.

Taxi & Transportation

³ **Where can I take you?**

[웨어 캔 아이 테익 유?]

어디로 모셔다 드릴까요?

손님에게 목적지를 묻는 동시에 친절한 서비스를 제공하고 있음을 강조하고 싶을 때 사용하는 표현입니다. take you라는 표현은 손님을 목적지까지 안전하고 편안하게 모시겠다는 의미를 내포하고 있습니다. 이어서 사용할 수 있는 표현으로 I'll get you there as quickly as possible.[아일 겟 유 데어 애즈 퀴클리 애즈 파써블] (빠르게 모셔다 드리겠습니다.)이 있습니다. 이 문장은 손님에게 신속하게 목적지까지 이동하겠다는 의지를 보여 주는 표현입니다.

A Where can I take you?
어디로 모셔다 드릴까요?

B To the museum, please.
박물관으로 가 주세요.

⁴ **What's your destination?**

[왓츠 유어 데스티네이션?]

목적지가 어디인가요?

손님이 가고자 하는 구체적인 장소를 물어볼 때 사용하는 표현입니다. destination은 '목적지'라는 의미로, 손님이 최종적으로 가고자 하는 장소를 나타냅니다. 이 문장은 상대적으로 간결하면서도, 손님이 원하는 목적지를 정확하게 파악하는 데 효과적입니다. 더 공손한 표현으로는 Could you please tell me your destination?[쿠쥬 플리즈 텔 미 유어 데스티네이션?] (목적지를 말씀해 주시겠어요?)이 있습니다.

A What's your destination?
목적지가 어디인가요?

B Gimpo Airport.
김포 공항이요.

Good-bye!

¹ Are you ready to go?

[아 유 레디 투 고우?]

출발할 준비되셨나요?

손님이 출발 준비가 되었는지 확인할 때 사용하는 표현입니다. 이 표현은 특히 한 명 이상의 손님이 있거나 짐이 많을 때, 모든 준비가 완료되었는지 확인할 때 적합합니다. 비슷한 표현으로는 Are we all set?[아 위 올 쎗?] (모두 준비되셨나요?)이 있습니다. 이 표현 또한 여러 명의 손님이 있거나 다수의 짐이 있을 때, 모든 것이 준비되었는지 확인할 때 사용합니다.

A **Are you ready to go?**
출발할 준비되셨나요?

B **Yes, I'm ready.**
네, 준비됐어요.

² Shall we get going?

[쉘 위 겟 고우잉?]

출발할까요?

손님에게 비교적 공손하게 출발할지 물을 때 사용하는 표현입니다. get going은 '출발하다'라는 의미를 담고 있으며, Shall we ~?라는 표현은 함께 행동할 것을 제안하는 느낌을 주어 매우 자연스럽고 부담 없이 대화를 이어갈 수 있습니다. 비슷한 표현으로 Shall we move on?[쉘 위 무-브 온?] (이제 출발할까요?)이 있습니다. 이 표현은 Shall we get going?과 비슷하게 출발을 제안하는 말로, move on은 '다음 단계로 넘어가다' 또는 '이동하다'라는 의미를 지니고 있습니다.

A **Shall we get going?**
출발할까요?

B **Sure, let's go.**
네, 출발하시죠.

Taxi &
Transportation

³ Is the temperature okay for you?

[이즈 더 템퍼러쳐 오케이 포 유?]

온도가 괜찮으신가요?

손님의 편의를 위해 택시 안의 온도가 적절한지 물어볼 때 사용하는 표현입니다. temperature 는 '온도'를 의미하며, 여기서 okay는 '괜찮다'란 뜻입니다. 관련 표현으로 Too hot or cold?[투 핫 오어 코울드?](너무 덥거나 추워요?)가 있습니다. 이 표현은 보다 간단하게 손님의 온도에 대한 불편함을 확인할 수 있는 방법입니다.

A Is the temperature okay for you?
온도가 괜찮으신가요?

B Yes, it's perfect.
네, 딱 좋아요.

⁴ Please let me know if you need anything.

[플리즈 렛 미 노우 이프 유 니드 에니띵]

필요한 것이 있으면 말씀해 주세요.

손님이 택시에 있는 동안 필요할 것이 있으면 알려 달라고 할 때 사용하는 표현입니다. 여기서 let me know는 '알려 달라'는 의미로, 손님의 요청 사항에 즉각적으로 대응할 준비가 되어 있음을 전달합니다. 이 표현은 특히 손님이 장시간 탑승 시 유용합니다. 비슷한 표현으로 Feel free to ask if you need anything.[필 프리 투 애스크 이프 유 니드 에니띵](필요한 것이 있으면 언제든지 말씀해 주세요.)이 있습니다. 이 표현을 사용하면 손님이 편안하게 요청할 수 있어, 더 나은 서비스를 제공할 수 있습니다.

A Please let me know if you need anything.
필요한 것이 있으면 말씀해 주세요.

B Will do, thanks! 그럴게요, 감사합니다!

Good-bye!

1 There's heavy traffic ahead.

[데얼즈 헤비 트래픽 어헤드]

앞에 교통이 혼잡합니다. ☐

손님에게 앞쪽 도로의 교통이 매우 혼잡하다는 것을 알릴 때 사용하는 표현입니다. heavy traffic은 '교통 혼잡'이라는 의미로, 이 표현은 손님이 교통 체증을 예상할 수 있도록 도와줍니다. 비슷한 표현으로 There's a bit of congestion up ahead.[데얼즈 어 빗 오브 컨제스쳔 업 어헤드](앞쪽에 약간의 혼잡이 있습니다.)가 있습니다. congestion 또한 '혼잡'을 의미하는데, 교통 상황이 다소 혼잡하지만 심각하지 않을 때 사용합니다.

A There's heavy traffic ahead.
앞에 교통이 혼잡합니다.

B Oh, I see. Thanks for letting me know.
아, 알겠습니다. 알려 주셔서 감사합니다.

2 There's an accident ahead.

[데얼즈 언 액씨던트 어헤드]

앞에 사고가 있습니다. ☐

손님에게 도로 위에 사고가 발생했음을 알릴 때 사용하는 표현입니다. accident는 '사고'를 의미하고, ahead는 '앞쪽에'라는 뜻입니다. 이 비슷한 표현으로 We've got an accident up front.[위브 갓 언 액씨던트 업 프런트](앞쪽에 사고가 있어요.)가 있습니다. up front는 ahead보다 덜 공식적이고 친근한 표현입니다. 그래서 이 표현은 좀 더 캐주얼하고 비격식적인 느낌을 줍니다.

A There's an accident ahead.
앞에 사고가 있습니다.

B I hope no one's hurt.
아무도 다치지 않았길 바라요.

직종을 넘어 나에게 꼭 필요한 표현 ☑

³ The traffic is moving slowly.

[더 트래픽 이즈 무-빙 슬로울리]

교통이 천천히 움직이고 있습니다. ☐

손님에게 교통 상황이 원활하지 않고 천천히 움직이고 있음을 알릴 때 사용하는 표현입니다. move slowly라는 표현은 교통이 완전히 정체된 것은 아니지만, 순조롭지 않은 상황임을 나타냅니다. 비슷한 표현으로 We're stuck in a traffic jam.[위어 스턱 인 어 트래픽 잼] (우리는 교통 체증에 갇혀 있어요.)이 있습니다. 이 표현은 교통이 매우 느리게 진행되거나 정체 상태임을 나타내며, 손님에게 교통 상황이 매우 좋지 않음을 직설적으로 전달할 때 유용합니다.

A **The traffic is moving slowly.**
교통이 천천히 움직이고 있습니다.

B **I understand, thanks for the update.**
알겠어요, 알려 주셔서 감사해요.

⁴ The road is clear now.

[더 로우드 이즈 클리어 나우]

도로가 지금은 막히지 않습니다. ☐

손님에게 도로가 지금은 원활하게 흐르고 있다는 것을 알릴 때 사용하는 표현입니다. clear는 '교통이 원활한'이란 의미입니다. 이 표현은 특히 이전에 교통 체증이 있었거나, 손님이 이동 시간에 대해 걱정하고 있을 때 유용합니다. 비슷한 표현으로 Traffic is moving freely now.[트래픽 이즈 무-빙 프릴리 나우] (교통이 이제 자유롭게 움직이고 있어요.)가 있습니다.

A **The road is clear now.**
도로가 지금은 막히지 않습니다.

B **Great, we'll get there soon then.**
좋네요, 그럼 곧 도착하겠군요.

Good-bye!

1 We will take a detour.

[위 윌 테익 어 디투어]

우회로로 가겠습니다. □

손님에게 원래 경로를 변경해서 우회할 것임을 말할 때 사용하는 표현입니다. detour는 '우회로'를 의미합니다. 비슷한 표현으로 We will use a different route.[위 윌 유즈 어 디퍼런트 루-트] (다른 경로로 가겠습니다.)가 있습니다. 이 표현은 경로를 변경해야 할 때 사용할 수 있으며, route 대신 way를 사용하여 We will use a different way. (다른 길로 가겠습니다.)라고 표현할 수도 있습니다.

A We will take a detour.
우회로로 가겠습니다.

B Sure, whatever is faster.
그래요, 더 빠른 방법으로 해요.

2 We need to avoid this road.

[위 니 투 어보이드 디스 로우드]

이 도로를 피해야 합니다. □

손님에게 가고 있는 도로를 피해야 함을 알릴 때 사용하는 표현입니다. avoid는 '피하다'라는 의미로, 교통 상황이나 도로 상태가 좋지 않아 그 도로를 피해야 할 때 사용됩니다. 비슷한 표현으로 We will have to bypass this road.[위 윌 해브 투 바이패스 디스 로우드](이 도로를 우회해야 합니다.)가 있습니다. bypass는 '우회하다'라는 의미로, 해당 도로를 피해 다른 경로로 이동할 것임을 전달할 수 있는 표현입니다.

A We need to avoid this road.
이 도로를 피해야 합니다.

B Okay, I trust your judgment.
네, 기사님 판단을 믿어요.

³ This road is blocked. We will take another way.

[디스 로우드 이즈 블락트. 위 윌 테익 어나더 웨이]

이 도로가 막혔습니다. 다른 길로 가겠습니다. ☐

손님에게 │ 도로가 막혀서 다른 길로 가야 함을 안내할 때 │ 사용하는 표현입니다. be blocked는 '~이 막혔다'는 의미로, 여기서는 사고, 공사 등의 이유로 도로를 통과할 수 없음을 나타냅니다. 비슷한 표현으로 We'll find an alternative route.[위일 파인드 언 얼터너티브 루-트] (대체 경로를 찾겠습니다.)가 있습니다. alternative route는 '대체 경로'라는 의미입니다.

A **This road is blocked. We will take another way.**
이 도로가 막혔습니다. 다른 길로 가겠습니다.

B **No problem, thanks for the update.** 문제없어요, 알려 주셔서 감사해요.

⁴ We're taking a shortcut to avoid the traffic.

[위어 테이킹 어 쑛컷 투 어보이드 더 트래픽]

교통 체증을 피하기 위해 지름길로 가고 있습니다. ☐

손님에게 │ 교통 체증을 피하기 위해 지름길을 이용하고 있음을 알릴 때 │ 사용하는 표현입니다. shortcut은 '지름길'을 의미합니다. 비슷한 표현으로 We're taking a quicker route.[위어 테이킹 어 퀴커 루-트] (더 빠른 길로 가고 있습니다.)가 있습니다. 이 표현은 손님에게 더 빨리 목적지에 도착할 수 있도록 최선을 다하고 있음을 전달하는 표현입니다.

A **We're taking a shortcut to avoid the traffic.**
교통 체증을 피하기 위해 지름길로 가고 있습니다.

B **Great, that should save some time.**
좋아요, 시간을 절약할 수 있겠어요.

Good-bye!

1 I'm sorry, I took a wrong turn.

[아임 쏘리, 아이 툭 어 롱 턴]

죄송합니다, 길을 잘못 들었네요. □

손님에게 |잘못된 방향으로 간 것을 사과하며 알릴 때| 사용하는 표현입니다. take a wrong turn은 '잘못된 방향으로 돌다'란 의미로, 운전 중에 길을 잘못 들었을 때 사용합니다. 비슷한 표현으로 I made a mistake with the route.[아이 메이드 어 미스테익 윗 더 루-트](경로 관련해서 실수를 했네요.)가 있습니다. 이 표현 역시 경로를 잘못 선택했음을 인정하면서, 손님에게 실수를 바로잡기 위해 노력하고 있음을 전달하는 데 사용됩니다.

A I'm sorry, I took a wrong turn. 죄송합니다, 길을 잘못 들었네요.

B That's okay, just take your time. 괜찮아요, 천천히 하세요.

2 Let me get back on track.

[렛 미 겟 백 온 트랙]

제대로 된 길로 돌아가겠습니다. □

손님에게 |올바른 경로로 돌아갈 것임을 알릴 때| 사용하는 표현입니다. get back on track은 '다시 제대로 된 길로 돌아가다'란 의미입니다. 비슷한 표현으로 I'll correct the route.[아일 커렉트 더 루-트](경로를 바로잡겠습니다.)가 있습니다. correct는 '고치다', '수정하다'라는 의미로, 잘못된 경로를 수정하고 올바른 방향으로 이동할 것임을 손님에게 알리는 표현입니다.

A Let me get back on track.
제대로 된 길로 돌아가겠습니다.

B Alright, I'm not in a rush.
알겠어요, 급하지 않아요.

Welcome!

Taxi &
Transportation

³ I missed the turn, but I'll fix it.

[아이 미쓰트 더 턴, 벗 아일 픽스 잇]

회전해야 할 길을 놓쳤지만, 바로잡겠습니다. ☐

손님에게 회전해야 할 길을 지나쳤음을 알리며, 바로 해결할 것이라고 할 때 사용하는 표현입니다. miss the turn은 '회전할 곳을 놓치다'란 의미로, 운전 중에 실수로 인해 잘못된 경로로 가게 되었을 때 이 표현을 사용하여 손님에게 상황을 설명할 수 있습니다. 비슷한 상황에서 출구를 놓쳤을 때는 turn 대신 exit[엑씻]을 사용하여 I missed the exit, but I'll fix it.[아이 미쓰트 디 엑씻, 벗 아일 픽스 잇] (출구를 놓쳤지만, 바로잡겠습니다.)이라고 표현할 수 있습니다.

A I missed the turn, but I'll fix it. 길을 놓쳤지만, 바로잡겠습니다.

B No problem, I trust you. 문제없어요, 믿고 맡길게요.

⁴ Sorry, I need to make a U-turn.

[쏘리, 아이 니 투 메익 어 유 턴]

죄송합니다, 유턴해야겠네요. ☐

손님에게 유턴이 필요함을 알릴 때 사용하는 표현입니다. make a U-turn은 도로에서 방향을 반대로 바꾸기 위해 '유턴하다'란 의미입니다. 비슷한 표현으로 I'll have to turn around.[아일 해브 투 턴 어라운드] (다시 돌아서 가야겠어요.)가 있습니다. 이 표현은 유턴을 포함하여 다른 방법으로 방향을 돌려 원래의 경로로 돌아갈 것임을 손님에게 알릴 때 사용할 수 있습니다.

A Sorry, I need to make a U-turn.
죄송합니다, 유턴해야겠네요.

B That's okay, I understand.
괜찮아요, 이해해요.

Good-bye!

1 I recommend taking a different route.

[아이 레커멘드 테이킹 어 디퍼런트 루-트]

다른 경로로 가는 것을 추천드립니다. ☐

손님에게 현재 경로보다 더 나은 경로가 있어서 추천할 때 사용하는 표현입니다. recommend는 '추천하다'라는 의미입니다. 비슷한 표현으로 I suggest we take another way.[아이 써제스트 위 테익 어나더 웨이](다른 길로 가는 것을 제안드립니다.)가 있습니다. 이 표현 또한 손님에게 더 나은 경로를 제안할 때 사용되며, route 대신 way를 사용하여 조금 더 쉽게 전달할 수 있습니다.

A I recommend taking a different route.
다른 경로로 가는 것을 추천드립니다.

B Sure, if it's faster.
좋아요, 더 빠르다면요.

2 It might be faster if we go this way.

[잇 마잇 비 패스터 이프 위 고우 디스 웨이]

이쪽으로 가면 더 빠를 수 있습니다. ☐

손님에게 더 빠른 경로를 제안할 때 사용하는 표현입니다. faster는 '더 빠른'이란 의미입니다. 비슷한 표현으로 This way could save us some time.[디스 웨이 쿳 쎄이브 어스 썸 타임](이쪽이 시간을 절약해 줄 수 있습니다.)이 있습니다. 이 표현은 손님에게 현재의 선택이 시간을 절약할 수 있는 더 좋은 방법임을 알리는 데 사용됩니다.

A It might be faster if we go this way.
이쪽으로 가면 더 빠를 수 있습니다.

B Okay, let's try it.
네, 그쪽으로 가 보죠.

Taxi & Transportation

3 This road is usually faster.

[디스 로우드 이즈 유주얼리 패스터]

이 길이 보통 더 빠릅니다.

손님에게 | 더 빠른 길을 제안할 때 | 사용하는 표현입니다. usually는 '보통'이라는 의미입니다. 비슷한 표현으로 This way is less crowded.[디스 웨이 이즈 레스 크라우디드](이쪽이 덜 붐빕니다.) 가 있습니다. 이 표현은 특정 경로가 교통량이 적어 덜 붐비고, 따라서 이동이 더 원활할 수 있음을 손님에게 설명할 때 사용할 수 있습니다.

A This road is usually faster.
이 길이 보통 더 빠릅니다.

B Great, let's take it.
좋아요, 그쪽으로 가죠.

4 I know a shortcut that might help.

[아이 노우 어 쑛컷 댓 마잇 헬프]

도움이 될 만한 지름길이 있습니다.

손님에게 | 지름길을 제안할 때 | 사용하는 표현입니다. shortcut은 '지름길'을 의미합니다. 이 표현은 운전자가 지역을 잘 알고 있으며, 최적의 경로를 선택하려고 노력하고 있음을 전달합니다. 비슷한 표현으로 I know a quicker way.[아이 노우 어 퀴커 웨이](더 빠른 길을 알고 있습니다.)가 있습니다. 이 표현 또한 손님에게 더 빠른 경로가 있음을 알려 주고, 이를 통해 목적지에 더 빨리 도착할 수 있음을 제안하는 말입니다.

A I know a shortcut that might help.
도움이 될 만한 지름길이 있습니다.

B Let's give it a try.
한번 가 보죠.

Good-bye!

1 We're almost there.

[위어 얼모스트 데어]

거의 다 왔습니다. ☐

손님에게 목적지에 거의 도착했음을 알릴 때 사용하는 표현입니다. be almost there는 '목적지에 거의 도달했다'는 의미로, 이 표현은 손님에게 목적지가 가까워졌음을 알려 주고, 하차를 준비할 수 있도록 도와줍니다. 비슷한 표현으로 We're just about there.[위어 저스트 어바웃 데어](거의 다 왔습니다.)가 있습니다. 이 표현 역시 목적지에 거의 도착했음을 알려 손님이 도착에 대비할 수 있도록 안내하는 역할을 합니다.

A **We're almost there.**
거의 다 왔습니다.

B **Great, thank you for letting me know.**
좋네요, 알려 줘서 고마워요.

2 We will be there in a few minutes.

[위 윌 비 데어 인 어 퓨 미닛츠]

몇 분 안에 도착할 것입니다. ☐

손님에게 목적지까지 남은 시간이 얼마 되지 않았음을 알릴 때 사용하는 표현입니다. in a few minutes는 '몇 분 안에'라는 의미로, 이 표현을 사용하면 손님이 곧 목적지에 도착할 것임을 예상할 수 있습니다. 비슷한 표현으로 We will arrive shortly.[위 윌 어라이브 숏틀리](곧 도착할 것입니다.)가 있습니다. 이 표현 또한 손님에게 목적지에 거의 도달했음을 알려 주는 표현입니다.

A **We will be there in a few minutes.**
몇 분 안에 도착할 것입니다.

B **That's good to hear.**
다행이네요.

Welcome!

Taxi &
Transportation

3 We're approaching your destination.

[위어 어프로우칭 유어 데스티네이션]

목적지에 접근하고 있습니다. □

손님에게 목적지에 점점 가까워지고 있음을 알릴 때 사용하는 표현입니다. approach는 '접근하다'라는 의미입니다. 비슷한 표현으로 We're nearing your destination.[위어 니어링 유어 데스티네이션] (목적지에 가까워지고 있습니다.)이 있습니다. 여기서 near 또한 '가까워지다'라는 의미를 가지고 있으며, 목적지에 거의 도달했음을 손님에게 알릴 때 유용합니다.

A We're approaching your destination.
목적지에 접근하고 있습니다.

B Thanks for the heads-up.
미리 알려 줘서 고마워요.

4 We're close to your destination.

[위어 클로우스 투 유어 데스티네이션]

목적지 가까이에 있습니다. □

손님에게 목적지에 근접했음을 알릴 때 사용하는 표현입니다. close to는 '~에 가까이'라는 의미입니다. 비슷한 표현으로 Your destination is right ahead.[유어 데스티네이션 이즈 롸잇 어헤드] (목적지가 바로 앞에 있습니다.)가 있습니다. 이 표현은 목적지가 바로 눈앞에 있다는 의미로, 손님에게 도착이 매우 임박했음을 알려 주는 데 사용됩니다.

A We're close to your destination.
목적지에 가까워지고 있습니다.

B Perfect, we're almost there.
좋아요, 거의 다 왔군요.

Good-bye!

¹ **We're here, is this correct?**

[위어 히얼, 이즈 디스 커렉트?]

도착했습니다. 여기 맞나요?

□

손님에게 목적지에 도착했음을 알리며, 위치가 맞는지 확인할 때 사용하는 표현입니다. correct는 '맞는'이란 의미로, 이 표현은 손님에게 원하는 목적지에 정확히 도착했는지 확인하는 데 사용됩니다. 비슷한 표현으로 Is this the right place?[이즈 디스 더 롸잇 플레이스?](여기가 맞는 장소인가요?)가 있습니다. 이 표현 또한 도착한 위치가 손님이 원했던 정확한 장소인지를 물어보는 표현입니다.

A We're here, is this correct?
여기 맞나요?

B Yes, this is the right place.
네, 여기가 맞아요.

² **Here we are.**

[히얼 위 아]

여기예요.

□

손님에게 목적지에 도착했음을 직관적으로 알릴 때 사용하는 표현입니다. Here we are.는 손님에게 목적지에 도달했음을 자연스럽게 알리는 데 사용됩니다. 비슷한 표현으로 This is it.[디스 이즈 잇](여깁니다.)이 있습니다. 이 표현 역시 목적지에 도착했음을 알리는 간결한 방법으로, 손님에게 도착을 안내할 때 유용하게 사용됩니다.

A Here we are.
여기예요.

B Thank you, that was quick.
고마워요, 빨리 왔네요.

³ You can get off here.

[유 캔 겟 오프 히어]

여기서 내리시면 됩니다. ☐

손님에게 내릴 수 있음을 알릴 때 사용하는 표현입니다. get off는 '내리다'라는 의미로, 이 표현은 손님에게 차량에서 안전하게 내릴 수 있음을 안내할 때 사용됩니다. 비슷한 표현으로 You can exit here.[유 캔 엑싯 히어] (여기서 나가시면 됩니다.)가 있습니다. 이 표현은 '나가다'의 의미인 exit를 사용하여 조금 더 공식적인 느낌을 줄 수 있습니다.

A **You can get off here.**
여기서 내리시면 됩니다.

B **Alright, I'll get out here.**
알겠어요, 여기서 내릴게요.

⁴ You've reached your destination.

[유브 뤼-치트 유어 데스티네이션]

목적지에 도착하셨습니다. ☐

손님에게 목적지에 성공적으로 도달했음을 알릴 때 사용하는 표현입니다. reach는 '도달하다'란 의미로, 이 문장은 손님이 원하는 목적지에 안전하고 순조롭게 도착했음을 전달하는 데 사용됩니다. 비슷한 표현으로 We've arrived at your destination.[위브 어라이브드 앳 유어 데스티네이션] (목적지에 도착했습니다.)이 있습니다. arrive를 사용할 때는 장소를 의미하는 전치사 at을 함께 써 줘야 합니다.

A **You've reached your destination.**
목적지에 도착하셨습니다.

B **Thanks, I'll pay now.**
고마워요, 이제 계산할게요.

Good-bye!

1 No problem, I can wait here.

[노 프라블럼, 아이 캔 웨잇 히어]

문제없습니다, 여기서 기다릴게요.

□

손님에게 요청을 받아들이고 기다리겠다고 말할 때 흔히 사용할 수 있는 표현입니다. 이 문장은 손님이 잠시 자리를 비우거나 뭔가 처리해야 할 때, 운전자가 그 자리에 머물며 기다리겠다는 의미입니다. No problem.은 상대방의 요청을 기꺼이 받아들일 때 사용하는 표현입니다. 비슷한 표현으로 I'll be waiting in the same spot.[아일 비 웨이팅 인 더 쎄임 스팟](같은 자리에서 기다리고 있을게요.)이 있습니다. 이 표현은 운전자가 같은 장소에서 계속 기다릴 것임을 강조합니다.

A Could you wait here for a few minutes?
잠시 여기서 기다려 주시겠어요?

B No problem, I can wait here.
문제없습니다, 여기서 기다릴게요.

2 Take your time, I'll be right here.

[테익 유어 타임, 아일 비 롸잇 히어]

천천히 하세요, 여기서 기다리고 있을게요.

□

손님에게 서두르지 않아도 된다고 말하며, 그 자리에서 기다리겠다고 할 때 사용하는 표현입니다. Take your time.은 '서두르지 말고 천천히 하라'는 뜻입니다. 비슷한 표현으로 No rush, I'll be waiting.[노 러쉬, 아일 비 웨이팅](천천히 하세요, 기다리고 있을게요.)이 있습니다. 이 표현 역시 손님에게 서두를 필요가 없음을 알리며, 운전자가 여유롭게 기다릴 것임을 친근하게 전달합니다.

A I need to run an errand, can you wait?
볼일 좀 보고 오려고 하는데, 기다려 주실 수 있나요?

B Take your time, I'll be right here.
천천히 하세요, 여기서 기다리고 있을게요.

Welcome!

Taxi &
Transportation

³ I'll keep the meter running.

[아일 킵 더 미터 뤄닝]

미터기를 켜 놓고 있을게요. ☐

손님에게 미터기를 계속 가동할 것임을 안내할 때 사용하는 표현입니다. keep the meter running 은 '미터기를 계속 작동시키다'라는 의미입니다. 비슷한 표현으로 The fare will continue to count.[더 페어 윌 컨티뉴 투 카운트] (요금이 계속 계산될 거예요.)가 있습니다. 이 표현들은 손님에게 추가 요금에 대한 이해를 돕는 역할을 합니다.

A Can you wait while I grab something inside?
안에서 물건 좀 챙겨 올 동안 기다려 주실래요?

B I'll keep the meter running.
미터기를 켜 놓고 있을게요.

⁴ Just knock on the window when you're back.

[저스트 낙 온 더 윈도우 웬 유어 백]

돌아오시면 그냥 창문을 두드려 주세요. ☐

손님에게 돌아왔을 때 운전자가 알 수 있도록 창문을 두드리라고 할 때 사용하는 표현입니다. knock on the window는 '창문을 두드리다'라는 의미로, 손님이 일을 마치고 다시 돌아왔을 때 운전자에게 알리는 방법을 안내하는 표현입니다. 비슷한 표현으로 Tap on the window when you're ready.[탭 온 더 윈도우 웬 유어 레디] (준비되시면 창문을 두드려 주세요.)가 있습니다.

A Just knock on the window when you're back.
돌아오시면 그냥 창문을 두드려 주세요.

B Okay, I won't be long.
네, 오래 걸리지 않을 거예요.

Good-bye!

¹ The fare is 15,000 won.

[더 페어 이즈 피프틴 따우전 원]

요금은 15,000원입니다. ☐

손님에게 택시 요금을 안내할 때 사용하는 표현입니다. fare는 주로 서비스 이용의 대가로 지불되는 금액을 의미하며, 특정 거리를 이동하거나 정해진 목적지까지의 '요금'을 나타낼 때 사용됩니다. 비슷한 표현으로 Your total is 15,000 won.[유어 토우틀 이즈 피프틴 따우전 원] (총 요금은 15,000원입니다.)이 있습니다. 이 표현은 total을 사용하여 총 요금을 강조하며, 손님에게 지불해야 할 금액을 명확하게 안내합니다.

A **The fare is 15,000 won.**
요금은 15,000원입니다.

B **Here's 20,000 won.**
여기 20,000원 있습니다.

² How would you like to pay?

[하우 우 쥬 라익 투 페이?]

어떻게 지불하시겠어요? ☐

손님에게 결제 방법을 물어볼 때 사용하는 표현입니다. 이 표현은 결제 수단에 대한 손님의 선호를 묻는 질문으로, 손님이 원하는 결제 방법을 선택할 수 있도록 안내합니다. 관련 표현으로 You can pay with cash or card.[유 캔 페이 윗 캐쉬 오어 카드] (현금이나 카드로 지불하실 수 있습니다.)가 있습니다. 두 표현을 이어서 사용하면, 손님에게 결제 방법을 묻고 선택지를 제공하여 결제 과정을 명확하게 안내할 수 있습니다.

A **How would you like to pay?**
어떻게 지불하시겠어요?

B **I'll pay with my card.**
카드로 결제할게요.

Taxi & Transportation

³ You can tap your card here.

[유 캔 탭 유어 카드 히어]

여기에 카드를 대시면 됩니다.

손님에게 카드 단말기에 카드를 대라고 안내할 때 사용하는 표현입니다. tap one's card는 '(단말기 등에) 카드를 대다'라는 의미입니다. 비슷한 표현으로 Please tap your card on the reader.[플리즈 탭 유어 카드 온 더 뤼-더] (단말기에 카드를 대 주세요.)가 있습니다. 이 표현은 reader라는 단어를 사용해, 카드를 대야 할 위치를 더 명확하게 안내하는 방식입니다.

A You can tap your card here.
여기에 카드를 대시면 됩니다.

B Okay, I'll tap it now.
네, 지금 댈게요.

⁴ Here's your change.

[히얼즈 유어 체인지]

여기 잔돈이요.

손님이 현금 결제 후 잔돈을 받을 때 사용하는 표현입니다. change는 '잔돈'을 의미합니다. 영수증이 필요하냐고 물을 때는 Do you need a receipt?[두 유 니드 어 리씨-트?] (영수증 필요하신가요?)라고 하면 됩니다. 이 두 표현은 결제 절차를 마치고, 손님에게 필요한 사항을 깔끔하게 안내하는 데 도움이 됩니다.

A Here's your change.
여기 잔돈이요.

B Thank you.
Keep the change.
감사합니다. 잔돈은 가지세요.

Good-bye!

1 Let me help you with your bags.

[렛 미 헬프 유 윗 유어 백스]

가방을 도와드리겠습니다. ☐

손님에게 | 짐을 도와주겠다고 말할 때 | 사용하는 기본적인 표현입니다. help you with your bags 는 '당신의 가방을 도와주겠다'는 의미입니다. 비슷한 표현으로 I'll give you a hand with your luggage.[아일 기브 유 어 핸드 윗 유어 러기지] (짐을 도와드리겠습니다.)가 있습니다. bag은 일반적으로 가방, 배낭 등 개인이 소지하는 크고 작은 가방을 의미합니다. 반면 luggage는 주로 캐리어, 트렁크 등 여행용으로 사용되는 큰 가방을 지칭합니다.

A **Let me help you with your bags.**
가방을 도와드리겠습니다.

B **Thank you, I appreciate it.**
감사합니다. 고맙습니다.

2 I'll load your luggage in the trunk.

[아일 로우드 유어 러기지 인 더 트렁크]

짐을 트렁크에 넣어 드리겠습니다. ☐

손님의 | 짐을 택시 트렁크에 넣어 줄 때 | 사용하는 표현입니다. load one's luggage in the trunk는 '트렁크에 짐을 넣다'라는 의미입니다. 비슷한 표현으로 I'll put your bags in the back.[아일 풋 유어 백스 인 더 백] (짐을 뒤에 실어 드리겠습니다.)이 있습니다. put은 간단하고 일상적인 동작을 표현하는 데 적합하며, load는 무거운 짐이나 다수의 물건을 차량 등에 싣는 상황에서 더 적합합니다. 짐이 단순히 몇 개의 가방일 경우 put을, 여러 개의 큰 짐이나 무거운 물건일 경우 load를 사용하세요.

A **I'll load your luggage in the trunk.** 짐을 트렁크에 넣어 드리겠습니다.

B **That's very kind of you, thanks.** 정말 친절하시네요. 감사합니다.

Welcome!

Taxi & Transportation

직종을 넘어 나에게 꼭 필요한 표현 ☑

3 **I'll get your bags from the trunk.**

[아일 겟 유어 백스 프럼 더 트렁크]

트렁크에서 가방을 꺼내 드리겠습니다. ☐

손님의 |짐을 트렁크에서 꺼내 줄 때| 사용하는 표현입니다. get one's bags from the trunk는 '트렁크에서 가방을 꺼내다'라는 의미입니다. 비슷한 표현으로 I'll grab your luggage from the trunk.[아일 그랩 유어 러기지 프럼 더 트렁크] (트렁크에서 짐을 꺼내 드리겠습니다.)가 있습니다. get은 좀 더 일반적이고 일상적인 동작을 표현하는 반면, '잡다' 또는 '급히 꺼내다'라는 의미의 grab은 조금 더 신속하거나 적극적인 동작을 표현합니다.

A **I'll get your bags from the trunk.**
트렁크에서 가방을 꺼내 드리겠습니다.

B **Thanks, I appreciate it.**
고마워요, 정말 감사합니다.

4 **I'll unload your luggage now.**

[아일 언로우드 유어 러기지 나우]

이제 짐을 내려 드리겠습니다. ☐

|목적지에 도착 후 손님의 짐을 내려 줄 때| 사용하는 표현입니다. unload one's luggage는 '짐을 내리다'라는 의미입니다. 비슷한 표현으로 I'll take your bags out of the trunk.[아일 테익 유어 백스 아웃 오브 더 트렁크] (짐을 트렁크에서 꺼내 드리겠습니다.)가 있습니다. unload는 짐을 차에서 내려 주는 전체적인 과정을 설명하는 데 적합하며, take out은 트렁크나 특정 공간에서 짐을 꺼내는 구체적인 동작을 설명할 때 적합합니다.

A **I'll unload your luggage now.**
이제 짐을 내려 드리겠습니다.

B **Thank you, I'll take it from here.**
감사합니다, 여기서 제가 가져갈게요.

Good-bye!

1 You can book a taxi through the K-TAXI app.

[유 캔 북 어 택시 쓰루 더 케이 택시 앱]

K-택시 앱으로 택시를 예약할 수 있습니다. ☐

손님에게 | 앱을 통해 택시를 예약할 수 있음을 안내 | 할 때 | 사용하는 표현입니다. book a taxi는 '택시를 예약하다'라는 의미입니다. 비슷한 표현으로 Use the K-TAXI app to book a taxi.[유즈 더 케이 택시 앱 투 북 어 택시](K-택시 앱을 사용해 택시를 예약하세요.)가 있습니다. 이 문장은 use라는 표현을 통해 손님이 앱을 사용해 직접 예약할 수 있음을 간결하게 안내합니다.

A **You can book a taxi through the K-TAXI app.**
K-택시 앱으로 택시를 예약할 수 있습니다.

B **Oh, that's convenient. Thanks for letting me know.**
아, 편리하네요. 알려 주셔서 감사합니다.

2 Here's my card, call me if you need a taxi.

[히얼즈 마이 카드, 콜 미 이프 유 니드 어 택시]

여기 제 명함입니다. 택시가 필요하시면 전화 주세요. ☐

손님이 | 택시가 필요할 때 언제든지 연락할 수 있도록 명함을 줄 때 | 사용하는 표현입니다. Here's my card.는 명함을 건네줄 때 사용하며, 손님이 이후에도 편리하게 연락할 수 있도록 안내하는 표현입니다. 비슷한 표현으로 Feel free to contact me anytime.[필 프리 투 칸택트 미 에니타임](언제든지 연락 주세요.)이 있습니다. 이 표현은 손님이 편하게 연락할 수 있음을 알려 주며, 택시 이용을 권하는 말입니다.

A **Here's my card, call me if you need a taxi.**
제 명함입니다. 택시가 필요하시면 전화 주세요.

B **Thank you, I'll keep it handy.** 감사합니다. 잘 보관할게요.

Welcome!

Taxi &
Transportation

3 If you need a taxi driver, just give me a call.

[이프 유 니드 어 택시 드라이버, 저스트 기브 미 어 콜]

택시 기사가 필요하시면 연락 주세요. ☐

손님이 택시 기사가 필요할 때 연락하도록 안내할 때 사용하는 표현입니다. 이 표현은 손님이 향후 기사가 필요할 때 쉽게 연락할 수 있도록 안내하며, 장기적인 고객 관계를 유지하고자 할 때 유용합니다. 비슷한 표현으로 Feel free to contact me when you need a taxi driver.[필 프리 투 칸택트 미 웬 유 니드 어 택시 드라이버](택시 기사가 필요하시면 언제든지 연락 주세요.)가 있습니다.

A If you need a taxi driver, just give me a call.
택시 기사가 필요하시면 연락 주세요.

B I'll do that, thank you.
그렇게 할게요, 감사합니다.

4 You can pay for the taxi through the app.

[유 캔 페이 포 더 택시 쓰루 디 앱]

앱을 통해 택시 요금을 결제할 수 있습니다. ☐

손님에게 앱을 통해 택시 요금을 결제할 수 있음을 안내할 때 사용하는 표현입니다. pay for the taxi는 '택시 요금을 지불하다'라는 의미입니다. 비슷한 표현으로 The payment can be made directly in the app.[더 페이먼트 캔 비 메이드 디렉틀리 인 디 앱](결제는 앱에서 바로 할 수 있습니다.) 이 있습니다. directly는 결제 과정이 중간 단계 없이 바로 이루어진다는 의미를 강조해 줍니다.

A You can pay for the taxi through the app.
앱을 통해 택시 요금을 결제할 수 있습니다.

B That makes things easier, I'll use the app.
더 편리하네요, 앱을 사용할게요.

Good-bye!

1 On your left is Bukchon Hanok Village.

[온 유어 레프트 이즈 북촌 한옥 빌리지]

왼쪽에 북촌 한옥마을이 있습니다. ☐

손님에게 왼쪽에 한옥마을이 있음을 안내할 때 사용하는 표현입니다. on your left는 '(당신의) 왼쪽에'라는 의미로, 손님이 특정 위치에 있는 관광 명소나 중요한 장소를 쉽게 찾도록 안내하는 표현입니다. 비슷한 표현으로 You can see Bukchon Hanok Village on the left.[유 캔 씨 북촌 한옥 빌리지 온 더 레프트] (왼쪽에서 북촌 한옥마을을 보실 수 있습니다.)가 있습니다. 이 표현은 You can see를 사용하여 손님이 특정 위치에서 명소를 직접 볼 수 있음을 강조하는 표현입니다.

A **On your left is Bukchon Hanok Village.**
왼쪽에 북촌 한옥마을이 있습니다.

B **It looks so traditional and charming!**
정말 전통적이고 매력적으로 보이네요!

2 To your right is the famous COEX Mall.

[투 유어 롸잇 이즈 더 페이머스 코엑스 몰]

오른쪽에 유명한 코엑스몰이 있습니다. ☐

손님에게 몰이 오른쪽에 있음을 안내할 때 사용하는 표현입니다. to your right는 '(당신의) 오른쪽에'라는 의미로, 손님이 차량이나 도보로 이동 중에 주변의 중요한 명소를 쉽게 인식할 수 있도록 도와줍니다. 비슷한 표현으로 On the right is COEX Mall, a popular shopping destination.[온 더 롸잇 이즈 코엑스 몰, 어 파퓰러 샤-핑 데스티네이션] (오른쪽에 코엑스몰이 있어요. 인기 있는 쇼핑 장소입니다.)이 있습니다.

A **To your right is the famous COEX Mall.**
오른쪽에 유명한 코엑스몰이 있습니다.

B **I've been meaning to go there for shopping.** 쇼핑하러 가 보고 싶었어요.

Welcome!

Taxi & Transportation

³ We're now passing through Hongdae, famous for its nightlife.

[위어 나우 패싱 쓰루 홍대, 페이머스 포 잇츠 나잇라이프]

지금 홍대를 지나가고 있습니다. 야간 문화로 유명한 곳이에요. □

손님에게 | 상권을 지나가고 있음을 알리고, 밤에도 사람이 많다고 설명할 때 | 사용하는 표현입니다. pass through는 '~을 지나가다'라는 의미입니다. 비슷한 표현으로 We're now passing by Hongdae, known for its vibrant nightlife.[위어 나우 패싱 바이 홍대, 노운 포 잇츠 바이브런트 나잇라이프] (지금 홍대를 지나가고 있습니다. 활기찬 야간 문화로 유명한 곳이에요.)가 있습니다. pass through는 지역이나 장소를 관통해 지나가는 느낌이고, pass by는 그 지역의 주변을 지나가는 느낌을 줍니다.

A We're now passing through Hongdae, famous for its nightlife.
지금 홍대를 지나가고 있습니다. 야간 문화로 유명한 곳이에요.

B It seems like a lively area! 활기찬 곳 같아요!

⁴ That's Myeongdong ahead, famous for shopping.

[댓츠 명동 어헤드, 페이머스 포 샤-핑]

저 앞에 보이는 것이 명동입니다. 쇼핑으로 유명해요. □

손님에게 | 곧 상권이 보일 것이며, 그곳이 쇼핑으로 유명하다고 설명할 때 | 사용하는 표현입니다. ahead는 '앞에'라는 뜻으로, 손님이 곧 보게 될 명소나 장소를 미리 알려 줄 때 사용합니다. 비슷한 표현으로 Myeongdong is coming up, a great place for shopping. [명동 이즈 커밍 업, 어 그레잇 플레이스 포 샤-핑] (명동이 곧 보일 거예요. 쇼핑하기 좋은 곳이에요.)이 있습니다. come up은 '나타나다'라는 의미입니다.

A That's Myeongdong ahead, famous for shopping.
저 앞에 보이는 것이 명동입니다. 쇼핑으로 유명해요.

B I've heard it's a must-visit spot for tourists.
관광객들이 꼭 가 봐야 하는 곳이라고 들었어요.

Good-bye!

¹ You can catch the airport bus right here.

[유 캔 캐치 디 에어포트 버스 롸잇 히어]

공항버스를 여기서 바로 탈 수 있습니다. ☐

손님에게 가까운 공항버스를 탈 수 있는 장소를 안내할 때 사용하는 표현입니다. catch the bus는 '버스를 타다'라는 의미입니다. 비슷한 표현으로 The airport bus stop is right here.[디 에어포트 버스 스탑 이즈 롸잇 히어](공항버스 정류장이 바로 여기 있습니다.)가 있습니다. right here는 정류장이 바로 근처에 있음을 강조하는 표현입니다.

A You can catch the airport bus right here.
공항버스를 여기서 바로 탈 수 있습니다.

B Perfect, I was worried I might miss it.
완벽해요, 놓칠까 봐 걱정했어요.

² The subway is the fastest way to get there.

[더 써브웨이 이즈 더 패스티스트 웨이 투 겟 데어]

지하철이 거기 가는 가장 빠른 방법입니다. ☐

손님에게 지하철이 목적지까지 가장 빠르게 가는 교통수단임을 설명할 때 사용하는 표현입니다. fastest way는 '가장 빠른 방법'이라는 의미입니다. 비슷한 표현으로 Taking the subway will save you time.[테이킹 더 써브웨이 윌 세이브 유 타임](지하철을 타면 시간을 절약할 수 있습니다.)이 있습니다. save you time은 시간 절약을 강조하는 표현으로, 이 표현을 쓰면 손님에게 지하철이 가장 효율적인 선택임을 설득력 있게 전달할 수 있습니다.

A The subway is the fastest way to get there.
지하철이 거기 가는 가장 빠른 방법입니다.

B I'll take the subway then, thank you. 그럼 지하철을 탈게요, 감사합니다.

Welcome!

Taxi & Transportation

³ This is City Hall Station. You can take Line 1 from here.

[디스 이즈 씨티 홀 스테이션. 유 캔 테익 라인 원 프럼 히어]

여기는 시청역입니다. 여기서 1호선을 타시면 됩니다. □

손님에게 특정 지하철역에 도착했음을 알리고, 그 곳에서 어떤 지하철 노선을 타야 하는지 안내할 때 사용하는 표현입니다. Line 1은 '1호선'을 의미합니다. 1호선을 타고 어디로 가라고 할 때는 to를 써서, You can take Line 1 to Dongdaemun. [유 캔 테익 라인 원 투 동대문] (1호선을 타고 동대문으로 가세요.)이라고 하면 됩니다.

A This is City Hall Station. You can take Line 1 from here.
여기는 시청역입니다. 여기서 1호선을 타시면 됩니다.

B Thanks, I'll take Line 1 to get to my destination.
고마워요. 목적지까지 1호선을 탈게요.

⁴ You're at Seoul Station. Go downstairs and take Line 4.

[유어 앳 써울 스테이션. 고우 다운스테어즈 앤 테익 라인 포]

여기는 서울역입니다. 내려가서 4호선을 타세요. □

손님에게 서울역에 도착했으니, 내려가서 4호선을 타라고 안내할 때 사용하는 표현입니다. go downstairs는 '아래층으로 내려가다'라는 뜻으로, 지하철역이나 다층 구조의 건물에서 아래층으로 이동하라는 안내에 자주 사용됩니다. 비슷한 표현으로 You will find Line 4 downstairs.[유 윌 파인드 라인 포 다운스테어즈] (아래층에서 4호선을 찾을 수 있습니다.)가 있습니다.

A You're at Seoul Station. Go downstairs and take Line 4.
여기는 서울역입니다. 내려가서 4호선을 타세요.

B Got it, I'll head down to Line 4.
알겠어요. 4호선으로 내려갈게요.

Good-bye!

PART 8

미용실에서
손님을 응대할 때 쓰는
네 가지 표현

MP3
다운로드&듣기

¹ Welcome to our salon!

[웰컴 투 아워 썰란!]

저희 미용실에 오신 것을 환영합니다! □

손님이 | 미용실에 들어왔을 때 | 기본적으로 사용할 수 있는 인사말입니다. salon은 프랑스어에서 유래된 단어로, 주로 헤어와 뷰티 서비스를 제공하는 공간을 말합니다. 미국의 미용실 이름에는 X Hair Salon 또는 X Beauty Salon과 같이 salon이 들어가는 경우가 많습니다. 참고로, salon 대신 studio나 parlor 등을 쓰기도 합니다. 여기에, 시간대에 맞는 인사말을 먼저 하면 인사에 따뜻함을 더할 수 있습니다. 예를 들어, Good afternoon, and welcome to our salon!처럼 하면, 환영하는 느낌이 더해집니다.

A   Welcome to our salon! 저희 미용실에 오신 것을 환영합니다!

B   Thank you! 감사합니다!

² How can I help you today?

[하우 캔 아이 헬프 유 투데이?]

오늘 어떻게 도와드릴까요? □

손님에게 | 원하는 서비스를 물어볼 때 | 사용할 수 있는 표현입니다. 비슷한 표현으로 What can I do for you today?[왓 캔 아이 두 포 유 투데이?] (오늘 무엇을 도와드릴까요?)가 있습니다. 구체적으로 머리 자르러 왔냐고 물으려면 Are you here for a haircut?[아 유 히어 포 어 헤어컷?] (머리 자르러 오셨나요?)이라고 하면 됩니다. 파마일 경우에는 haircut 대신 perm[펌]을 사용하세요.

A   How can I help you today?
오늘 어떻게 도와드릴까요?

B   I'd like a haircut, please.
머리를 자르고 싶어요.

Hair Salon & Barbershop

³ **Do you have an appointment?**

[두 유 해브 언 어포인트먼트?]

예약하셨나요? ☐

손님이 미리 예약을 했는지 확인할 때 사용할 수 있는 표현입니다. appointment는 '약속된 예약'을 의미하며, 특히 미용실이나 병원 등에서 자주 사용됩니다. 비슷한 표현으로 Did you book an appointment?[디 쥬 북 언 어포인트먼트] (예약을 하셨나요?)가 있습니다. have는 현재 예약 상태를, book은 예약 행위 자체에 초점을 맞춘 표현입니다.

A Do you have an appointment?
예약하셨나요?

B Yes, I do. It's at 3 p.m..
네, 했어요. 3시에 예약했어요.

⁴ **Please take a seat.**

[플리즈 테익 어 씨-트]

앉으세요. ☐

손님이 대기하거나 서비스를 받기 전에 앉도록 안내할 때 사용하는 표현입니다. take a seat는 '앉다'라는 의미입니다. 비슷한 표현으로 Have a seat, please.[해브 어 씨-트, 플리즈] (앉으세요.) 가 있습니다. 음료를 제공하고 싶은 경우에는 Would you like a drink while you wait?[우 쥬 라익 어 드링크 와일 유 웨잇?] (기다리시는 동안 음료 드실래요?)라고 하면 됩니다.

A Please take a seat.
앉으세요.

B Thank you.
감사합니다.

Good-bye!

1 What time is your appointment?

[왓 타임 이즈 유어 어포인트먼트?]

예약 시간이 언제신가요?

손님에게 예약 시간을 확인할 때 사용하는 표현입니다. What time is your ~ ?라는 표현은 일정이나 계획된 시간을 구체적으로 물어볼 때 매우 효과적인 표현입니다. 비슷한 표현으로는 Could you tell me your appointment time?[쿠쥬 텔 미 유어 어포인트먼트 타임?] (예약 시간을 말씀해 주실 수 있으실까요?)이 있으며, 이 표현은 좀 더 공손하고 정중한 어조로 예약 시간을 확인할 때 사용됩니다.

A **What time is your appointment?**
예약 시간이 언제신가요?

B **It's at 3 p.m..**
3시입니다.

2 Can I have your name, please?

[캔 아이 해브 유어 네임, 플리즈?]

성함을 말씀해 주시겠어요?

손님에게 예약을 확인하기 위해 이름을 요청할 때 사용하는 표현입니다. 단순히 What's your name?[왓츠 유어 네임] (이름이 뭔가요?)에 비해 공손한 느낌이 듭니다. 이름을 리스트에서 찾을 수 없는 경우 처음 왔는지 묻고 싶다면 Is this your first time with us?[이즈 디스 유어 퍼스트 타임 윗 어스?] (저희 미용실 처음 방문하셨나요?)라고 하면 됩니다. first time with us 대신 first visit을 사용해도 됩니다.

A **Can I have your name, please?**
성함을 말씀해 주시겠어요?

B **My name is Sarah Kim.**
제 이름은 사라 김입니다.

Hair Salon & Barbershop

³ Let me check your reservation.

[렛 미 첵 유어 레저베이션]

예약을 확인해 드릴게요.

손님과 예약 정보를 확인할 때 사용하는 표현입니다. Let me check는 '확인해 드리겠다'는 의미입니다. 비슷한 표현으로 I'll look up your reservation.[아일 룩 업 유어 레저베이션] (예약을 조회해 드릴게요.)이 있습니다. check는 이미 존재하는 정보를 확인하는 느낌이고, look up은 필요한 정보를 찾아내기 위해 데이터를 검색하는 느낌을 줍니다.

A Let me check your reservation.
예약을 확인해 드릴게요.

B Thank you.
감사합니다.

⁴ I see your appointment is at 2 p.m..

[아이 씨 유어 어포인트먼트 이즈 앳 투 피엠]

2시에 예약이 되어 있네요.

손님에게 예약 시간을 확인하고 다시 안내할 때 사용하는 표현입니다. I see는 상대방의 예약 정보를 확인하고 이해했다는 뜻으로, 손님에게 예약 시간이 확인되었음을 알려 주는 역할을 합니다. 비슷한 표현으로 Your appointment is scheduled for 2 p.m..[유어 어포인트먼트 이즈 스케줄드 포 투 피엠] (예약이 2시로 되어 있습니다.)이 있습니다. 이 표현은 예약이 특정 시간에 되어 있음을 확인하는 보다 공식적인 표현입니다.

A I see your appointment is at 2 p.m..
2시에 예약이 되어 있네요.

B Yes, that's correct.
네, 맞아요.

Good-bye!

1 How would you like your hair cut?

[하우 우 쥬 라익 유어 헤어 컷?]

머리를 어떻게 자르길 원하시나요? ☐

손님에게 원하는 헤어스타일을 물어볼 때 가장 일반적으로 사용하는 표현입니다. How would you like는 '어떻게 해 드릴까요?'라는 의미입니다. 비슷한 표현으로 How do you want your haircut?[하우 두 유 원트 유어 헤어 컷?] (머리를 어떻게 자르고 싶으신가요?)이 있습니다. 두 표현은 같은 의미이지만 How would you like ~?는 좀 더 공손하고 부드러운 느낌을, How do you want ~?는 더 직접적이고 간결한 느낌을 줍니다.

A How would you like your hair cut?
머리를 어떻게 자르길 원하시나요?

B I'd like it short, please.
짧게 잘라 주세요.

2 What style are you thinking of?

[왓 스타일 아 유 띵킹 오브?]

어떤 스타일을 생각하고 계세요? ☐

손님이 생각하는 스타일이 무엇인지 물어볼 때 사용하는 표현입니다. think of는 '생각하다'란 의미입니다. 비슷한 표현으로 What style do you have in mind?[왓 스타일 두 유 해브 인 마인드?] (어떤 스타일을 염두에 두고 계세요?)가 있습니다. have in mind는 '특정한 계획이나 아이디어를 가지고 있다'란 의미입니다. think of는 좀 더 즉각적으로 떠올린 스타일을, have in mind는 미리 생각해 둔 스타일을 묻는 느낌을 줍니다.

A What style are you thinking of?
어떤 스타일을 생각하고 계세요?

B I'm thinking of something trendy.
트렌디한 스타일을 생각하고 있어요.

Hair Salon
&
Barbershop

³ **Do you have a specific look in mind?**

[두 유 해브 어 스페시픽 룩 인 마인드?]

생각하시는 특정 스타일이 있으신가요? ☐

손님이 염두에 두고 있는 특정 스타일을 물어볼 때 사용하는 표현입니다. specific look은 '특정한 외모 또는 스타일'을 의미합니다. 비슷한 표현으로 Is there a particular style you'd like?[이즈 데얼 어 퍼티큘러 스타일 유드 라익?] (특별히 원하시는 스타일이 있나요?)이 있습니다. specific look은 구체적이고 명확한 이미지를, particular style은 원하는 스타일에 대한 약간 더 일반적인 질문을 하는 데 적합합니다.

A Do you have a specific look in mind?
생각하시는 특정 스타일이 있으신가요?

B Yes, I want something similar to this picture.
네, 이 사진과 비슷하게 해 주세요.

⁴ **Do you have any reference photos?**

[두 유 해브 에니 레퍼런스 포-토즈?]

참고할 사진들이 있으신가요? ☐

손님이 원하는 스타일을 사진으로 보여 줄 수 있는지 물어볼 때 사용하는 표현입니다. reference photos는 '참고할 사진들'을 의미합니다. 비슷한 표현으로 Can you show me a picture of what you want?[캔 유 쑈우 미 어 픽처 오브 왓 유 원트?] (원하시는 스타일의 사진을 보여 주시겠어요?)가 있습니다. reference photos는 전문적이고 포괄적으로, a picture of what you want는 직관적이고 간단하게 원하는 스타일을 묻는 표현입니다.

A Do you have any reference photos?
참고할 사진들이 있으신가요?

B Yes, here's a picture of what I want.
네, 제가 원하는 스타일의 사진이 있어요.

Good-bye!

1 I recommend a layered cut.

[아이 레커멘드 어 레이어드 컷]

레이어드 컷을 추천드려요. ☐

손님에게 레이어드 컷 스타일을 추천할 때 사용하는 표현입니다. layered cut은 '층이 진, 레이어가 있는 머리'를 의미합니다. 비슷한 표현으로 How about a layered cut?[하우 어바웃 어 레이어드 컷?](레이어드 컷은 어떠세요?)가 있습니다. I recommend ~는 보다 전문적이고 확신에 찬 의견을 전달하는 반면, How about ~?은 좀 더 부드럽고 고객의 의견을 존중하는 느낌을 주는 표현입니다.

A **I recommend a layered cut.**
레이어드 컷을 추천드려요.

B **I'm not sure. Will it suit my face shape?**
잘 모르겠어요. 그게 제 얼굴형에 어울릴까요?

2 I think bangs would look great on you.

[아이 띵크 뱅즈 우드 룩 그레잇 온 유]

앞머리가 잘 어울리실 것 같아요. ☐

손님에게 앞머리를 추천할 때 사용하는 표현입니다. '앞머리'는 미국 영어로 bangs라고 하고, 영국 영어로는 fringe[프린지]라고 합니다. 비슷한 표현으로 You should try bangs.[유 슈드 트라이 뱅즈](앞머리를 시도해 보시는 게 좋겠어요.)가 있습니다. 두 표현은 같은 의미이지만, I think bangs would look great on you.는 부드럽게 의견을 제시하는 느낌을, You should try bangs.는 더 강한 추천의 뉘앙스를 전달합니다.

A **I think bangs would look great on you.**
앞머리가 잘 어울리실 것 같아요.

B **I've never had bangs before, but I'm willing to try!**
앞머리는 처음인데, 시도해 보고 싶어요!

Welcome!

3 How about highlights to brighten up your look?

[하우 어바웃 하이라이츠 투 브라이튼 업 유어 룩?]

밝은 인상을 위해 하이라이트를 넣어 보는 건 어떠세요? ☐

손님에게 │ **스타일을 밝게 하는 하이라이트를 제안할 때** │ 사용하는 표현입니다. highlights 는 머리카락의 일부를 밝게 염색하여, 전체적인 스타일에 자연스러운 색상 변화를 주는 것을 의미합니다. 여기서 highlights는 명사이기 때문에, How about 다음에 그대로 사용됩니다. How about 뒤에는 '동사+-ing'나 명사가 오는 것을 기억하세요.

A How about highlights to brighten up your look?
머리에 하이라이트를 넣어 보는 건 어떠세요?

B That sounds great, I'd love to try highlights.
좋은 생각이에요, 하이라이트를 넣어 보고 싶어요.

4 I recommend soft curls for a natural look.

[아이 레커멘드 소프트 컬-즈 포 어 내추럴 룩]

자연스러운 느낌의 소프트 컬을 추천드려요. ☐

손님에게 │ **자연스럽고 부드러운 컬 스타일을 추천할 때** │ 사용하는 표현입니다. soft curls 는 '부드러운 웨이브'를 의미합니다. 비슷한 표현으로 Soft curls would add a gentle touch to your style.[소프트 컬-즈 우드 애드 어 젠틀 터치 투 유어 스타일] (소프트 컬이 스타일에 부드러운 느낌을 더해 줄 거예요.)이 있습니다. curl이 조금 더 작은 원형의 곱슬거리는 느낌이라면, wave는 더 느슨하고 부드러운 S 곡선을 이루는 느낌입니다.

A I recommend soft curls for a natural look.
자연스러운 느낌의 소프트 컬을 추천드려요.

B Soft curls sound lovely, let's do that.
소프트 컬이 멋질 것 같아요, 그렇게 해요.

Good-bye!

¹ How much would you like to cut off?

[하우 머치 우 쥬 라익 투 컷 오프?]

얼마나 자르길 원하시나요? ☐

손님에게 ┃머리를 얼마나 자르고 싶은지 물어볼 때┃ 사용하는 표현입니다. cut off는 '잘라내다'라는 의미입니다. 비슷한 표현으로 How much length would you like to take off?[하우 머치 렝쓰 우 쥬 라익 투 테익 오프?](얼마나 길이를 줄이고 싶으신가요?)가 있습니다. cut off는 물리적으로 머리카락을 자르는 행위를 직접적으로 강조하는 표현입니다. 반면에 take off는 길이를 줄이거나 무언가를 제거하는 뜻으로, 조금 더 완곡하게 길이 조절에 대해 묻는 느낌입니다.

A **How much would you like to cut off?**
얼마나 자르길 원하시나요?

B **Just a couple of inches, please.**
2-3인치 정도만 잘라 주세요.

² How short would you like it?

[하우 쑛 우 쥬 라익 잇?]

얼마나 짧게 자르길 원하시나요? ☐

손님이 ┃머리를 짧게 자르고 싶을 때, 어느 정도의 길이를 원하는지 물어볼 때┃ 사용하는 표현입니다. how short는 '얼마나 짧게'라는 의미입니다. 비슷한 표현으로 How short do you want to go?[하우 쑛 두 유 원 투 고?](얼마나 짧게 자르실 건가요?)가 있습니다. 여기에서 go는 물리적인 이동이 아닌 길이의 변화를 의미합니다. 이처럼 go는 특정 장소로 이동하는 것뿐만 아니라 상태나 수준의 변화를 나타내는 데도 사용됩니다.

A **How short would you like it?** 얼마나 짧게 자르길 원하시나요?

B **Not too short, just above the shoulders.** 너무 짧지 않게, 어깨 위 정도로요.

Hair Salon
&
Barbershop

³ Should we trim just a little off the ends?

[슈드 위 트림 저스트 어 리틀 오프 디 엔즈?]

끝부분만 조금 다듬을까요?

손님에게 머리 끝부분만 살짝 다듬기 원하는지 물 어볼 때 사용하는 표현입니다. trim just a little 은 '조금만 다듬다'라는 의미로, 전체 길이는 유 지하면서 손상된 끝부분이나 불필요한 길이만 제거하는 데 중점을 두는 표현입니다. 비슷한 표현으로 Would you like a trim?[우 쥬 라익 어 트림?] (다듬기를 원하시나요?)이 있습니다. 이때의 trim은 '다듬기'라는 뜻의 명사입니다.

A Should we trim just a little off the ends?
끝부분만 조금 다듬을까요?

B Yes, just a little trim, please.
네, 끝부분만 조금 다듬어 주세요.

⁴ Would you like to keep the layers or even it out?

[우 쥬 라익 투 킵 더 레이어즈 오어 이븐 잇 아웃?]

층을 유지하시겠어요, 아니면 길이를 맞출까요?

손님에게 기존의 층을 유지할지, 아니면 머리 길이를 일정하게 맞출지 물어볼 때 사용하는 표현입니다. keep the layers는 '층을 유지하다'라는 의미로, 머리카락에 층이 들어가 있는 스타일을 그대로 유지할지를 물을 때 사용합니다. even은 '고르게 하다'라는 뜻 으로, even it out하면 '길이를 맞추다' 또는 '평평하게 하다'라는 의미로 사용됩니다.

A Would you like to keep the layers or even it out?
층을 유지하시겠어요, 아니면 길이를 맞출까요?

B Let's even it out this time. 이번에는 길이를 맞출게요.

Good-bye!

1 How short would you like the sides?

[하우 쑛 우 쥬 라익 더 싸이즈?]

옆머리를 얼마나 짧게 자르고 싶으세요?

손님에게 [옆머리 길이를 어느 정도로 할지 물어볼 때] 사용하는 표현입니다. how short 는 '얼마나 짧게'라는 의미입니다. 관련 표현으로 How much length do you want to keep on the sides?[하우 머치 렝스 두 유 원 투 킵 온 더 싸이즈?] (옆머리 길이를 얼마나 유지 하시길 원하세요?)가 있습니다. length는 '길이'란 뜻입니다. 이 질문은 손님이 옆머리의 길 이를 얼마나 남기고 싶은지를 구체적으로 확인하는 데 적합합니다.

A How short would you like the sides?
옆머리를 얼마나 짧게 자르고 싶으세요?

B I'd like them quite short, please. 꽤 짧게 잘라 주세요.

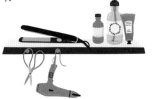

2 Do you want the back to be the same length as the sides?

[두 유 원트 더 백 투 비 더 쎄임 렝쓰 애즈 더 싸이즈?]

뒷머리를 옆머리와 같은 길이로 하시겠어요?

손님에게 [뒷머리를 옆머리와 같은 길이로 유지할지] [물어볼 때] 사용하는 표현입니다. same length as the sides는 '옆머리와 같은 길이'를 의미합니 다. 비슷한 표현으로 Should we keep the back the same length as the sides?[슈드 위 킵 더 백 더 쎄임 렝쓰 애즈 더 싸이즈?] (뒷머리를 옆머리와 같 은 길이로 유지할까요?)가 있습니다. 여기서 Should we ~ ?는 '~할까요?'라는 의미로, 손님의 의사 를 확인하는 데 사용할 수 있습니다.

A Do you want the back to be the same length as the sides?
뒷머리를 옆머리와 같은 길이로 하시겠어요?

B Yes, please make them the same length.
네, 같은 길이로 해 주세요.

Hair Salon
&
★ ✂ ★
Barbershop

³ How do you want the back to look?

[하우 두 유 원 더 백 투 룩?]

뒷머리는 어떻게 하고 싶으세요? ☐

손님에게 │ 뒷머리 스타일을 어떻게 하기를 원하는지를 물어볼 때 │ 사용하는 표현입니다.
How do you want ~?는 '~은 어떻게 하고 싶으세요?'라는 의미입니다. 비슷한 표현
으로 What style do you prefer for the back?[왓 스타일 두 유 프리퍼 포 더 백?] (뒷머리
는 어떤 스타일로 하시겠어요?)이 있습니다. How do you want the back to look?은 전반적인
스타일의 방향성을 결정하는 데 사용할 수 있습니다. 반면, What style do you prefer
for the back?은 뒷머리에 대한 구체적인 스타일 선호도를 묻는 질문으로, 손님의 취
향에 맞는 스타일을 찾는 데 중점을 둔 표현입니다.

A How do you want the back to look? 뒷머리는 어떻게 하고 싶으세요?

B I'd like it to be clean and short. 깔끔하고 짧게 해 주세요.

⁴ Would you like the back to be rounded or squared off?

[우 쥬 라익 더 백 투 비 라운디드 오어 스퀘어드 오프?]

뒷머리를 둥글게 하시겠어요, 아니면 각지게 하시겠어요? ☐

손님에게 │ 뒷머리를 둥글게 자를지, 각지게 자를지 물어볼 때 │ 사용하는 표현입니다.
rounded는 '둥근', squared off는 '각진'를 의미합니다. 비슷한 표현으로 Do you prefer
a rounded or square cut for the back?[두 유 프리퍼 어 라운디드 오어 스퀘어 컷 포
더 백?] (뒷머리를 둥글게 자르시겠어요, 아니면 각지게 자르시겠어요?)이 있습니다. prefer는 '선호하
다'라는 뜻인데, 고객의 취향이 중요한 서비스업에서는 이 단어를 자주 사용합니다.

A Would you like the back to be rounded or squared off?
뒷머리를 둥글게 하시겠어요, 아니면 각지게 하시겠어요?

B Let's go with a rounded style. 둥글게 해 주세요.

Good-bye!

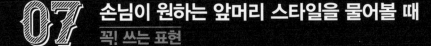
1 How short do you want your bangs?

[하우 쏫 두 유 원트 유어 뱅즈?]

앞머리를 얼마나 짧게 자르길 원하시나요? ☐

손님에게 **앞머리 길이를 어느 정도로 자를지 물어 볼 때** 사용하는 표현입니다. bangs는 '앞머리'를 의미합니다. 비슷한 표현으로 How short should we cut your bangs?[하우 쏫 슈드 위 컷 유어 뱅즈?](앞머리를 얼마나 짧게 자를까요?)가 있습니다. How short do you want your bangs?는 고객이 원하는 길이를 직접적으로 묻는 표현입니다. 반면, How short should we cut your bangs? 는 미용사가 손님과 함께 길이를 결정할 수 있도록 유도하는 질문입니다.

A **How short do you want your bangs?**
앞머리를 얼마나 짧게 자르길 원하시나요?

B **Not too short, just above the eyebrows.**
너무 짧지 않게, 눈썹 바로 위로 해 주세요.

2 Do you want your bangs to be above or below your eyebrows?

[두 유 원트 유어 뱅즈 투 비 어보브 오어 빌로우 유어 아이브라우즈?]

앞머리를 눈썹 위로 할까요, 아니면 아래로 할까요? ☐

손님에게 **앞머리 길이를 눈썹 위로 할지, 아래로 할지 물어볼 때** 사용하는 표현입니다. above는 '위', below는 '아래'를 의미합니다. 비슷한 표현으로 Should your bangs be above or below your brows?[슈드 유어 뱅즈 비 어보브 오어 빌로우 유어 브라우즈?] (앞머리를 눈썹 위로 할까요, 아래로 할까요?)가 있습니다. brows는 eyebrows의 줄임말입니다.

A **Do you want your bangs to be above or below your eyebrows?**
앞머리를 눈썹 위로 할까요, 아니면 아래로 할까요?

B **Below my eyebrows, please.** 눈썹 아래로 해 주세요.

Hair Salon & Barbershop

3 Do you want to keep your bangs the same length?

[두 유 원 투 킵 유어 뱅즈 더 쎄임 렝쓰?]

앞머리 길이를 그대로 유지하시겠어요? ☐

손님에게 **앞머리 길이를 현재 상태로 유지할지 물어볼 때** 사용하는 표현입니다. keep은 미용실에서 자주 사용되는 동사로, 특정 스타일이나 길이를 유지할지 여부를 물을 때 유용합니다. 예를 들어, Do you want to keep your hair the same length?[두 유 원 투 킵 유어 헤어 더 쎄임 렝쓰] (머리 길이를 그대로 유지하시겠어요?) 같은 표현에서도 동일하게 사용됩니다.

A Do you want to keep your bangs the same length?
앞머리 길이를 그대로 유지하시겠어요?

B Yes, keep the bangs as they are.
네, 앞머리는 그대로 유지해 주세요.

4 Do you want to part your bangs in the middle or to the side?

[두 유 원 투 파트 유어 뱅즈 인 더 미들 오어 투 더 싸이드?]

앞머리를 가운데로 가르시겠어요, 아니면 옆으로 넘기시겠어요? ☐

손님에게 **앞머리를 가운데로 가를지, 옆으로 넘길지 물어볼 때** 사용하는 표현입니다. part는 '가르다'라는 의미로, 머리카락을 일정한 방향으로 나누어 스타일링하는 것을 뜻합니다. in the middle은 '가운데로', to the side는 '옆으로'를 의미합니다. 비슷한 표현으로 How would you like to part your bangs?[하우 우 쥬 라익 투 파트 유어 뱅즈?] (앞머리를 어떻게 가르시겠어요?)가 있습니다.

A Do you want to part your bangs in the middle or to the side?
앞머리를 가운데로 가르시겠어요, 아니면 옆으로 넘기시겠어요?

B Let's part them in the middle.
가운데로 가르죠.

Good-bye!

1 I'm going to start by trimming the ends.

[아임 고잉 투 스타-트 바이 트리밍 디 엔즈]

먼저 끝부분을 다듬을게요. ☐

손님에게 │ 머리를 자를 때 끝부분부터 다듬기 시작할 것임을 알려 줄 때 │ 사용하는 표현입니다. trim the ends는 '끝부분을 다듬다'라는 의미입니다. 비슷한 표현으로 Let's begin by cleaning up the ends.[렛츠 비긴 바이 클리닝 업 디 엔즈] (끝부분을 정리하는 것부터 시작할게요.)가 있습니다. clean up the ends 역시 '끝부분을 정리하다'라는 의미로, 머리카락의 끝을 깔끔하게 정돈하는 것을 뜻합니다. Let's begin by cleaning up the ends.는 조금 더 협력적인 뉘앙스를 가지고 있어, 손님과 함께 작업을 시작하는 느낌을 줍니다.

A   I'm going to start by trimming the ends. 먼저 끝부분을 다듬을게요.

B   That sounds good. 좋아요.

2 I'll take off about an inch.

[아일 테익 오프 어바웃 언 인치]

1인치 정도 자를게요. ☐

손님에게 │ 머리 길이를 얼마나 자를지 설명할 때 │ 사용하는 표현입니다. take off는 '자르다'라는 의미입니다. 비슷한 표현으로 I'm cutting off an inch.[아임 커팅 오프 언 인치] (1인치를 잘라낼게요.)가 있습니다. take off는 길이를 상황에 따라 조금 조정할 가능성을 열어둡니다. 반면, cut off는 더 확정적인 표현으로, 길이를 명확히 자르겠다는 의지를 나타냅니다. 참고로 1inch는 2.54 cm입니다. inch는 미국, 캐나다, 영국 등에서 사용하며, 유럽 대부분을 포함한 나머지 다른 나라에서는 우리와 같이 meter를 씁니다.

A   I'll take off about an inch. 1인치 정도 자를게요.

B   That's perfect. 그 정도면 딱 좋아요.

Hair Salon & Barbershop

³ I'll cut the sides shorter.

[아일 컷 더 싸이즈 쏫-터]

옆머리를 좀 더 짧게 자를게요. ☐

손님에게 옆머리 길이를 줄일 것임을 알려 줄 때 사용하는 표현입니다. cut the sides shorter는 '옆머리를 더 짧게 자르다'라는 의미입니다. 비슷한 표현으로 I'm going to shorten the sides. [아임 고잉 투 쏫-튼 더 싸이즈](옆머리를 짧게 자를게요.)가 있습니다. shorten은 '길이를 줄이다'라는 의미를 가지고 있으며, 머리카락의 길이를 줄이는 작업을 구체적으로 설명할 때 사용합니다.

A I'll cut the sides shorter.
옆머리를 좀 더 짧게 자를게요.

B That's what I want, go ahead.
제가 원하는 거예요, 그렇게 해 주세요.

⁴ I'll thin out your hair a bit.

[아일 띤 아웃 유어 헤어 어 빗]

머리를 조금 가볍게 할게요. ☐

손님에게 머리의 무게감을 줄이기 위해 일부를 가볍게 할 것임을 알려 줄 때 사용하는 표현입니다. 여기서 thin out는 '가볍게 하다', '숱을 치다'라는 의미로, 숱을 쳐서 머리카락을 더 가볍고 자연스럽게 만드는 작업을 의미합니다. 비슷한 표현으로 I'm going to lighten up your hair a bit. [아임 고잉 투 라이튼 업 유어 헤어 어 빗](머리를 조금 가볍게 할게요.)이 있습니다. 이 표현 또한 전체적인 무게감을 줄여 좀 더 가볍고 부드러운 스타일을 만들겠다는 의도를 전달합니다.

A I'll thin out your hair a bit.
머리를 조금 가볍게 할게요.

B That would be great, it feels a bit heavy.
좋아요, 좀 무겁게 느껴졌어요.

Good-bye!

1 What color would you like?

[왓 컬러 우 쥬 라익?]

어떤 색으로 염색하고 싶으세요?

손님에게 원하는 머리 색상을 물어볼 때 사용하는 표현입니다. What color라는 표현은 염색이나 헤어 컬러를 선택할 때 자주 사용됩니다. 비슷한 표현으로 Which color do you prefer?[위치 컬러 두 유 프리퍼?](어떤 색을 선호하세요?)가 있습니다. Which color는 '어떤 색상'이라는 의미로, 손님에게 선택지 중에서 선호하는 색상을 물을 때 특히 유용합니다.

A What color would you like?
어떤 색으로 염색하고 싶으세요?

B I'm thinking of going dark brown.
진한 갈색으로 하고 싶어요.

2 Do you want a full color or just highlights?

[두 유 원트 어 풀 컬러 오어 저스트 하이라이츠?]

전체 염색을 원하세요, 아니면 하이라이트만 넣으시겠어요?

손님에게 전체 염색을 원할지, 아니면 부분적으로 하이라이트를 넣을지를 물어볼 때 사용하는 표현입니다. full color는 '전체 염색', highlights는 '부분 염색'을 의미합니다. 비슷한 표현으로 Would you like a full dye or just highlights?[우 쥬 라익 어 풀 다이 오어 저스트 하이라이츠?](전체 염색을 원하시나요, 아니면 하이라이트만 넣으시겠어요?)가 있습니다. dye는 color와 같은 의미이지만, full color가 좀 더 일반적인 표현입니다.

A Do you want a full color or just highlights?
전체 염색을 원하세요, 아니면 하이라이트만 넣으시겠어요?

B Just highlights, please. 하이라이트만 넣어 주세요.

Hair Salon
&
★ ✂ ★
Barbershop

3 How light or dark do you want the color?

[하우 라잇 오어 다-크 두 유 원트 더 컬러?]

색상을 얼마나 밝게 또는 어둡게 원하시나요? ☐

손님에게 │원하는 색상의 밝기를 물어볼 때│ 사용하는 표현입니다. light는 '밝게', dark는 '어둡게'라는 의미입니다. 비슷한 표현으로 Do you prefer a lighter or darker shade?[두 유 프리퍼어 라이터 오어 다-커 쉐이드?] (더 밝은 색상을 원하시나요, 아니면 더 어두운 색상을 원하시나요?)가 있습니다. shade는 '색조'를 의미하며, 색상의 밝기나 어두움을 표현하는 데 사용됩니다.

A How light or dark do you want the color?
색상을 얼마나 밝게 또는 어둡게 원하시나요?

B Not too dark, maybe a medium shade.
너무 어둡지 않게, 중간 정도로 해 주세요.

4 Do you want a natural look or something bold?

[두 유 원트 어 내추럴 룩 오어 썸띵 보울드?]

자연스러운 색상으로 하시겠어요, 아니면 좀 더 과감한 색상으로 하시겠어요? ☐

손님에게 │자연스러운 색상을 원하는지, 아니면 눈에 띄는 과감한 색상을 원하는지를 물어볼 때│ 사용하는 표현입니다. natural look은 '자연스러운 외모'를 의미하며, 부드럽고 은은한 색상을 지칭합니다. 반면, bold는 '과감한'이라는 의미로, 눈에 확 띄고 개성을 강하게 표현할 수 있는 색상을 의미합니다.

A Do you want a natural look or something bold?
자연스러운 색상으로 하시겠어요, 아니면 좀 더 과감한 색상으로 하시겠어요?

B I'd like a natural look. 자연스러운 색상으로 할게요.

Good-bye!

1 What type of perm would you like?

[왓 타입 오브 펌 우 쥬 라익?]

어떤 종류의 파마를 원하시나요?

□

손님에게 | 원하는 파마의 종류를 물어볼 때 | 사용하는 표현입니다. type of perm은 '파마의 종류'를 의미합니다. 비슷한 표현으로 Which perm style do you prefer?[위치 펌 스타일 두 유 프리퍼?](어떤 파마 스타일을 선호하시나요?)가 있습니다. What type of perm would you like?는 손님이 원하는 파마의 종류를 물어보는 질문으로, 선택의 범위를 넓게 열어두고 있습니다. 반면, Which perm style do you prefer?는 이미 몇 가지 선택지가 있고, 그 중에서 더 구체적인 선택을 유도하는 질문입니다.

A What type of perm would you like? 어떤 종류의 파마를 원하시나요?

B I'd like a digital perm, please. 디지털 파마로 해 주세요.

2 Do you want loose waves or tight curls?

[두 유 원트 루-스 웨이브즈 오어 타잇 컬-즈?]

루즈한 웨이브를 원하시나요, 아니면 타이트한 컬을 원하시나요?

□

손님에게 | 루즈한 웨이브 스타일을 원하는지, 아니면 타이트한 컬을 원하는지를 물어볼 때 | 사용하는 표현입니다. loose waves는 '컬이 꼭 조여지지 않고 자연스럽게 흐르는 부드러운 웨이브'를 의미하는 반면 tight curls은 '컬이 단단하게 말리고 조여진 상태'를 의미합니다.

A Do you want loose waves or tight curls?
루즈한 웨이브를 원하시나요, 아니면 타이트한 컬을 원하시나요?

B I prefer loose waves.
루즈한 웨이브로 할게요.

Hair Salon
&
Barbershop

³ How tight do you want the curls?

[하우 타잇 두 유 원 더 컬–즈?]

컬을 얼마나 촘촘하게 원하시나요? ☐

손님에게 컬을 얼마나 탄탄하게, 또는 촘촘하게 만들기를 원하는지를 물어볼 때 사용하는 표현입니다. 여기서 tight는 컬이 얼마나 조여지거나 탄탄하게 만들지를 나타내는 말입니다. How tight라는 질문은 단순히 Do you want tight curls?라고 묻는 것보다 더 구체적으로 손님의 선호를 묻는 방식입니다.

A How tight do you want the curls?
컬을 얼마나 촘촘하게 원하시나요?

B Not too tight, please.
너무 촘촘하지 않게 해 주세요.

⁴ Would you like the curls to start from the roots or mid-length?

[우 쥬 라익 더 컬–즈 투 스타–트 프럼 더 루–츠 오어 미드렝쓰?]

컬을 뿌리부터 시작할까요, 아니면
중간 길이부터 시작할까요? ☐

손님에게 컬을 머리 뿌리부터 시작할지, 아니면 중간 길이부터 시작할지를 물어볼 때 사용하는 표현입니다. roots는 '머리 뿌리', mid-length는 '중간 길이'를 의미합니다. 이 질문은 Do you want curls from the roots?[두 유 원트 컬–즈 프럼 더 루–츠]라고만 묻는 것보다 손님이 좀 더 쉽게 자신의 스타일을 선택할 수 있도록 돕습니다.

A Would you like the curls to start from the roots or mid-length?
컬을 뿌리부터 시작할까요, 아니면 중간 길이부터 시작할까요?

B Let's start from mid-length.
중간 길이부터 시작해 주세요.

Good-bye!

1 Would you like a deep conditioning treatment?

[우 쥬 라익 어 딥 컨디셔닝 트릿-먼트?]

깊은 영양 트리트먼트를 받으시겠어요? ☐

손님에게 영양 트리트먼트를 제안할 때 사용하는 표현입니다. deep conditioning treatment는 '머리를 깊이 보습하고 영양을 공급하는 트리트먼트'를 의미합니다. 비슷한 표현으로 How about a deep conditioning treatment?[하우 어바웃 어 딥 컨디셔닝 트릿-먼트?] (깊은 영양 트리트먼트를 받아보시겠어요?)가 있습니다. Would you like a deep conditioning treatment?는 직접적인 제안으로, 손님이 트리트먼트를 받을지 여부를 명확히 결정하도록 합니다. 반면, How about a deep conditioning treatment?는 덜 직접적인 제안으로, 손님이 트리트먼트를 고려해 보도록 유도합니다.

A Would you like a deep conditioning treatment?
깊은 영양 트리트먼트를 받으시겠어요?

B Yes, that sounds good. 네, 좋을 것 같아요.

2 Would you like a scalp massage?

[우 쥬 라익 어 스캘프 머싸-지?]

두피 마사지를 받으시겠어요? ☐

손님에게 두피 마사지를 제안할 때 사용하는 표현입니다. scalp massage는 '두피 마사지'를 의미합니다. 효과에 대한 언급을 이어가고 싶을 때에는 It's a great way to relieve stress and improve hair health.[이츠 어 그레잇 웨이 투 릴리-브 스트레스 앤 임프루-브 헤어 헬쓰] (스트레스를 완화하고 두피 건강을 개선하는 데 아주 좋은 방법입니다.)라고 덧붙일 수 있습니다.

A Would you like a scalp massage?
두피 마사지를 받으시겠어요?

B That would be nice, thank you.
네,
좋을 것 같아요,
감사합니다.

Hair Salon
&
Barbershop

³ The deep conditioning treatment is an additional $15.

[더 딥 컨디셔닝 트릿-먼트 이즈 언 어디셔널 피프틴 달러즈]

딥 컨디셔닝 트리트먼트는 추가로 $15입니다. □

손님에게 추가 서비스 비용을 안내할 때 사용하는 표현입니다. additional은 이 서비스가 기본 서비스에 더해 선택할 수 있는 추가 옵션임을 나타냅니다. 비슷한 표현으로 The deep conditioning treatment costs $15.[더 딥 컨디셔닝 트릿-먼트 코스츠 피프틴 달러즈](딥 컨디셔닝 트리트먼트는 $15입니다.)가 있습니다. 이 표현은 서비스 자체의 가격을 단순히 설명할 때 유용합니다.

A The deep conditioning treatment is an additional $15.
딥 컨디셔닝 트리트먼트는 추가로 $15입니다.

B No, thank you. Maybe next time.
아니요, 괜찮아요. 다음에 할게요.

⁴ We have a special offer: both services together for $25.

[위 해브 어 스페셜 오퍼: 보우쓰 써비시즈 투게더 포 트웬티파이브 달러즈]

특별 제안이 있습니다: 두 가지 서비스를 합쳐서 $25에 제공해 드려요. □

손님에게 두 가지 서비스를 할인된 가격으로 제안할 때 사용하는 표현입니다. special offer라는 표현은 평소보다 더 좋은 조건을 제공하고 있다는 것을 나타냅니다. 비슷한 표현으로 You can get both services for just $25.[유 캔 겟 보우쓰 써-비스즈 포 저스트 트웬티파이브 달러즈](두 가지 서비스를 $25에 받으실 수 있어요.)가 있습니다.

A We have a special offer: both services together for $25.
특별 제안이 있습니다: 두 가지 서비스를 합쳐서 $25에 제공해 드려요.

B That sounds like a great deal! I'll take it.
좋은 제안이네요! 그렇게 할게요.

Good-bye!

¹ Would you like a shampoo before we start?

[우 쥬 라익 어 샴푸- 비포어 위 스타-트?]

시작하기 전에 샴푸를 하시겠어요?

손님에게 [머리하기 전에 샴푸를 권할 때] 사용하는 표현입니다. before we start는 '시작하기 전에'라는 의미입니다. '머리 자르기 전에'라고 하려면 before the cut이라고 하면 됩니다. 비슷한 표현으로 Shall we start with a shampoo?[쉘 위 스타-트 윗 어 샴푸-?] (샴푸로 시작할까요?)가 있습니다. Shall we ~?는 제안을 할 때 부드럽게 선택지를 주는 방식으로, 손님에게 더 친절하게 다가갈 수 있는 표현 방식입니다.

A Would you like a shampoo before we start? 시작하기 전에 샴푸를 하시겠어요?
B Yes, please. 네, 부탁드려요.

² Let me guide you to the shampoo area.

[렛 미 가이드 유 투 더 샴푸- 에어리어]

샴푸하는 곳으로 안내해 드릴게요.

손님을 [샴푸하는 곳으로 안내할 때] 사용하는 표현입니다. guide는 '안내하다'라는 의미입니다. 비슷한 표현으로 I'll show you to the shampoo station.[아일 쑈우 유 투 더 샴푸- 스테이션] (샴푸하는 곳으로 안내해 드릴게요.)이 있습니다. station은 '특정 장소나 구역'을 의미하며, shampoo station은 '샴푸를 하는 공간'을 지칭합니다.

A Let me guide you to the shampoo area.
샴푸하는 곳으로 안내해 드릴게요.
B Thank you.
감사합니다.

Hair Salon
&
Barbershop

3 Please lean back for the shampoo.

[플리즈 린 백 포 더 샴푸-]

샴푸를 위해 뒤로 기대 주세요. ☐

손님이 <u>샴푸를 시작하기 전에 의자에 기대도록 요청할 때</u> 사용하는 표현입니다. lean back은 '뒤로 기대다'라는 의미로, 고객이 샴푸대에서 편안한 자세를 취할 수 있도록 안내하는 표현입니다. 비슷한 표현으로 Please relax and lean back. [플리즈 릴랙스 앤 린 백] (편하게 뒤로 기대 주세요.)이 있습니다. 이 표현은 relax라는 단어를 추가해, 손님이 긴장을 풀고 더 편안하게 뒤로 기대도록 안내하는 의미를 담고 있습니다.

A **Please lean back for the shampoo.**
샴푸를 위해 뒤로 기대 주세요.

B **Okay, I'm ready.**
네, 준비됐어요.

4 Let's head back to the chair now.

[렛츠 헤드 백 투 더 체어 나우]

이제 자리로 돌아가죠. ☐

손님이 <u>샴푸를 마친 후 다시 자리에 안내할 때</u> 사용하는 표현입니다. head back은 '돌아가다'라는 의미로, 손님이 샴푸대에서 다시 자리로 이동하도록 부드럽게 이끄는 표현입니다. 비슷한 표현으로 Shall we go back to your seat?[쉘 위고 백 투 유어 씨-트?] (자리로 돌아가실까요?)가 있습니다. 이 표현은 제안하는 느낌으로, 손님을 부드럽게 안내할 때 사용됩니다.

A **Let's head back to the chair now.**
이제 자리로 돌아가죠.

B **Okay, let's go.**
네, 가죠.

Good-bye!

1 Is the water temperature okay?

[이즈 더 워터 템퍼러처 오케이?]

물 온도 괜찮으세요?

손님이 샴푸를 받을 때 물의 온도가 괜찮은지 확인할 때 사용하는 표현입니다. water temperature 는 '물 온도'를 의미합니다. 비슷한 표현으로 Isn't the water too hot or cold?[이즌 더 워터 투 핫 오어 코울드?] (물이 너무 뜨겁거나 차갑지 않으세요?)가 있습니다. too hot과 too cold라는 표현을 사용하면, 물의 온도가 극단적으로 변하지 않았는지, 손님이 불편함을 느끼고 있는지에 대해 명확하게 물을 수 있습니다.

A **Is the water temperature okay?**
물 온도 괜찮으세요?

B **It's perfect, thank you.**
완벽해요, 감사합니다.

2 I'll rinse your hair now.

[아일 륀스 유어 헤어 나우]

이제 머리를 헹궈 드릴게요.

손님에게 샴푸 후 머리를 헹궈줄 때 사용하는 표현입니다. rinse는 '헹구다'라는 의미입니다. 우리가 흔히 샴푸 다음에 쓰는 conditioner (컨디셔너)를 '린스'라고 잘못 말하는 경우가 많습니다. 하지만 rinse는 그냥 '헹구다' 라는 뜻입니다. 비슷한 표현으로 I'll wash out the shampoo now. [아일 워쉬 아웃 더 샴푸- 나우] (이제 샴푸를 헹궈 드릴게요.)가 있습니다.

A **I'll rinse your hair now.**
이제 머리를 헹궈 드릴게요.

B **Alright, thank you.**
네, 감사합니다.

Hair Salon & Barbershop

3 I'll apply some conditioner now.

[아일 어플라이 썸 컨디셔너 나우]

이제 컨디셔너를 발라 드릴게요. ☐

손님에게 샴푸 후 컨디셔너를 발라 줄 때 사용하는 표현입니다. apply는 '바르다', '적용하다'라는 의미로, 손님의 머리카락에 컨디셔너를 골고루 도포하는 과정을 설명할 때 사용됩니다. 비슷한 표현으로 Let me put on some conditioner.[렛 미 풋 온 썸 컨디셔너] (컨디셔너를 발라 드릴게요.)가 있습니다. 여기서 put on은 '바르다', '입히다'라는 의미입니다.

A I'll apply some conditioner now.
이제 컨디셔너를 발라 드릴게요.

B That sounds good, thank you.
좋아요, 감사합니다.

4 Let me know if you feel any discomfort.

[렛 미 노우 이프 유 필 애니 디스컴포트]

불편함이 있으시면 말씀해 주세요. ☐

손님에게 샴푸를 받는 동안 불편함을 느낄 경우 알려달라고 요청할 때 사용하는 표현입니다. discomfort는 '불편함'이라는 의미입니다. 비슷한 표현으로 Please tell me if anything bothers you.[플리즈 텔 미 이프 애니띵 바더즈 유] (뭔가 불편하시면 말씀해 주세요.)가 있습니다. bother는 '불편하게 하다', '거슬리게 하다'라는 의미로, 손님이 어떤 형태로든 불쾌함을 느끼는 상황을 표현하는 데 사용됩니다.

A Let me know if you feel any discomfort.
불편함이 있으시면 말씀해 주세요.

B Sure, I'll let you know.
네, 말씀드릴게요.

Good-bye!

1 Would you like your hair blow-dried?

[우 쥬 라익 유어 헤어 블로우–드라이드?]

머리를 드라이해 드릴까요?

손님에게 <u>머리를 드라이로 말릴지 물어볼 때</u> 사용하는 표현입니다. blow-dry는 '바람을 이용해 머리를 말리다'라는 의미입니다. 여기서 blow는 '바람을 불다', dry는 '말리다'라는 뜻이 합쳐져, 바람을 이용해 머리를 말리는 과정을 뜻합니다. 비슷한 표현으로 Shall I blow-dry your hair?[쉘 아이 블로우드라이 유어 헤어?](머리를 드라이해 드릴까요?)가 있습니다. 한국어에서는 드라이기로 머리를 말리는 것을 흔히 '드라이'라고 줄여서 말하지만, blow-dry가 맞는 표현입니다.

A Would you like your hair blow-dried?
머리를 드라이해 드릴까요?

B Yes, please. 네, 부탁드려요.

2 How much volume would you like?

[하우 머치 발륨 우 쥬 라익?]

얼마나 볼륨을 원하시나요?

손님에게 <u>드라이로 머리를 스타일링할 때 어느 정도 볼륨을 원하는지 물어볼 때</u> 사용하는 표현입니다. volume은 '머리의 볼륨'을 의미합니다. 비슷한 표현으로 Do you want more or less volume?[두 유 원트 모어 오어 레스 발륨?](볼륨을 더 많이 원하시나요, 아니면 적게 원하시나요?)이 있습니다. 이 표현은 more와 less라는 단어를 사용해 상대적인 선택을 제공하며, 고객이 쉽게 결정할 수 있도록 돕습니다.

A How much volume would you like?
얼마나 볼륨을 원하시나요?

B I'd like a lot of volume, please.
볼륨을 많이 주세요.

3 Would you like your hair straightened or curled?

[우 쥬 라익 유어 헤어 스트레이튼드 오어 컬-드?]

머리를 스트레이트로 할까요, 아니면 컬을 넣을까요? □

손님에게 | 드라이로 머리를 스타일링할 때 스트레이트 스타일을 원하는지, 컬을 넣기를 원하 | 는지 물어볼 때 | 사용하는 표현입니다. 비슷한 표현으로 Should I straighten or curl your hair?[슈드 아이 스트레이튼 오어 컬 유어 헤어?] (머리를 스트레이트로 할까요, 아니면 컬 을 넣을까요?)가 있습니다. 한국어에서는 '컬을 넣다'라고 표현하지만, 영어에서는 curl one's hair와 같이 curl을 동사로 사용하는 것이 더 적절하고 자연스러운 표현입니다.

A Would you like your hair straightened or curled?
머리를 스트레이트로 할까요, 아니면 컬을 넣을까요?

B I'd like it curled, please. 컬을 넣어 주세요.

4 Would you like to add some shine spray?

[우 쥬 라익 투 애드 썸 샤인 스프레이?]

윤기 스프레이를 추가해 드릴까요? □

손님에게 | 드라이 후 머리에 윤기를 더하기 위해 | 스프레이를 뿌려 줄지 물어볼 때 | 사용하는 표현 입니다. 동사 add는 서비스업에서 추가적인 선택을 부드럽게 제안할 때 자주 사용됩니다. 비슷한 표현으로 How about a shine spray for extra gloss?[하우 어바웃 어 샤인 스프레이 포 엑스트라 글로-스?] (더 윤기 나게 하기 위해 스프레이를 추가해 드릴까요?)가 있습니다. shine spray는 '윤기 스프레이'를 의미합니다.

A Would you like to add some shine spray?
윤기 스프레이를 추가해 드릴까요?

B Yes, that would be great.
네, 그러면 좋겠어요.

Good-bye!

1 I recommend this hair serum for extra shine.

[아이 레커멘드 디스 헤어 쎄럼 포 엑스트라 샤인]

윤기를 더하기 위해 이 헤어 세럼을 추천드립니다. ☐

손님에게 헤어 세럼을 추천할 때 사용하는 표현입니다. 비슷한 표현으로 This serum will give your hair a nice shine.[디스 쎄럼 윌 기브 유어 헤어 어 나이스 샤인] (이 세럼이 머리에 윤기를 줄 거예요.)이 있습니다. 두 문장은 결과적으로 같은 뜻이지만 뉘앙스에 차이가 있습니다. I recommend this hair serum for extra shine.은 손님에게 세럼을 사용하는 것이 좋다고 제안하는 것이 핵심입니다. This serum will give your hair a nice shine.은 그 세럼이 머리에 윤기를 더해 주는 것을 설명하는 것이 핵심입니다.

A I recommend this hair serum for extra shine.
윤기를 더하기 위해 이 헤어 세럼을 추천드립니다.

B That sounds good, I'll take it. 좋네요, 그걸로 할게요.

2 This styling cream will add volume to your hair.

[디스 스타일링 크림 윌 애드 발륨 투 유어 헤어]

이 스타일링 크림은 머리에 볼륨을 더해 줄 거예요. ☐

손님에게 머리에 볼륨을 더해 주는 스타일링 제품을 추천할 때 사용하는 표현입니다. 비슷한 표현으로 Use this styling cream for more volume. [유즈 디스 스타일링 크림 포 모어 발륨] (더 많은 볼륨을 위해 이 스타일링 크림을 사용하세요.)이 있습니다. use는 제품을 사용하도록 간단하게 제안할 때 가장 편리하고 직관적인 표현입니다.

A This styling cream will add volume to your hair.
이 스타일링 크림은 머리에 볼륨을 더해 줄 거예요.

B I could use some volume, thank you.
저 볼륨이 필요했어요, 고마워요.

Hair Salon
&
Barbershop

3 This hairspray will hold your style all day.

[디스 헤어스프레이 윌 호울드 유어 스타일 올 데이]

이 헤어스프레이는 스타일을 하루 종일
유지시켜 줄 거예요. ☐

손님에게 | 헤어스프레이를 추천할 때 | 사용하는 표현입니다. hold one's style은 '스타일을 유지하다'라는 의미입니다. 비슷한 표현으로 This spray will keep your hair in place.[디스 스프레이 윌 킵 유어 헤어 인 플레이스](이 스프레이가 머리를 고정시켜 줄 거예요.)가 있습니다. 여기서 in place는 '제자리에'라는 뜻으로, 헤어스타일이 흐트러지지 않고 원래의 상태를 유지한다는 의미를 나타냅니다.

A This hairspray will hold your style all day.
이 헤어스프레이는 스타일을 하루 종일 유지시켜 줄 거예요.

B Perfect, I'll get that. 완벽해요, 그걸로 할게요.

4 This product will enhance the shine of your hair.

[디스 프라덕트 윌 인핸스 더 샤인 오브 유어 헤어]

이 제품은 머리카락의 윤기를 강화해 줄 거예요. ☐

손님에게 | 머리카락의 윤기를 더해 줄 제품을 추천할 때 | 사용하는 문장입니다. product는 제품의 종류를 구체적으로 설명하기 어려울 때 사용하기 좋은 단어입니다. 샴푸, 세럼, 스프레이 등 여러 종류의 제품을 하나로 묶어 표현할 때 유용합니다. enhance는 '강화하다', '더하다'라는 의미입니다. 비슷한 표현으로는 This product will make your hair shiny.[디스 프라덕트 윌 메익 유어 헤어 스무드 앤 샤이니](이 제품이 머리를 윤기 나게 해 줄 거예요.)가 있습니다.

A This product will enhance the shine of your hair.
이 제품은 머리카락의 윤기를 강화해 줄 거예요.

B That sounds perfect, I'll take it. 딱 좋네요, 그걸로 할게요.

Good-bye!

1 How do you like your new hairstyle?

[하우 두 유 라익 유어 뉴 헤어스타일?]

새 헤어스타일 마음에 드세요?

손님에게 새로운 헤어스타일에 대한 만족도를 물어 볼 때 사용하는 표현입니다. 비슷한 표현으로 Do you like your new haircut?[두 유 라익 유 어 뉴 헤어컷?](새로 자른 머리 마음에 드세요?)이 있습 니다. How do you like your new hairstyle?은 새로운 스타일에 대해 어떻게 느끼는지를 구체 적으로 묻는 표현입니다. 반면에, Do you like your new haircut?은 상대방이 새롭게 자른 머 리에 대해 단순히 좋거나 나쁜지를 묻는 직설적 인 질문입니다.

A How do you like your new hairstyle?
새 헤어스타일 마음에 드세요?

B I love it! It's exactly what I wanted.
정말 마음에 들어요! 제가 원하던 그대로예요.

2 Are you happy with the length?

[아 유 해피 윗 더 렝쓰?]

길이 마음에 드세요?

손님에게 머리 길이에 대해 만족하는지 물어볼 때 사용하는 표현입니다. be happy with는 '~에 만 족하다'라는 의미입니다. 비슷한 표현으로 Is the length okay for you?[이즈 더 렝쓰 오케이 포 유?](길이 괜찮으세요?)가 있습니다. 이 표현은 okay라는 단어를 사용하여 길이가 만족스러운 지, 괜찮은지를 물어보는 좀 더 간단한 질문입 니다.

A Are you happy with the length?
길이 마음에 드세요?

B Yes, it's perfect.
네, 완벽해요.

Hair Salon & Barbershop

³ Is the volume to your liking?

[이즈 더 발륨 투 유어 라이킹?]

볼륨이 마음에 드세요?

손님에게 머리의 볼륨에 대해 만족하는지 물어볼 때 사용하는 표현입니다. Is ~ to your liking?은 '~이 마음에 드세요?'라는 의미입니다. 비슷한 표현으로 Do you like the volume?[두 유 라익 더 발륨?] (볼륨 마음에 드세요?)이 있습니다. to your liking이라는 표현은 누군가의 취향이나 선호에 맞는지를 격식 있게 묻는 표현입니다. 가령, Is the food to your liking?[이즈 더 푸드 투 유어 라이킹?] (음식이 마음에 드세요?)처럼 식당에서 음식에 대한 만족도를 정중하게 물을 때도 사용됩니다.

A Is the volume to your liking? 볼륨이 마음에 드세요?

B Yes, I like the volume a lot. 네, 볼륨이 아주 마음에 들어요.

⁴ Is there anything you would like to change?

[이즈 데어 에니띵 유 우드 라익 투 체인지?]

변경하고 싶은 부분이 있으신가요?

손님에게 스타일에서 변경하고 싶은 부분이 있는지 물어볼 때 사용하는 표현입니다. anything you would like to change는 '변경하고 싶은 부분'이라는 의미입니다. 비슷한 표현으로 Would you like to adjust anything?[우 쥬 라익 투 어저스트 에니띵?] (조정하고 싶은 부분이 있으신가요?)이 있습니다. adjust는 '조정하다', '조절하다'라는 의미로, 미세한 수정이 필요할 때 사용됩니다.

A Is there anything you would like to change? 변경하고 싶은 부분이 있으신가요?

B No, everything is perfect. Thank you! 아니요, 모든 게 완벽해요. 감사합니다!

Good-bye!

1 **Your total is 50,000 won.**

[유어 토우틀 이즈 피프티 따우전 원]

총 금액은 50,000원입니다. ☐

손님에게 결제해야 할 총 금액을 알릴 때 사용하는 표현입니다. total은 '결제할 총 금액'을 의미합니다. 비슷한 표현으로 The total comes to 50,000 won.[더 토우틀 컴즈 투 피프티 따우전 원] (총 금액은 50,000원입니다.)이 있습니다. come to는 '최종 금액이 ~이 되다'라는 뜻으로, 계산 결과를 설명할 때 자주 사용됩니다. 이 표현은 total is보다 조금 더 부드럽고 대화체로 쓸 수 있는 방식입니다.

A **Your total is 50,000 won.**
총 금액은 50,000원입니다.

B **Okay, I'll pay by card.**
알겠어요, 카드로 결제할게요.

2 **How would you like to pay?**

[하우 우 쥬 라익 투 페이?]

결제는 어떻게 하시겠어요? ☐

손님에게 결제 방법을 물어볼 때 사용하는 표현입니다. 비슷한 표현으로 Will you be paying by card or cash?[윌 유 비 페잉 바이 카드 오어 캐쉬?] (카드로 결제하시겠어요, 현금으로 결제하시겠어요?) 가 있습니다. How would you like to pay?는 결제 방법에 대한 선택지를 열어두고 결제 수단을 선택할 수 있게 하는 질문인 반면, Will you be paying by card or cash?는 카드와 현금 중에서 선택하도록 구체적인 옵션을 제시해 빠르고 간단한 결제를 유도하는 표현입니다.

A **How would you like to pay?**
결제는 어떻게 하시겠어요?

B **I'll pay with cash.**
현금으로 할게요.

Hair Salon & Barbershop

3 **Please insert your card.**

[플리즈 인썰트 유어 카드]

카드를 넣어 주세요. ☐

손님에게 │카드를 결제 단말기에 넣어 달라고 안내│ 할 때 │ 사용하는 표현입니다. insert는 '넣다'라는 의미입니다. 이 표현은 특히 칩이 있는 카드 결제 시 자주 사용됩니다. 관련 표현으로 Please slide your card.[플리즈 슬라이드 유어 카드](카드를 긁어 주세요.)가 있습니다. 이 표현은 slide (미끄러지듯 긁다.)라는 동사를 사용하여, 카드를 결제 단말기에 긁어 결제하도록 안내하는 표현입니다.

A Please insert your card.
카드를 넣어 주세요.

B Alright, here it is.
알겠어요, 여기 있어요.

4 **Please enter your PIN.**

[플리즈 엔터 유어 핀]

비밀번호를 입력해 주세요. ☐

손님에게 │카드 결제 시 비밀번호를 입력하도록│ 안내할 때 │ 사용하는 표현입니다. PIN은 '비밀번호'를 의미합니다. 흔히들 PIN number[핀 넘버]라고 말하기도 합니다. PIN (Personal Identification Number)이란 말 뒤에 Number가 또 들어가 있어서 중첩적인 표현이 되지만 일상적으로 쓰는 표현입니다. 비슷한 표현으로 Could you enter your PIN, please?[쿠 쥬 엔터 유어 핀, 플리즈?] (비밀번호를 입력해 주시겠어요?)가 있습니다.

A Please enter your PIN.
비밀번호를 입력해 주세요.

B Okay, done.
네, 입력했어요.

Good-bye!

289

PART 9

**소통을 이어가며
손님을 응대할 때 쓰는
네 가지 표현**

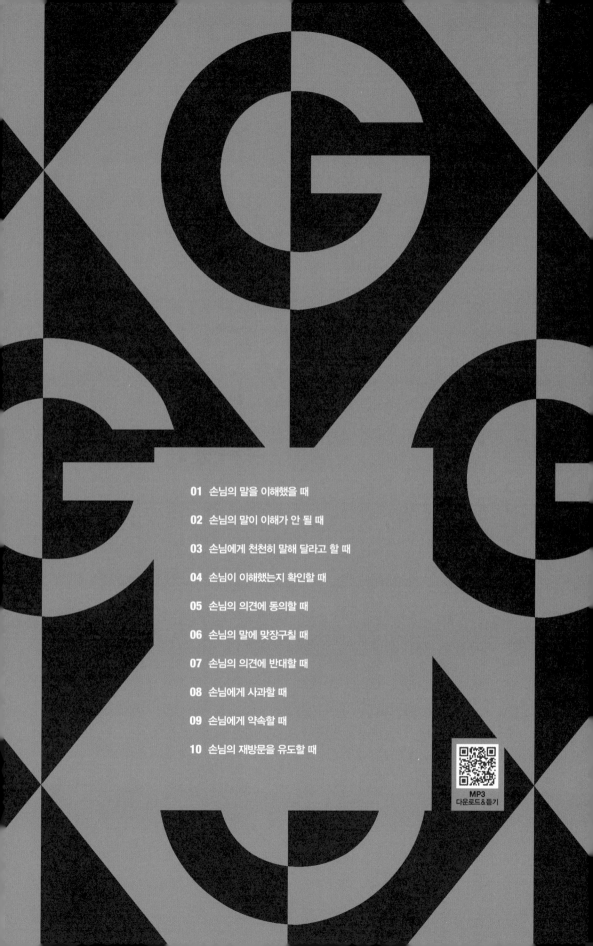

MP3
다운로드&듣기

1 I understand.
[아이 언더스탠]

이해했습니다.

손님의 │ 말을 이해했다고 간단하게 표현할 때 │ 사용하는 표현입니다. understand는 '이해하다'라는 의미로, 손님이 설명한 내용을 명확히 파악했을 때 사용하기 좋습니다. 보다 캐주얼한 표현으로 Got it, thank you.[갓 잇, 땡큐] (알겠습니다, 감사합니다.)가 있습니다. Got it.은 너무 격식을 차리지 않으면서도 상대방의 의견이나 요청을 잘 이해했음을 빠르게 전달하는 데 적합합니다.

A I understand.
이해했습니다.

B Great, thank you for your help.
좋아요, 도와주셔서 감사합니다.

2 That makes sense.
[댓 메익스 쎈스]

이해가 됩니다.

손님의 │ 설명이 논리적으로 이해가 된다는 것을 표현할 때 │ 사용하는 표현입니다. make sense는 문자 그대로 해석하면 '말이 되다'란 의미로, 상대방의 주장이 합리적이거나 논리적이라는 뜻입니다. 따라서, 이 표현을 사용하면 상대방의 설명이나 주장을 듣고 납득이 되거나 동의한다는 느낌을 전달할 수 있습니다. 부정적인 상황에서는 That doesn't seem to make sense.[댓 더즌트 씸 투 메익 쎈스.] (그건 좀 말이 안 되는 것 같네요.)라고 하면 됩니다. 고객의 요청이 비논리적이거나 문제가 있을 때, 부드럽게 이의를 제기하는 표현으로 사용하면 됩니다. 물론, 이후에는 대안을 제시하는 것이 좋습니다.

A That makes sense. 이해가 됩니다.

B I'm glad that's clear. 명확해져서 다행이네요.

³ I see what you mean.

[아이 씨 왓 유 민]

무슨 말씀인지 알겠어요. ☐

손님이 설명한 내용을 명확하게 이해했을 때 사용하는 표현입니다. 특히, 고객의 설명이 처음에는 조금 복잡하거나 명확하지 않았지만, 이제는 이해가 되었을 때 사용하기 좋습니다. 비슷한 표현으로 I got what you mean.[아이 갓 왓 유 민](무슨 말씀인지 알겠습니다.)이 있습니다. 이 표현은 I see what you mean.보다 덜 공감적이지만, 좀 더 실용적이고 직설적인 느낌을 줍니다.

A **I see what you mean.**
무슨 말씀인지 알겠습니다.

B **Perfect, that's what I was trying to say.**
완벽해요, 그게 제가 말하려던 거예요.

⁴ Yes, I understand what you need.

[예스, 아이 언더스탠 왓 유 니드]

네, 필요하신 것을 이해했습니다. ☐

손님의 요구 사항을 정확히 이해했음을 확인할 때 사용하는 표현입니다. 특히, 고객이 구체적인 요청을 했을 때, 그 요청을 정확히 이해하고 있다는 것을 확실하게 전달할 수 있습니다. 비슷한 표현으로 I know exactly what you need.[아이 노우 익잭틀리 왓 유 니드](무엇이 필요하신지 정확히 알겠습니다.)가 있습니다. 이 표현은 exactly라는 단어를 사용함으로써 고객의 요구를 세밀하게 이해하고 있음을 강조합니다.

A **Yes, I understand what you need.**
네, 필요하신 것을 이해했습니다.

B **Excellent, thank you for understanding.**
좋아요, 이해해 주셔서 감사합니다.

1 I'm sorry, could you repeat that, please?

[아임 쏘리, 쿠 쥬 리핏 댓, 플리즈?]

죄송하지만, 다시 한 번 말씀해 주시겠어요? □

손님의 [말을 이해하지 못해서 정중하게 다시 요청 할 때] 사용하는 표현입니다. 비슷한 표현 으로는 Pardon me, could you repeat that, please?[파든 미, 쿠 쥬 리핏 댓, 플리즈?]가 있습 니다. Pardon me라는 표현은 I'm sorry와 비슷 한 의미를 가지고 있지만, 다소 격식 있고 신중 한 느낌을 줄 수 있습니다. 하지만, 실제로 사과 할 때 사용되는 빈도는 I'm sorry보다 낮습니다. repeat는 '반복하다'라는 의미입니다.

A **I'm sorry, could you repeat that, please?**
죄송하지만, 다시 한 번 말씀해 주시겠어요?

B **Sure, I was asking about your breakfast options.**
물론이죠, 아침 식사 옵션에 대해 물어봤어요.

2 I didn't catch that, could you say it again?

[아이 디든 캐치 댓, 쿠 쥬 쎄이 잇 어겐?]

잘 못 들었어요, 다시 말씀해 주시겠어요? □

손님의 [말을 잘 이해하지 못했거나 놓쳤을 때] 사 용하는 표현입니다. catch는 여기서 '알아듣다' 라는 의미로 사용됩니다. 비슷한 표현으로 I missed that, can you repeat it?[아이 미스트 댓, 캔 유 리핏 잇?](그걸 놓쳤어요, 다시 말씀해 주시겠어요?) 이 있습니다. 마지막 부분만 놓쳤을 때는, I'm sorry, can you repeat the last part?[아임 쏘리, 캔 유 리핏 더 래스트 파-트?](죄송하지만, 마지막 부 분을 다시 말씀해 주시겠어요?)라고 하면 됩니다.

A **I didn't catch that, could you say it again?**
잘 못 들었어요, 다시 말씀해 주시겠어요?

B **I need directions to the subway station.**
지하철역 가는 길을 알고 싶어요.

3 I'm sorry, could you explain it differently?

[아임 쏘리, 쿠 쥬 익스플레인 잇 디퍼런틀리?]

죄송하지만, 다르게 설명해 주시겠어요? ☐

손님의 ▢말을 이해하지 못해서 다른 방식으로 설명 해 달라고 요청할 때▢ 사용하는 표현입니다. Could you ~?는 Can you ~?보다 더 공손한 느 낌을 줍니다. explain it differently는 '그것을 다 르게 설명하다'란 의미입니다. 비슷한 표현으로 Could you put it another way?[쿠 쥬 풋 잇 어나 더 웨이?](다르게 말씀해 주시겠어요?)가 있습니다. 여 기서 put은 '말하다' 또는 '표현하다'라는 뜻이고, another way는 '다른 방식으로'를 의미합니다.

A I'm sorry, could you explain it differently?
죄송하지만, 다르게 설명해 주시겠어요?

B I need help finding a place to eat nearby.
근처에서 먹을 곳을 찾고 있어요.

4 Could you please spell that for me?

[쿠 쥬 플리즈 스펠 댓 포 미?]

그 단어 철자를 말씀해 주시겠어요? ☐

손님의 ▢말 중 특정 단어나 이름의 철자를 잘못 이해했을 때▢ 사용하는 표현입니다. spell은 '철자를 말하다'라는 의미로, 상대방이 말한 단어의 철자를 확인하고자 할 때 사용됩니다. 비슷한 표현으로 Can you spell that out, please?[캔 유 스펠 댓 아웃, 플리즈?](그 거 철자로 풀어서 말씀해 주시겠어요?)가 있습니다. out은 종종 어떤 것을 밖으로 드러내거나, 더 명확하게 보여 준다는 의미를 나타내는 역할을 합니다. 그래서 spell out은 단어의 철자를 하나하나 명확하게 말해 달라는 의미로 쓰일 수 있습니다.

A Could you please spell that for me? 그 단어 철자를 말씀해 주시겠어요?

B Sure, it's spelled B-E-A-C-H. 물론이죠, B-E-A-C-H라고 철자가 됩니다.

1 Could you please speak more slowly?

[쿠 쥬 플리즈 스픽 모어 슬로울리?]

좀 더 천천히 말씀해 주시겠어요?

손님에게 **더 천천히 말해 달라고 요청할 때** 사용하는 표현입니다. more slowly는 '좀 더 천천히'라는 의미로, 상대방의 말하는 속도를 약간 늦춰 달라는 뜻을 담고 있습니다. 비슷한 표현으로 Please speak a bit slower.[플리즈 스피크 어 빗 슬로우어] (조금만 더 천천히 말씀해 주세요.)가 있습니다. a bit slower는 '조금 더 천천히'라는 의미로, more slowly와 비슷하지만 약간 더 구어체에 가까운 표현입니다.

A Could you please speak more slowly?
좀 더 천천히 말씀해 주시겠어요?

B Sure, I was asking about the menu.
물론이죠, 메뉴에 대해 물어보고 있었어요.

2 I'm sorry, but you're speaking a bit too fast for me.

[아임 쏘리, 벗 유어 스피킹 어 빗 투 패스트 포 미]

죄송하지만, 너무 빨리 말씀하고 계세요.

손님이 **너무 빠르게 말하고 있어서 이해하기 어려울 때** 사용하는 표현입니다. a bit too fast는 '약간 너무 빠르게'라는 의미입니다. 비슷한 표현으로 I can't keep up, you're too fast.[아이 캔트 킵 업, 유어 투 패스트] (따라가기 힘들어요, 너무 빠르세요.)가 있습니다. I can't keep up은 '따라가기 힘들다'는 의미로, 상대방의 말하는 속도가 자신에게 너무 빠르다는 것을 직접적으로 전달합니다.

A I'm sorry, but you're speaking a bit too fast for me.
죄송하지만, 너무 빨리 말씀하고 계세요.

B Oh, I apologize. I'll slow down.
아, 죄송해요. 속도를 줄이겠습니다.

3 Would you mind slowing down a little?

[우 쥬 마인드 슬로잉 다운 어 리틀?]

조금만 천천히 말씀해 주시겠어요?

손님에게 ┃ 속도를 약간 줄여 달라고 정중하게 요청할 때 ┃ 사용하는 표현입니다. Would you mind -ing?는 상대방의 기분을 상하게 하지 않으면서 공손하게 부탁을 하고자 할 때 적합합니다. 비슷한 표현으로 I would appreciate it if you could slow down a little.[아이 우드 어프리시에잇 잇 이프 유 쿠드 슬로우 다운 어 리틀](조금만 천천히 말씀해 주시면 감사하겠습니다.)이 있습니다. I would appreciate it if ~ 역시 상대방에게 부담을 주지 않으면서 요청을 할 수 있는 매우 예의 바른 방식입니다.

A Would you mind slowing down a little? 조금만 천천히 말씀해 주시겠어요?

B Of course, I'll slow down. 물론이죠, 천천히 말씀드릴게요.

4 A bit slower, please.

[어 빗 슬로우어, 플리즈]

조금만 천천히요.

손님에게 ┃ 속도를 줄여 달라고 간결하게 요청할 때 ┃ 사용하는 표현입니다. a bit은 양이나 정도가 크지 않다는 것을 나타내는 표현으로, 요청이나 제안을 부드럽게 만들어 줍니다. 비슷한 표현으로 Slow down a little, please.[슬로우 다운 어 리틀, 플리즈](조금만 천천히 말씀해 주세요.)가 있습니다. 이 표현 역시 상대방이 말하는 속도를 조금만 줄여 달라는 뜻으로, 간단하게 요청할 때 쓸 수 있는 표현입니다.

A A bit slower, please.
조금만 천천히요.

B Sure, I'll slow down.
네, 천천히 말할게요.

¹ Do you understand?

[두 유 언더스탠?]

이해하셨나요?

손님이 | 설명을 잘 이해했는지 간단하게 확인할 때 | 사용하는 표현입니다. understand는 '이해하다'라는 의미를 가지고 있으며, 상대방이 설명이나 지시 사항을 충분히 이해했는지 확인할 때 유용합니다. 비슷한 표현으로 Is everything clear?[이즈 에브리띵 클리어?](모두 명확한가요?)가 있습니다. 이 표현은 다소 직설적일 수 있기 때문에, 말투와 표정에 주의하여 부드럽고 공손한 어조로 말해야 합니다.

A   Do you understand? 이해하셨나요?

B   Yes, I got it. 네, 이해했어요.

² Does that make sense?

[더즈 댓 메익 쎈스?]

이해가 되시나요?

손님이 | 설명을 이해했는지, 논리적으로 받아들였는지 확인할 때 | 사용하는 표현입니다. make sense 는 '말이 되다', '이해가 되다'라는 의미를 가지고 있으며, 설명이 명확하고 합리적이었는지를 묻는 데 사용됩니다. 비슷한 표현으로 Does that sound right?[더즈 댓 싸운드 라잇?](그게 맞는 말 같나요?)이 있습니다. 이 표현은 상대방의 이해 여부뿐만 아니라, 제안이나 설명이 올바르게 들리는지 묻는 데에도 적합합니다.

A   Does that make sense?
이해가 되시나요?

B   Yes, it does. Thank you.
네, 이해돼요. 감사합니다.

3 **Is that fine with you?**

[이즈 댓 파인 윗 유?]

괜찮으신가요? ☐

손님이 │ **설명을 이해하고, 동의하는지를 확인할 때** │ 사용하는 표현입니다. fine은 '괜찮은'이란 의미로, 상황에 따라 okay로 대체하여 사용할 수 있습니다. 비슷한 표현으로 Is that agreeable?[이즈 댓 어그리어블] (그게 동의할 만하신가요?)이 있습니다. 이 역시 손님이 특정 제안이나 설명에 대해 동의할 수 있는지를 물어볼 때 사용하는 표현으로 fine보다 조금 더 격식 있는 느낌을 줍니다.

A **Is that fine with you?**
괜찮으신가요?

B **Yes, that works for me.**
네, 괜찮아요.

4 **Do you need any more explanation?**

[두 유 니드 에니 모어 익스플러네이션?]

더 설명이 필요하신가요? ☐

손님이 │ **더 자세한 설명이 필요한지 물어볼 때** │ 사용하는 표현입니다. more explanation은 '추가 설명'을 의미합니다. any는 빼고 써도 됩니다. 비슷한 표현으로 Would you like me to explain more?[우 쥬 라익 미 투 익스플레인 모어?] (제가 더 설명을 하길 원하시나요?)가 있습니다. 추가적인 설명을 매우 공손하게 제안하는 표현으로 Do you need any more explanation?보다 상대방의 요청을 먼저 고려하는 친절한 인상을 줄 수 있습니다.

A **Do you need any more explanation?**
더 설명이 필요하신가요?

B **No, I'm good.**
Thank you.
아니요, 괜찮아요. 감사합니다.

¹ Yes, that's right.

[예스, 댓츠 롸잇]

네, 맞아요. ☐

손님의 | 말이 맞다는 것을 간단하게 동의할 때 | 사용하는 표현입니다. That's right.는 '맞아요'라는 의미로, 손님의 말을 확실히 인정할 때 적합합니다. 비슷한 표현으로 That's correct.[댓츠 커렉트](그게 맞습니다.)가 있습니다. 손님의 말이 어느 특정 부분에 대해 맞을 때는 You're right about that.[유어 롸잇 어바웃 댓](그 부분에 대해 맞아요.)이라고 하면 됩니다.

A Yes, that's right.
네, 맞아요.

B Great, I'm glad we're on the same page.
좋아요, 같은 생각이라 다행이에요.

² I agree with you.

[아이 어그리 윗 유]

동의합니다. ☐

손님의 | 의견에 동의할 때 | 사용하는 표현입니다. agree with는 '~에 동의하다'라는 의미로, 더 강조할 때는 I couldn't agree more.[아이 쿠든트 어그리 모어](전적으로 동의합니다.)라고 하면 됩니다. '더 동의할 수 없을 만큼 동의한다'는 의미입니다. 비슷한 표현으로 I'm on the same page.[아임 온 더 쎄임 페이지](같은 생각입니다.)가 있습니다. 동일한 페이지에 있어서 같은 내용을 보고, 같은 생각과 감정을 공유한다는 것이죠.

A I agree with you.
동의합니다.

B Thanks for understanding.
이해해 줘서 고마워요.

³ That's exactly what I think.

[댓츠 익잭틀리 왓 아이 띵크]

저도 그렇게 생각합니다. ☐

손님의 │ **의견이 자신의 의견과 일치한다고 말할 때** │ 사용하는 표현입니다. exactly what I think는 '정확히 내가 생각하는 것'이라는 의미로, 상대방의 의견이 자신의 생각과 완벽하게 일치한다는 점을 강조합니다. 비슷한 표현으로 That's exactly how I feel.[댓츠 익잭틀리 하우 아이 필] (저도 정확히 그렇게 느껴요.)이 있습니다. That's exactly what I think가 생각의 일치를 강조한다면, That's exactly how I feel은 감정의 일치를 강조합니다. 두 표현 모두 상대방과의 강한 공감대를 형성하는 데 유용합니다.

A **That's exactly what I think.** 저도 그렇게 생각합니다.

B **Perfect, I'm glad we see eye to eye.** 완벽해요, 같은 생각이라니 다행이에요.

⁴ I see your point.

[아이 씨 유어 포인트]

무슨 말씀인지 알겠습니다. ☐

손님의 │ **의견에 동의하면서 동시에 이해하고 있다는**
것을 표현할 때 │ 사용하는 표현입니다. I see your point.는 '당신의 요점을 알겠다'는 의미로, 손님의 논지나 주장을 잘 이해하고 동의할 때 사용합니다. 비슷한 표현으로 I understand your point.[아이 언더스탠드 유어 포인트] (무슨 말씀인지 이해합니다.)가 있습니다. I see your point가 이해와 동의의 느낌을 조금 더 부드럽게 전달하는 반면, I understand your point는 좀 더 확실하고 명확한 이해를 표현합니다.

A **I see your point.**
무슨 말씀인지 알겠습니다.

B **I appreciate that you understand.**
이해해 줘서 감사합니다.

¹ You can say that again.

[유 캔 쎄이 댓 어겐]

정말 그래요.

손님의 | 말에 공감을 표하고 맞장구칠 때 | 사용하는 표현입니다. You can say that again.은 직역하면 '그 말을 다시 해도 돼요'이지만, 실제 의미는 '정말 그래요' 또는 '맞아요, 동의해요'입니다. 주로 가벼운 대화에서 공감을 나타내는 표현으로 자주 사용됩니다. 비슷한 표현으로 You're spot on![유어 스팟 온] (딱 맞아요!)이 있습니다. spot on은 '딱 맞는, 정확한'(exactly right)이란 뜻으로, 상대방의 말이나 지적이 매우 정확하고 적절하다는 것을 강조합니다.

A This lipstick color is so pretty.
이 립스틱 색깔 정말 예뻐요.

B You can say that again.
정말 그래요.

² Exactly!

[익잭틀리]

정확해요!

손님의 | 말에 전적으로 동의하며 맞장구칠 때 | 사용하는 표현입니다. Exactly!는 '정확히 그렇다'란 의미로, 상대방의 말이 옳다는 것을 강하게 표현할 때 사용됩니다. 이 표현은 대화에서 활발하게 맞장구를 치며 공감을 표현하는 데 매우 유용합니다. 비슷한 표현으로 Absolutely![앱설루틀리] (틀림없이 그렇죠!) 그리고 Totally![토우틀리] (완전히 그래요!)가 있습니다.

A This serum works really well.
이 세럼 정말 효과가 좋아요.

B Exactly!
정확해요!

³ That's for sure.

[댓츠 포 슈어]

확실해요.

손님의 ┃ 말에 확신을 가지고 동의할 때 ┃ 사용하는 표현입니다. for sure는 '확실히'라는 의미로, 고객이 한 말에 대해 의심의 여지가 없음을 표현합니다. 비슷한 표현으로 Without a doubt.[위다웃 어 다웃] (의심의 여지가 없어요.)과 No doubt about it.[노 다웃 어바웃 잇] (의심의 여지가 없어요.)이 있습니다. 두 표현 모두 '의심의 여지가 없다'는 의미로, 특정 의견에 대해 강력하게 동의할 때 사용됩니다.

A **Traffic is really bad today.**
오늘 교통이 정말 안 좋네요.

B **That's for sure.**
확실해요.

⁴ That's so true.

[댓츠 쏘우 트루]

정말 그래요.

손님의 ┃ 말에 동의하며, 그것이 진실임을 강조할 때 ┃ 사용하는 표현입니다. so true는 '정말 사실인'이라는 의미로, 상대방이 말한 내용이 완전히 옳다고 느낄 때, 그 진실성을 강조하면서 동의하는 표현입니다. 비슷한 표현으로 That's exactly it.[댓츠 익잭틀리 잇] (그건 정확히 그래요.)이 있습니다. 이 표현 역시 상대방의 의견이나 설명이 완벽하게 정확하다는 점을 강조하는 데 사용되며, That's so true.와 비슷한 맥락에서 사용됩니다.

A **It's so hot outside.**
밖에 정말 덥네요.

B **That's so true.**
정말 그래요.

1 I'm sorry, but I don't think that's correct.

[아임 쏘리, 벗 아이 돈 띵크 댓츠 커렉트]

죄송하지만, 그게 맞는 것 같지는 않아요. ☐

손님의 │ 의견에 정중하게 반대 의견을 제시할 때 │ 사용하는 표현입니다. I don't think that's correct.는 '그것이 맞다고 생각하지 않는다'는 의미로, 상대방의 말을 바로 반박하는 대신 공손하게 반대하는 방법입니다. 비슷한 표현으로 I'm afraid that's not right.[아임 어프레이드 댓츠 낫 롸잇] (죄송하지만, 그건 맞지 않아요.)이 있습니다. I'm afraid. 는 어떤 상황이나 정보에 대해 유감스럽게 생각한다는 의미를 전달합니다.

A I believe this product is supposed to be used daily.
이 제품은 매일 사용해야 한다고 알고 있어요.

B I'm sorry, but I don't think that's correct. 죄송하지만, 그게 맞는 것 같지는 않아요.

2 With all due respect, I disagree.

[윗 올 듀- 리스펙트, 아이 디써그리]

존경을 담아 말씀드리는데요, 저는 동의하지 않아요. ☐

손님의 │ 의견을 존중하면서도 자신의 반대 의견을 정중하게 나타낼 때 │ 사용하는 표현입니다. With all due respect는 '모든 존경을 담아'라는 의미로, 예의를 지켜야 하는 대화에서 상대방의 감정을 배려하면서 반대 의견을 표현할 때 매우 유용합니다. 비슷한 표현으로 I respectfully disagree.[아이 리스펙트풀리 디써그리] (존경을 담아 동의하지 않아요.)가 있습니다. With all due respect와 마찬가지로, 이 표현은 상대방의 의견을 경청하고 존중하지만 그 의견에 동의하지 않는다는 점을 부드럽게 전달합니다.

A We should just go with the cheaper option.
우리는 그냥 더 저렴한 옵션으로 가야 해요.

B With all due respect, I disagree. 존경을 담아 말씀드리는데요, 저는 동의하지 않아요.

³ I see what you mean, but I think differently.

[아이 씨 왓 유 민, 벗 아이 띵크 디퍼런틀리]

무슨 말씀인지 알겠지만, 저는 다르게 생각해요. ☐

손님의 │ 의견을 존중하면서도 자신은 다르게 생각한다는 것을 표현할 때 │ 사용하는 표현입니다. I see what you mean은 '무슨 말씀인지 알겠다'는 의미로, 상대방의 의견을 이해하고 있음을 나타냅니다. 그러나 but I think differently 부분에서 자신이 다른 견해를 갖고 있음을 부드럽게 전달합니다. 비슷한 표현으로 I understand, but I have a different opinion.[아이 언더스탠드, 벗 아이 해브 어 디퍼런트 어피니언] (이해는 하지만, 제 생각은 다릅니다.)이 있습니다.

A I think we should go with the first option. 첫 번째 옵션으로 가야 한다고 생각해요.

B I see what you mean, but I think differently.
무슨 말씀인지 알겠지만, 저는 다르게 생각해요.

⁴ I'm not sure about that.

[아임 낫 슈어 어바웃 댓]

그건 잘 모르겠어요. ☐

손님의 │ 주장이 확실하지 않다고 느낄 때, 정중하게 자신의 의구심을 표현할 때 │ 사용하는 표현입니다. 이 표현은 상대방의 말을 바로 반박하는 대신, 그 의견에 대해 확신이 없음을 표현하는 부드러운 방식입니다. 비슷한 표현으로 I'm afraid that doesn't seem to be right.[아임 어프레이드 댓 더즌 씸 투 비 롸잇] (죄송하지만, 그건 맞지 않는 것 같아요.)이 있습니다. 이 표현 또한 감정을 상하게 하지 않으면서도, 손님의 말을 부드럽게 반대하거나 의문을 제기할 때 유용한 표현입니다.

A I think this product can be used on all skin types.
이 제품은 모든 피부 타입에 사용할 수 있다고 생각해요.

B I'm not sure about that. 그건 잘 모르겠어요.

1 I'm sorry about that.
[아임 쏘리 어바웃 댓]

그 점에 대해 죄송합니다.

손님에게 실수나 불편을 끼친 점에 대해 간단하게 사과할 때 사용하는 표현입니다. I am sorry about that.은 특정 상황이나 잘못에 대해 사과할 때 캐주얼하면서도 공손하게 사과를 전달할 수 있는 방법입니다. 비슷한 표현으로 I apologize for that.[아이 어팔러자이즈 포 댓](그 점에 대해 사과드립니다.)이 있습니다. 이 표현은 I'm sorry about that.보다 격식을 갖춘 표현으로, 중요한 상황에서 사용하기 적합합니다.

A **I'm sorry about that.**
그 점에 대해 죄송합니다.

B **It's okay, thank you for apologizing.**
괜찮아요, 사과해 주셔서 감사합니다.

2 I apologize for the inconvenience.
[아이 어팔러자이즈 포 디 인컨비니언스]

불편을 끼쳐 드려 죄송합니다.

손님이 겪은 불편함에 대해 정중하게 사과할 때 사용하는 표현입니다. inconvenience는 '불편'을 뜻하며, 이 문장은 상대방에게 불편을 느끼게 했다는 점을 공손하게 인정할 때 사용합니다. 비슷한 표현으로 I'm sorry for the trouble.[아임 쏘리 포 더 트러블](불편을 끼쳐 드려 죄송합니다.)이 있습니다. trouble은 '문제' 또는 '불편'을 의미하며, 이 표현은 좀 더 캐주얼한 느낌입니다.

A **I apologize for the inconvenience.**
불편을 끼쳐 드려 죄송합니다.

B **No worries, I understand.**
괜찮아요, 이해합니다.

3 Please accept my apologies.

[플리즈 억쎕 마이 어팔러지즈]

제 사과를 받아 주세요. ☐

손님에게 진심으로 사과의 마음을 전하고자 할 때 사용하는 표현입니다. accept one's apologies는 '사과를 받아들이다'라는 의미입니다. 위 문장에서 my(저의) 대신 our(저희의)를 쓰면 살짝 더 공식적인 느낌이 듭니다. 비슷한 표현으로 I hope you can forgive this mistake.[아이 호우프 유 캔 포기브 디스 미스테익](이 실수를 용서해 주시길 바랍니다.)가 있습니다. 이 표현 또한 상대방이 불쾌했던 상황에 대해 용서를 구할 때 적합합니다.

A Please accept my apologies.
사과를 받아 주세요.

B I got it. Don't worry about it.
알겠어요. 걱정하지 마세요.

4 I'm sorry for the misunderstanding.

[아임 쏘리 포 더 미스언더스탠딩]

오해가 있었던 것에 대해 죄송합니다. ☐

손님에게 오해나 착오로 인해 발생한 상황 에 대해 사과할 때 사용하는 표현입니다. misunderstanding은 '오해'란 뜻입니다. 비슷한 표현으로 I apologize for the confusion. [아이 어팔러자이즈 포 더 컨퓨-전](혼란을 드려 죄송합니다.)이 있습니다. I'm sorry for the misunderstanding.이 오해를 강조한다면, I apologize for the confusion.은 상황 자체가 혼란스러워서 발생한 문제에 대해 사과하는 표현입니다.

A I'm sorry for the misunderstanding.
오해가 있었던 것에 대해 죄송합니다.

B No problem, it happens.
괜찮아요, 그런 일도 생기는 거죠.

1 I assure you that we will take care of it promptly.

[아이 어슈-어 유 댓 위 윌 테익 케어 오브 잇 프롬틀리]

신속하게 처리해 드릴 것을 약속드립니다. ☐

손님이 │겪고 있는 문제나 불편함을 신속하게 해결해 줄 것을 약속할 때│ 사용하는 표현입니다. I assure you는 '제가 보장드립니다'라는 의미로, 상대방에게 확신을 주는 표현입니다. assure는 보통 약속이나 보장 내용을 담은 문장과 함께 사용됩니다. 비슷한 표현으로 I assure you that everything will be handled professionally.[아이 어슈-어 유 댓 에브리씽 윌 비 핸들드 프로페셔널리] (모든 것이 전문적으로 처리될 것을 보장드립니다.)가 있습니다. 이 문장은 문제가 전문적인 방식으로 해결될 것이라는 확신을 줍니다.

A I assure you that we will take care of it promptly.
신속하게 처리해 드릴 것을 약속드립니다.

B Thank you, I appreciate your help. 감사합니다. 도와주셔서 고마워요.

2 You have my word, we will restock it tomorrow.

[유 해브 마이 워드, 위 윌 리스탁 잇 투마로우]

내일 상품을 재입고할 것을 약속드립니다. ☐

손님에게 │원하는 상품의 재입고를 약속할 때│ 사용하는 표현입니다. You have my word는 '제가 약속드립니다'라는 의미로, 상대방에게 신뢰를 주는 강력한 표현입니다. 이 문장에서는 we will restock it tomorrow와 함께 사용되어 내일 재입고가 확실히 이루어질 것임을 약속하고 있습니다. 참고로 You have my word라고만 말해도 '내가 약속한다' 또는 '내 말을 믿어 달라'는 의미를 충분히 전달할 수 있습니다.

A You have my word, we will restock it tomorrow.
내일 상품을 재입고할 것을 약속드립니다.

B Thank you, I really appreciate it. 감사합니다. 정말 고맙습니다.

³ We guarantee that you'll receive it by the end of the week.

[위 개런티- 댓 유일 리씨-브 잇 바이 디 엔드 오브 더 위크]

이번 주말까지 받으실 것을 보장드립니다. ☐

손님이 | 주문한 상품을 주말까지 받을 수 있을 것이라고 보장할 때 | 사용하는 표현입니다. We guarantee는 '저희가 보장드립니다'라는 의미로, 확신과 책임감을 가지고 약속할 때 사용됩니다. guarantee는 명사로 사용될 경우, '보장' 또는 '보증'이라는 의미를 가지며, 어떤 약속이나 결과에 대한 확실한 보증을 나타냅니다. We offer a money-back guarantee.[위 오퍼 어 머니 백 개런티-] (저희는 환불 보장을 제공합니다.)

A **We guarantee that you'll receive it by the end of the week.**
이번 주말까지 받으실 것을 보장드립니다.

B **Great, I'll look forward to it.** 좋아요, 기대하겠습니다.

⁴ I promise to follow up with you as soon as possible.

[아이 프라미스 투 팔로우 업 윗 유 애즈 쑨 애즈 파써블]

가능한 빨리 후속 조치를 취할 것을 약속드립니다. ☐

손님의 | 요청에 신속히 대응하고, 후속 조치를 취할 것을 약속할 때 | 사용하는 표현입니다. I promise는 '제가 약속드립니다'라는 의미로, 상대방에게 신뢰를 주는 표현입니다. follow up with는 '~에게 후속 조치를 취하다' 또는 '~에게 추후 연락을 하다'라는 의미로, 고객과 지속적으로 소통하고 필요한 조치를 취하겠다는 뜻을 전달합니다. 비슷한 표현으로 I'll make sure to get back to you as quickly as I can.[아일 메익 슈어 투 겟 백 투 유 애즈 퀴클리 애즈 아이 캔] (가능한 한 빠르게 다시 연락드릴 것을 약속드립니다.)가 있습니다. I'll make sure.(제가 확실히 하겠습니다.) 역시 약속이나 다짐을 표현할 때 사용됩니다.

A **I promise to follow up with you as soon as possible.**
가능한 빨리 후속 조치를 취할 것을 약속드립니다.

B **Thank you, I appreciate your prompt attention.**
감사합니다, 신속한 대응에 감사드립니다.

1 We really appreciate your continued support.

[위 리얼리 어프리시에잇 유어 컨티뉴드 서포-트]

항상 저희를 지원해 주셔서 정말 감사드립니다. ☐

손님이 **지속적으로 상품을 이용해 주는 것에 대해 감사의 마음을 전할 때** 사용하는 표현입니다. We really appreciate는 '저희는 정말 감사드립니다'라는 의미로, 진심을 담아 상대방에게 고마움을 표현할 때 사용됩니다. 이 문장에서 continued support는 '지속적인 지원'을 의미합니다. 참고로, support는 동사로도 사용되며, '지원하다', '후원하다'라는 의미를 가집니다. 예를 들어, We support our local community[위 서포-트 아워 로우컬 커뮤-니티]라고 하면 '저희는 지역 사회를 지원합니다'라는 의미가 됩니다.

A We really appreciate your continued support.
항상 저희를 지원해 주셔서 정말 감사드립니다.

B It's my pleasure. 저의 기쁨이죠.

2 It's always great to assist you.

[잇츠 올웨이즈 그레이트 투 어씨스트 유]

항상 도와드릴 수 있어 기쁩니다. ☐

손님을 **도와드릴 수 있어 기쁘다는 마음을 전할 때** 사용됩니다. It's always great to ~ 는 '~할 수 있어 항상 기쁩니다'라는 의미로, 긍정적인 감정을 표현할 때 자주 사용됩니다. 예를 들어, It's always great to see you.[잇츠 올웨이즈 그레이트 투 씨 유]는 '항상 만나서 반갑습니다'라는 뜻입니다.

A It's always great to assist you.
항상 도와드릴 수 있어 기쁩니다.

B Thank you, I really appreciate your help.
감사합니다. 정말 도움을 주셔서 감사해요.

3 If there's anything else you need, just let us know.

[이프 데얼즈 에니띵 엘스 유 니드, 저스트 렛 어스 노우]

다른 필요한 게 있으시면 언제든지 말씀해 주세요. ☐

손님에게 다른 필요한 것이 있으면 언제든지 알려 달라고 요청할 때 사용하는 표현입니다. If there's anything else you need는 '다른 필요한 것이 있다면'이라는 의미로, 손님이 추가로 도움을 요청할 수 있도록 열려 있음을 나타냅니다. Just let us know는 '그냥 알려 주세요'라는 뜻으로, 상대방이 부담 없이 말할 수 있도록 편안한 분위기를 만들어 줍니다.

A If there's anything else you need, just let us know.
필요한 게 있으시면 언제든지 말씀해 주세요.

B Thank you, I will.
감사합니다. 그러겠습니다.

4 We are here if you need anything.

[위 아 히어 이프 유 니드 애니띵]

필요한 것이 있으시면 언제든지 말씀해 주세요. ☐

손님에게 언제든지 도움을 드릴 준비가 되어 있음을 알릴 때 사용하는 표현입니다. We are here는 '저희는 언제든지 여기 있습니다'라는 뜻으로, 단순히 물리적인 위치를 의미하는 것이 아니라, 고객이 필요할 때마다 도울 수 있음을 전하는 표현입니다. 간단하게 We're here to help. [위 아 히어 투 헬프] (언제든 도와드릴 준비가 되어 있습니다.)라고도 말할 수 있습니다.

A We are here if you need anything.
필요한 것이 있으시면 언제든지 말씀해 주세요.

B Thank you, I appreciate that.
감사합니다. 고마워요.